跨境
电子商务实务

嵇美华 杨楚婷 / 主编 张春玉 / 副主编 杨泳波 / 主审

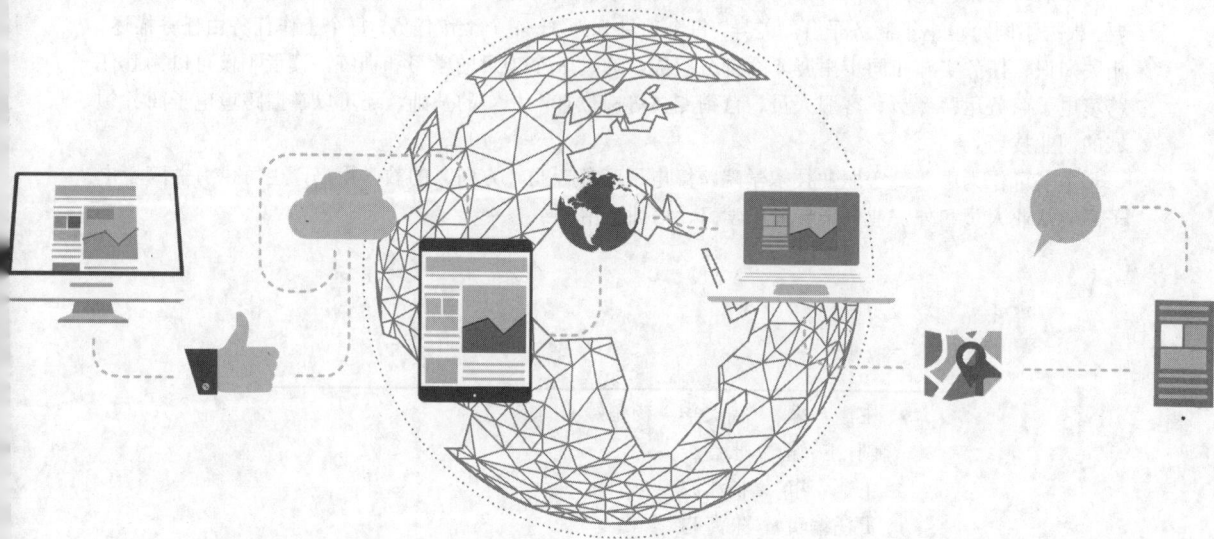

CROSS-BORDER
Electronic Commerce

人民邮电出版社
北 京

图书在版编目（CIP）数据

跨境电子商务实务 / 嵇美华，杨楚婷主编. -- 北京：
人民邮电出版社，2019.7（2021.6重印）
新商科跨境电子商务"十三五"系列规划教材
ISBN 978-7-115-50476-0

Ⅰ. ①跨… Ⅱ. ①嵇… ②杨… Ⅲ. ①电子商务－高
等学校－教材 Ⅳ. ①F713.36

中国版本图书馆CIP数据核字（2019）第000195号

内 容 提 要

本书以培养读者跨境电子商务店铺运营能力为目标，依托三大典型的跨境电子商务平台，详细
介绍了与商品选择、店铺开通、店铺装修及后台设置、物流管理、刊登商品信息、营销推广和客户
服务等相关的内容。

本书以工作过程为导向，采用项目教学的方式组织内容，每个项目均来源于店铺运营的实际需
要。根据不同跨境电子商务平台的差异，每个项目分为3～4个工作任务，每个工作任务由任务描述、
相关知识、任务实施和同步拓展4个部分组成。通过8个项目的学习和训练，读者不仅可以为胜任
跨境电子商务运营专员、客服人员、营销专员等岗位打下扎实的基础，还可以掌握跨境电子商务领
域的创业技巧。

本书可作为中、高等职业技术学院跨境电子商务专业（方向）的教学用书，也可供有关跨境电
子商务从业人员和外贸业务员参考、学习、培训之用。

◆ 主　　编　嵇美华　杨楚婷
　　副 主 编　张春玉
　　主　　审　杨泳波
　　责任编辑　朱海昀
　　责任印制　马振武
◆ 人民邮电出版社出版发行　　北京市丰台区成寿寺路 11 号
　　邮编　100164　　电子邮件　315@ptpress.com.cn
　　网址　http://www.ptpress.com.cn
　　大厂回族自治县聚鑫印刷有限责任公司印刷
◆ 开本：787×1092　1/16
　　印张：16　　　　　　　　　　2019 年 7 月第 1 版
　　字数：378 千字　　　　　　　2021 年 6 月河北第 5 次印刷

定价：49.80 元
读者服务热线：(010)81055256　印装质量热线：(010)81055316
反盗版热线：(010)81055315
广告经营许可证：京东市监广登字 20170147 号

序　言

　　跨境电子商务作为一种新兴的贸易模式，近年来在我国得到了迅猛的发展，同时也催生了行业对跨境电子商务专业人才的巨大需求。积极响应我国"一带一路"倡议，培养出适应企业需求的跨境电子商务技能型人才，是我国电子商务职业教育界应尽的责任和义务。为了给跨境电子商务职业教育提供优质的教学资源，浙江省高职教育工商管理类专业教学委员会电子商务分会联合人民邮电出版社、深圳市浩方数联科技有限公司，共同策划了这套跨境电子商务系列教材——新商科跨境电子商务"十三五"系列规划教材。

　　为了保证该系列教材的质量，浙江省高职教育工商管理类专业教学委员会电子商务分会组建了由分会主任委员、人民邮电出版社编辑、深圳市浩方数联科技有限公司高层管理人员等组成的教材编写委员会（以下简称编委会）。编委会由沈凤池教授担任主任，由嵇美华教授担任系列教材总主编。新商科跨境电子商务"十三五"系列规划教材编委会（以下简称"教材编委会"）成员如下。

浙江省高职教育工商管理类专业教学委员会电子商务分会主任	沈凤池	教授
湖州职业技术学院商贸与经济管理学院院长	嵇美华	教授
浙江工商职业技术学院电子商务学院院长	陈　明	教授
金华职业技术学院金义网络经济学院副院长	胡华江	教授
嘉兴职业技术学院	李玉清	教授
浙江经济职业技术学院商贸流通学院院长	谈黎虹	教授
浙江经贸职业技术学院信息技术系主任	商　玮	教授
浙江经济职业技术学院	杨泳波	副教授
人民邮电出版社	王　威	副编审
深圳市浩方数联科技有限公司	李维超	总经理
深圳市浩方数联科技有限公司	温开明	总监

浙江省是电子商务大省，杭州是电子商务之都。阿里巴巴全球交易市场与全球速卖通就诞生于浙江，杭州与宁波是我国首批开展跨境电子商务试点的城市。因此，浙江省具有跨境电子商务的先发优势。自 2012 年起，浙江省各高职院校陆续开展了基于产教融合的跨境电子商务人才培养实践。经过多年的探索，我们积累了丰富的跨境电子商务高技能职业人才培养的经验。我们希望将多年的积累融入本系列教材中，为广大教学工作者提供帮助和便利。

　　深圳市浩方数联科技有限公司为本系列教材的编写提供了真实的企业运营资源，编委会在此对他们的大力支持表示感谢！

教材编委会

2018 年 6 月

跨境电子商务是契合国家"一带一路"倡议的贸易产业新模式，是"互联网+"助力传统贸易转型的具体形式。跨境电子商务的发展得到了社会各界的关注。跨境电子商务所带来的交易额在我国进出口交易额中的比重逐年上涨。作为外贸发展的三大新业态之一，跨境电子商务日渐成为我国经济的"新增长点"和对外贸易的新引擎。跨境电子商务这一万亿级市场对跨境电子商务综合型人才有着巨大需求。

跨境电子商务实务是高职院校专门为跨境电子商务专业（方向）开设的一门重要的专业基础课程。该课程的人才培养目标是培养优秀的跨境电子商务运营专员。

本书以跨境店铺运营的工作过程为导向，主要依托阿里巴巴全球速卖通、亚马逊和 Wish 三大跨境电子商务平台设计项目教学任务。这三大平台分别是国内跨境电子商务平台、国外跨境电子商务平台和移动端跨境电子商务平台的典型代表。每个工作任务由任务描述、相关知识、任务实施和同步拓展 4 个部分组成。任务描述部分给出具体工作任务，并分解完成工作任务所需的流程；相关知识部分介绍读者需要掌握的与工作任务相关的储备知识；任务实施部分通过操作提示和实训任务两个模块，逐步引导读者按照任务流程分解步骤并最终完成工作任务；同步拓展部分介绍其他跨境电子商务平台（敦煌网）的运营技巧或与工作任务相关的拓展知识。

本书的参考学时为 64～80 学时，各项目的参考学时见下面的学时分配表。

学时分配表

项目	项目内容	学时
项目一	跨境电子商务认知	6～8
项目二	跨境电子商务选品	8～10
项目三	开通跨境电子商务店铺	8～10
项目四	店铺装修及后台设置	8～10
项目五	物流管理	8～10
项目六	刊登商品信息	10～12
项目七	营销推广	10～12
项目八	客户服务	6～8
学时总计		64～80

本书由湖州职业技术学院的嵇美华、杨楚婷担任主编，并统稿；由浙江东方职业技术学院

的张春玉担任副主编；参与编写的还有湖北文理学院的钟燕。其中，项目一由嵇美华编写；项目二由钟燕编写；项目三、项目四、项目六、项目七由杨楚婷编写；项目五和项目八由张春玉编写。全书由浙江经济职业技术学院的杨泳波副教授担任主审。本书在编写过程中得到了浙江布衣草人服饰有限公司、义乌市超楠电子商务有限公司、深圳市浩方数联科技有限公司等的大力支持，编者在此一并表示衷心的感谢。

本书提供 PPT 课件、教案、实训素材等教学资源，读者可以登录人邮教育社区（www.ryjiaoyu.com）下载索取。为了更好地达到教材使用效果，读者可以登录"智慧职教"平台，选修电子商务教学资源库嵇美华和杨楚婷老师的跨境电子商务课程。

由于时间仓促，编者水平和经验有限，书中难免有欠妥之处，恳请广大读者批评指正。

编者

2018 年 10 月

目 录 C O N T E N T S

项目一
跨境电子商务认知

项目情境导入

近年来，中国传统进出口贸易增长放缓。相比之下，跨境电子商务却保持高速增长，交易规模在进出口贸易中的占比逐年上升。中国跨境电子商务的快速发展主要受两方面有利因素的影响：一方面，欧美日等发达经济体实施的量化宽松等刺激政策带来经济复苏；另一方面，中国制造的性价比优势通过网络即时传达至海外终端，获得消费者的追捧。

电子商务研究中心的监测数据显示，2017年，中国出口跨境电子商务的交易规模为6.3万亿元，同比增长14.5%。根据艾瑞咨询、中投顾问等第三方机构预测，2020年我国跨境电子商务的交易规模将达12万亿元，其中，跨境出口B2C（Business-to-Coustomer，企业对个人消费者）的市场规模预计可超过两万亿元，目前有巨大的市场空间待挖掘。跨境电子商务行业在进出口贸易中的占比会越来越重，整个行业仍处于快速增长阶段，未来将占据更加重要的地位。

新卖家在开展具体的跨境电子商务业务之前，面对这个庞大而陌生的行业，首先需要从多个角度去认识它，如什么是跨境电子商务，它的发展现状如何，跨境电子商务业务有什么流程，国家是否支持这个行业的发展等；其次，要对各类跨境电子商务平台有所了解，尤其是速卖通、亚马逊、Wish等几大具有代表性的平台，为之后选择具体的平台开设跨境电子商务店铺做准备；最后，需要创建跨境电子商务团队，了解跨境电子商务公司有哪些岗位，需要招募什么样的人才及如何创立公司。

项目学习目标

能力目标	1. 能利用跨境电子商务资讯平台了解行业前沿知识
	2. 能选择合适的跨境电子商务平台开设店铺
	3. 能创建跨境电子商务创业团队
知识目标	1. 了解跨境电子商务的概念、特点和模式
	2. 了解跨境电子商务的发展现状
	3. 了解我国跨境电子商务的相关政策
	4. 了解主流跨境电子商务平台
	5. 了解跨境电子商务公司的岗位设置和人才要求

任务一 认识跨境电子商务

一、任务描述

跨境电子商务是未来国际贸易发展的必然趋势。近年来,跨境电子商务一直保持着高速增长。在由互联网重塑的国际贸易中,跨境电子商务已经成为中国贸易的新增长点。对于企业而言,国内市场的竞争已经足够激烈,市场趋向饱和,而跨境电子商务可以为企业带来更广阔的市场,因此,跨境电子商务成为众多企业发展的新方向。任务一主要带领大家认识跨境电子商务,如图 1-1-1 所示。

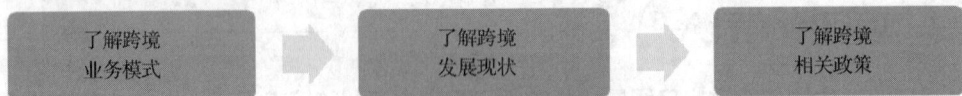

了解跨境业务模式 ➡ 了解跨境发展现状 ➡ 了解跨境相关政策

图 1-1-1 认识跨境电子商务

二、相关知识

(一)跨境电子商务的概念

跨境电子商务(Cross-Border Electronic Commerce)是指分属不同关境的交易主体,通过电子商务平台达成交易、进行支付结算,并通过跨境物流送达商品、完成交易的一种国际商业活动。

本书提及的"跨境电子商务"一般指"跨境电子商务零售(出口)"。

(二)跨境电子商务的特点

跨境电子商务是基于网络发展起来的。网络空间相对于物理空间来说是一个新空间,是一个由网址和密码组成的虚拟但客观存在的"世界"。网络空间独特的价值标准和行为模式深刻地影响着跨境电子商务,使其不同于传统的交易方式而呈现出自己的特点。跨境电子商务具有以下特征。

1. 全球性(Global Forum)

网络是一个没有边界的媒介体,具有全球性和非中心化的特征。依附于网络发生的跨境电子商务也因此具有了全球性和非中心化的特征。与传统的交易方式相比,电子商务有一个重要特点:电子商务是一种"无边界"交易,超越了传统交易的地理界限。网络的全球性特征带来的积极影响是最大程度的信息共享,消极影响是用户必须面临因文化、政治和法律的不同而产生的风险。任何人只要具备了一定的技术手段,在任何时候、任何地方都可以让信息进入网络,进而完成相关交易。

2. 无形性(Intangible)

网络的发展使数字化商品和服务的传输盛行,而数字化传输是通过不同类型的媒介进行的。这些媒介在网络中是以计算机数据代码的形式出现的,因而是无形的。

3. 匿名性（Anonymous）

由于跨境电子商务的非中心化和全球性的特点，我们很难识别电子商务用户的身份和其所处的地理位置。在线交易的消费者往往不显示自己的真实身份和地理位置，重要的是这丝毫不影响交易的进行。在网络市场中，隐匿身份的便利导致了自由与责任的不对称。

4. 即时性（Instantaneous）

对于网络而言，数据传输的速度与地理距离无关。在传统交易模式下，信息交流方式如信函、电报、传真等，在信息的发送与接收间，存在着长短不同的时间差。而电子商务中心的信息交流，无论实际时空距离远近，一方发送信息与另一方接收信息几乎是同时进行的，就如同生活中的面对面交谈。

5. 无纸化（Paperless）

跨境电子商务主要采取无纸化操作的方式。这是电子商务交易的主要特征之一。在跨境电子商务中，电子计算机通信记录取代了一系列的纸面交易文件，整个信息发送和接收过程实现了无纸化。

6. 快速演进（Rapidly Evolving）

互联网是一个新生事物，现阶段尚处于幼年时期，网络设施和相应的软件协议的未来发展具有很大的不确定性。同时，基于互联网的跨境电子商务活动也处在瞬息万变的过程中。

（三）跨境电子商务的模式

根据不同的分类标准，跨境电子商务可以分为不同的模式。

1. 从货物流向分类

从货物流向来看，跨境电子商务可以分为跨境出口和跨境进口。跨境出口是指境内卖家将商品直销给境外的买家，一般是境外买家访问境内卖家的网店或网站，然后下单购买，完成跨境支付，接着由境内的卖家通过国际物流发货至境外买家。跨境进口是境外卖家将商品直销给境内的买家，一般是境内消费者访问境外卖家的购物网站选择商品，然后下单，接着由境外卖家发国际快递给境内消费者。跨境进口的物流方式目前主要有两种：保税方式和直邮方式。目前，境内的进口零售电子商务行业的产业链图谱如图 1-1-2 所示。

2. 从业务模式分类

从业务模式角度来看，跨境电子商务可以分为跨境零售（B2C、C2C）及跨境一般贸易（Business-to-Business，B2B）。跨境 B2C 是指交易一方为企业，另一方为个人；跨境 C2C（Customer to Customer，个人对个人）是指交易双方均为个人；跨境 B2B 是指交易双方均为企业。除了交易的参与者不同外，跨境零售和跨境一般贸易的区别还体现在支付方式和物流方式上。跨境 B2B 一般采用信用证、电汇、托收等传统结算方式，物流方式则以集装箱运输和海运为主，如图 1-1-3 所示。跨境 B2C 一般采用在线支付方式，物流以邮政、快递为主，具体如图 1-1-4 所示。虽然跨境一般贸易在跨境出口中占据了主体地位，但是跨境零售缩短了业务流程，正以完备的双向信息沟通、灵活的交易手段、快捷的物流配送和低成本高效益的运作方式在各行各业展现出强大的生命力。

图 1-1-2　进口零售电子商务行业的产业链图谱

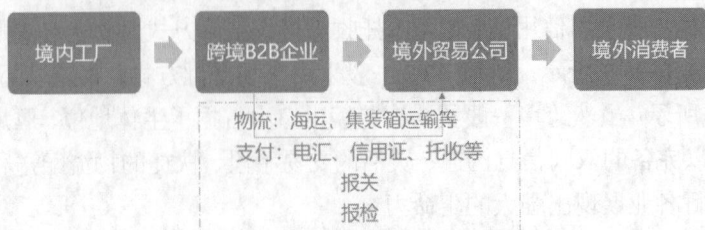

图 1-1-3　跨境 B2B 的业务流程

境内工厂 ➡ 跨境B2C企业 ➡ 境外消费者

物流：邮政、快递
支付：在线支付

图 1-1-4 跨境 B2C 的业务流程

三、任务实施

（一）了解跨境电子商务的业务模式

1. 操作提示

读者通过调查传统国际贸易公司和跨境电子商务公司的业务模式，对比两者的区别，一般可以从交易主体交流方式、运作模式、订单类型、价格、利润率等方面来总结两种业务模式的不同之处，详见表 1-1-1。

表 1-1-1 传统国际贸易与跨境电子商务的对比

贸易形式	传统国际贸易	跨境电子商务
交易主体交流方式	面对面，直接接触	通过互联网，间接接触
运作模式	基于商务合同的运作模式	需借助电子商务平台
订单类型	大批量、少批次、订单集中、周期长	小批量、多批次、订单分散、周期相对较短
价格、利润率	价格高、利润率低	价格实惠、利润率高
商品类目	商品类目少、更新速度慢	商品类目多、更新速度快
规模、增长速度	市场规模大但受地域限制，增长速度相对缓慢	面向全球市场，增长速度快
交易环节	复杂（生产商—贸易商—进口商—批发商—零售商—消费者），涉及的中间商多	简单（生产商—零售商—消费者或生产商—消费者），涉及的中间商少
支付	传统结算方式	传统结算方式或第三方支付等
运输	多通过空运、集装箱海运完成	一般以快递方式完成配送
通关、结汇	按传统国际贸易程序，可以享受正常通关、结汇和退税政策	通关缓慢或有一定限制，退税和结汇政策受限
争端处理	健全的争端处理机制	争端处理不畅，效率低

2. 实训任务（见表 1-1-2）

表 1-1-2 了解跨境电子商务的业务模式实训任务

实训目标	实训任务和结果
了解跨境电子商务业务流程及特点	以小组为单位调研一家跨境电子商务公司，记录一笔跨境电子商务业务的完整流程

实训目标	实训任务和结果
了解跨境电子商务业务流程及特点	调研的公司名称：_____ 跨境电子商务业务流程 交易前：_____ 交易中：_____ 交易后：_____

（二）了解跨境电子商务的发展现状

1. 操作提示

随着跨境电子商务的发展和跨境卖家的增加，各类跨境电子商务资讯和服务平台也不断涌现。这些平台为卖家提供运营指导和其他增值服务。

（1）雨果网

雨果网是中国跨境电子商务智能服务平台，也是亚马逊全球开店、速卖通、天猫国际、京东全球购、eBay、Wish、Paytm 等全球著名电商平台的核心合作伙伴，还是跨境电子商务服务链条中的相关企业进行全球转型的渠道之一。

（2）亿邦动力

亿邦动力是国内具有较大影响力的电商知识平台，面向行业提供全产业链知识服务，包括电商资讯、电商会展、电商培训（线上+线下）、品牌营销、数据交易、电商服务对接、市场研究、电商战略咨询等。

（3）亿恩网

亿恩网是跨境电子商务行业领先媒体，为跨境电子商务行业提供优质的新闻与运营技能和方法，也会举办跨境电子商务行业线下大型活动。

通过浏览以上资讯网站，我们可以了解更多跨境电子商务行业发展的前沿知识。

2. 实训任务（见表 1-1-3）

表 1-1-3　了解跨境电子商务的发展现状实训任务

实训目标	实训任务和结果
了解跨境电子商务发展现状	借助跨境电子商务资讯平台及其他途径，了解跨境电子商务的发展现状，撰写现状分析报告

（三）了解跨境电子商务的相关政策

1. 操作提示

我国高度重视跨境电子商务业的发展，政策红利不断，扶持力度逐步加大。

国务院办公厅是跨境电子商务相关政策指导性意见的制定方。自 2013 年我国跨境电子商务发展元年起，国务院已相继颁布政策文件，批准成立跨境电子商务综合试验区，要求各部门落实跨境电子商务基础设施建设、监管设施，并要求优化和完善支付、税收、收结汇、检验、通关等过程。表 1-1-4 汇总了国务院自 2013 年以来发布的跨境电子商务相关政策。

海关总署是跨境电子商务流程层面，特别是通关流程相关政策的主要制定方，具体措施包括提高通关效率、规范通关流程、打击非法进出口。同时，商务部、国家发展和改革委员会、国家质量监督检验检疫总局等部门先后根据指导意见分别制定相应政策。

通过浏览国务院、海关总署、商务部等部门的官方网站，我们可以查找并研读跨境电子商务的相关政策。

表 1-1-4　跨境电子商务的相关政策

时间	主题	名称	意义
2013 年 8 月	对各部门要求	《关于实施支持跨境电子商务零售出口有关政策意见的通知》	政策指导
2014 年 5 月	基础设施	《关于支持外贸稳定增长的若干意见》	政策指导
2015 年 3 月	批准试验区	《国务院关于同意设立中国（杭州）跨境电子商务综合试验区的批复》	政策支持
2015 年 5 月	效率提高	《关于大力发展电子商务加快培育经济新动力的意见》	政策指导
2015 年 6 月	流程优化	《国务院常务会议，部署促进跨境电子商务健康快速发展》	政策支持
2015 年 6 月	基础设施	《关于促进跨境电子商务健康快速发展的指导意见》	政策指导
2016 年 1 月	批准试验区	《国务院关于同意在天津等 12 个城市设立跨境电子商务综合试验区的批复》	政策支持
2016 年 5 月	支持新业态	《国务院关于促进外贸回稳向好的若干意见》	政策指导
2017 年 11 月	降进口税率	《国务院关税税则委员会关于调整部分消费品进口关税的通知》	政策支持

2. 实训任务（见表 1-1-5）

表 1-1-5　了解跨境电子商务的相关政策实训任务

实训目标	实训任务和结果
了解我国现有的与跨境电子商务行业相关的政策	登录国务院、海关总署、商务部等部门的官方网站，查找跨境电子商务的相关政策的原文，并认真研读

四、同步拓展

从 0 起步，他将小小美甲灯卖到全球领先

会计专业出身的欧阳晨义于 2012 年成立深圳市钰创合成光电技术有限公司（以下简称"钰创合成"），专注于美甲、医疗、验钞等 UVLED 商品的研发与制造。UVLED 是一种紫光发光二极管，被广泛应用于杀菌、树脂硬化以及纸钞识别等特殊领域。

经过几年的努力，钰创合成成为中国最大、最专业的 UVLED 生产厂商，其中国美甲行业市场份额占比接近 80%。

1. "转型"念头的产生

劳动力成本上升、出口业务增长乏力、竞争日益加剧一直是传统外贸老生常谈的话题。B2B 的劣势显而易见，客户对价格的敏感度非常高，企业面临着利润越来越低的窘境。外贸企业想要有更大的发展，需要缩减中间环节。

跨境电子商务的优势恰好能弥补传统外贸的劣势，如果透过网络平台直面境外消费者，则在政策利好与市场趋势的双重推动下，出口市场将更加广阔，再加上境外市场对商品质量的更高要求，正好与该公司的商品质量标准相符合。

越琢磨，欧阳晨义越觉得跨境电子商务是一个突破口。于是，欧阳晨义毫不犹豫，大胆改革，开启了跨境电子商务之路。

2. 从 0 起步，摸索中改变

说干就干，欧阳晨义开始着手调整企业运营结构和贸易模式，在 2016 年注册了 SUNUV 品牌商标，并于 2016 年年初入驻速卖通平台。

从传统的 B2B 模式转型到 B2C，一切又从 0 起步。物流和售后问题是转型中的两大掣肘。"跨境 B2C 运费贵，发货时间长。我们研究对比了很多物流解决方案，最终还是决定建立海外仓，能有效缩短货物运输时间，同时进行严格的商品包装，进行全方位的运输保护。"欧阳晨义说道，"另外，越来越多的客户对网购商品的售后服务和质量保障提出更高的要求。针对这个问题，我们承诺为客户提供一年的质保期，既能解决客户的后顾之忧，也优化了客户的购物体验，还能提升客户对我们品牌的信任度。"

3. 从全国领先到领先全球

"短短一年时间，我们的美甲灯品牌 SUNUV 通过速卖通平台，打开了俄罗斯、波兰、美国、英国等国家或地区的市场，还在当地市场建立了品牌代理商。俄罗斯的两位原 OEM（Original Equipment Manufacturer，贴牌生产）客户，在对我们的品牌详细考查后，已经着手经销 SUNUV 商品。"欧阳晨义说道。

正是因为与消费者有着频繁的互动，经过积累沉淀，现在 SUNUV 对境外市场也有了更多的认识。比如，俄罗斯消费者喜欢价格便宜、简洁实用，不需要太过复杂功能应用的商品；欧洲的消费者则比较重视商品的功能应用，喜好功率大、外观美观的商品。

"我们的商品研发思路与方向都很清晰。一年来，通过客户的反馈和销售数据，陆续开发了 10 款美甲灯，款款成爆款。充分了解客户的需求及痛点后，商品研发不再闭门造车，不再靠模仿，不再迷路。"

在谈及未来运作和商品规划时，欧阳晨义表示，新零售时代已经到来，今后将不存在所谓的纯电商企业，工厂电商化、电商企业工厂化已是趋势。

（资料来源：雨果网）

任务二　选择跨境电子商务平台

一、任务描述

在众多的跨境交易平台中，eBay、速卖通、亚马逊、敦煌网、Wish 这 5 家的市场份额占到 80% 以上。本任务以国内最大的跨境电子商务平台（速卖通）、全球最大的跨境电子商务平台（亚马逊）和移动跨境电子商务领导平台（Wish）为例，介绍跨境电子商务运营实务，如图 1-2-1 所示。

```
认识速卖通平台  →  认识亚马逊平台  →  认识Wish平台  →  认识其他跨境
                                                      电子商务平台
```

图 1-2-1　认识跨境电子商务平台

二、相关知识

（一）跨境电子商务平台分类

1. 以产业终端用户类型分类

跨境电子商务平台以产业终端用户类型分类，可以分为跨境 B2B 平台和跨境 B2C 平台。跨境 B2B 平台所面对的最终客户为企业客户，代表平台有阿里巴巴国际站、中国制造网和敦煌网。跨境 B2C 平台所面对的最终客户为个人消费者，代表平台有速卖通、亚马逊、eBay 等。

2. 以服务类型分类

跨境电子商务平台以服务类型分类，可以分为信息服务平台和在线交易平台。跨境电子商务信息服务平台主要为境内外会员商户提供网络营销平台，传递供应商或采购商的商品或服务信息，促成双方完成交易，代表平台有阿里巴巴国际站、环球资源网、中国制造网等。跨境电子商务在线交易平台不仅提供企业、商品、服务等多方面信息展示，并且还帮助用户完成搜索、咨询、对比、下单、支付、物流、评价等全购物链环节，代表平台有速卖通、敦煌网、米兰网等。

3. 以平台运营方分类

跨境电子商务平台以平台运营方分类，可以分为第三方开放平台和自营型平台。跨境电子商务第三方开放平台通过线上搭建商城，并整合物流、支付、运营等服务资源，吸引卖家入驻，为其提供跨境电子商务交易服务。此类平台以收取佣金以及增值服务费作为主要盈利模式，代表平台有速卖通、敦煌网、环球资源网等。跨境电子商务自营型平台通过在线上搭建平台，平台方整合供应商资源，通过较低的进价采购商品，然后以较高的售价出售商品。自营型平台主要以商品差价作为盈利模式，代表平台有兰亭集势、米兰网、大龙网等。

（二）跨境电子商务平台选择

1. 根据销售模式来选择

如果你想以批发的模式进行销售，可以选择阿里巴巴国际站、中国制造网和敦煌网等跨境 B2B 网站；如果你想以零售的模式进行销售，则可以选择亚马逊、速卖通、eBay 等跨境 B2C 网站。

2. 根据目标市场来选择

如果以东南亚地区为目标市场，可以选择 Lazada；如果以中东地区为目标市场，则可以选择 Souq；如果以北美地区为目标市场，则可以选择亚马逊美国站、eBay、Wish 等。

3. 根据销售商品品类来选择

如果销售的是电子商品，可以选择 Newegg；如果销售的是原创手工艺品，则可以选择 Etsy；如果销售的是女性商品，则可以选择 Bellabuy。当然，大部分跨境电子商务网站属于全品类综合性网站。

在线渠道多元化是拓展网络渠道和规模的重要途径。一般跨境电子商务卖家会选择两个以上的跨境电子商务平台进行注册和销售。

三、任务实施

（一）认识速卖通平台

1. 操作提示

速卖通是国内最大的跨境电子商务出口零售平台，全称为"全球速卖通"（AliExpress），正式上线于 2010 年 4 月，原本是阿里巴巴 B2B 业务中的一个项目，因为洞察到外贸订单碎片化的趋势，所以阿里巴巴的团队将其打造成跨境电子商务零售平台。全球速卖通通过支付宝国际账户进行担保交易，并使用国际快递发货，被广大卖家称为"国际版淘宝"。

（1）速卖通的交易主体

速卖通的定位是外贸零售网站，其买家以个人消费者为主，约占平台买家总数的 80%，还有 20%为境外批发商和零售商。成立之初，该平台的卖家可以是企业卖家，也可以是个体卖家。但是从 2015 年 12 月开始，速卖通团队重新定位了平台使命，通过设置三道"门槛"，对平台进行了 C2C 到 B2C 的转型升级。这三道"门槛"分别是"年费""企业资质"和"品牌资质"。因此，目前平台的卖家身份一般是拥有自主品牌或授权品牌的企业卖家。

（2）速卖通的目标市场

目前，速卖通已经覆盖 230 多个国家和地区的境外买家，网站日均浏览量达到了 2 亿次，全球成交买家数突破一个亿。其中超过 60%的速卖通交易来自移动端。手机软件"AliExpress"装机量超过 3 亿人次，并在 100 个国家和地区的应用市场购物榜单排名前列。速卖通平台交易排名前 5 的国家分别为俄罗斯、美国、西班牙、巴西和法国，这 5 个国家的网购人群规模大、消费能力强、受教育程度高。这 5 个国家的速卖通成交额已经占到平台总额的 2/3。

（3）速卖通的经营品类

速卖通是一个全品类、综合性的跨境电子商务平台。在速卖通上卖得较好的商品来自 22 个支柱产业。它们带来了平台上 95%的交易额。这 22 个支柱行业具体如表 1-2-1 所示。

表 1-2-1　速卖通平台上的 22 个支柱行业

时尚类	服装及配饰、珠宝首饰、鞋子、箱包、手表、婚纱、假发及配件
3C 数码	手机通信、消费电子、计算机办公、安防、汽摩配
大家居	家居园艺、灯具照明、工具、家装、小家电、家具
健康生活	运动娱乐、美容健康、母婴、玩具

2. 实训任务（见表 1-2-2）

表 1-2-2　速卖通平台实训任务

实训目标	实训任务和结果
了解速卖通平台的定位和特点	请登录速卖通平台官网，以买家的身份了解速卖通平台的特点。你发现的特点如下。 特点 1＿＿＿＿＿＿＿。 特点 2＿＿＿＿＿＿＿。 特点 3＿＿＿＿＿＿＿

（二）认识亚马逊平台

1. 操作提示

亚马逊是全球范围内最大的跨境电子商务平台之一。亚马逊公司成立于 1995 年 7 月，总部位于美国西雅图，是美国最大的一家网络电子商务公司，一开始只经营书籍销售业务，目前已成为全球商品品种最多的网上零售商之一。

中国买家熟悉的"亚马逊中国"是亚马逊在中国创建的网站，为中国消费者提供便利、快捷的网购服务。亚马逊中国的前身为卓越网，后被亚马逊公司收购，成为其子公司。

（1）亚马逊的目标市场

目前，亚马逊旗下的网站除了美国站外，还有澳大利亚、新西兰、巴西、加拿大、中国、法国、德国、印度、墨西哥、意大利、日本、英国、西班牙和挪威等站点。中国卖家已经可以注册北美站、欧洲站和日本站，面向 9 个站点的消费者销售商品。亚马逊还有数以千万计的优质客户群体——亚马逊会员（Amazon Prime），他们是亚马逊的忠实用户，具有较高的品牌忠诚度和重复购买率。

（2）亚马逊的经营品类

亚马逊及其他销售商为客户提供数百万独特的全新、翻新及二手商品，品类包括图书、影视、音乐、游戏、数码下载、电子商品、家居园艺用品、食品杂货、健康美容、玩具、母婴用品、服装鞋帽、珠宝、运动户外、汽车配件等。

（3）亚马逊"全球开店"项目

2012 年，亚马逊将"全球开店"项目引入中国，致力于将中国最优秀的卖家引入亚马逊海外站点，让中国卖家直接面对海外消费者。经过亚马逊团队的努力，目前其已经开辟出美国、加拿大、日本、澳大利亚市场。这就意味着中国卖家只要将相关资料提交给亚马逊招商团队，就能直接在这些海外市场进行销售。

2. 实训任务（见表 1-2-3）

表 1-2-3　认识亚马逊平台实训任务

实训目标	实训任务和结果
了解亚马逊平台的定位和特点	请登录亚马逊美国站官网，以买家的身份了解亚马逊平台的特点。你发现的特点如下。 特点 1＿＿＿＿＿＿＿。 特点 2＿＿＿＿＿＿＿。 特点 3＿＿＿＿＿＿＿

（三）认识 Wish 平台

1. 操作提示

Wish 由来自谷歌和雅虎的工程师 Peter Szulczewski 和 Danny Zhang 于 2011 年在美国创立，是一家专注于移动购物的跨境 B2C 电商平台。目前，Wish 已成为北美最具代表性的移动电商平台和全球第六大电商平台。

（1）Wish 的特点

Wish 是一个源于移动端的平台，99%的交易都在移动端进行，其用户可以随时随地购物。用户从打开 Wish 手机应用到完成付款流程最快不过数秒时间。同时，Wish 弱化了搜索功能，采用个性化推送机制，即 Wish 采用独特算法，根据用户在社交网络上的浏览轨迹分析用户喜好，向用户推送与之喜好匹配的商品，因此每个人在 Wish 首页看到的商品不尽相同。

（2）Wish 的用户特点

截至 2017 年，Wish 平台已经拥有 4.2 亿用户群体，日平均活跃用户达到了 1 000 万。Wish 应用支持超过 30 种语言，为超过 71 个国家或地区提供购物服务，不过平台的主要用户来自美国，用户数量占 44.5%；其次是欧洲，用户数量占 43.5%。从年龄区间来看，用户年龄主要集中在 18～35 岁。从男女比例来看，用户男女比例为 3：7，但在成交额方面男性高于女性。

（3）Wish 的经营品类

Wish 由原先单一的 Fashion（时尚）品类发展至今，目前已包含 3C 数码、母婴、美妆、家居等全品类的商品销售。近几年，Wish 陆续推出了垂直类目 App，例如电子商品应用"Geek"、母婴应用"Mama"、美容类垂直应用"Cute"和家居类应用"Home"。Wish 旗下的手机应用如图 1-2-2 所示。

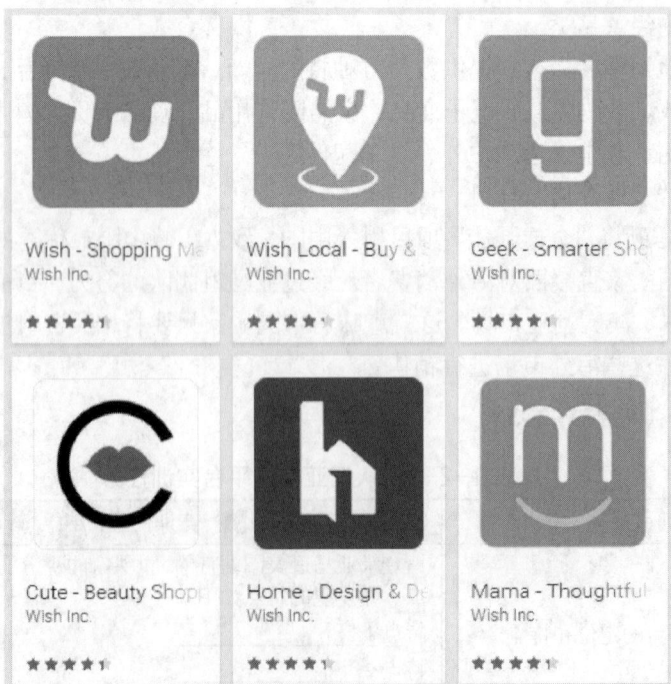

图 1-2-2　Wish 旗下的手机应用

2. 实训任务（见表 1-2-4）

表 1-2-4　认识 Wish 平台实训任务

实训目标	实训任务和结果
了解 Wish 平台的定位和特点	请下载 Wish App，以买家的身份了解 Wish 平台的特点。你发现的特点如下。 特点 1＿＿＿＿＿＿＿＿＿。 特点 2＿＿＿＿＿＿＿＿＿。 特点 3＿＿＿＿＿＿＿＿＿

（四）认识其他跨境电子商务平台

1. eBay

eBay 是在线交易平台的全球领先者，其利用强大的平台优势和旗下全球市场占有率第一的支付工具 Paypal 为全球卖家提供网上零售服务。通过 eBay 的全球平台，中国卖家在支付、语言、政策、品牌、物流等方面的问题得到了很好的解决，同时在出口电商网络零售领域发挥了自身优势，可将商品销售到世界各国或地区，直接面对亿万消费者。

eBay 的优势在于品牌的国际影响力、全球市场覆盖率、健全的买家保障体系和 Paypal 支付的紧密合作。在物流方面，eBay 联合第三方合作伙伴——中国邮政速递，为中国卖家提供便捷、快速、经济的国际 e 邮宝货运服务，并逐步从美国、澳大利亚、德国等国家向俄罗斯等新兴市场延伸。

2. 敦煌网

敦煌网于 2004 年正式上线，是中国国内首个实现在线交易的跨境电子商务 B2B 平台，以中小额外贸批发业务为主，开创了"成功付费"的在线交易佣金模式。卖家免费注册，只有在买卖双方交易成功后才收取相应的手续费，将传统的外贸电子商务信息平台升级为真正的在线交易平台。

截至 2017 年年底，敦煌网拥有 170 多万家注册供应商，覆盖全球 200 多个国家和地区的 1 500 万买家。敦煌网是商务部重点推荐的中国对外贸易第三方电子商务平台之一，同时，工业和信息化部电子商务机构管理认证中心已经将其列为示范推广单位。

3. Shopee

Shopee 成立于 2015 年，是东南亚与我国台湾地区最大的电商平台，覆盖印度尼西亚、马来西亚、越南、泰国、菲律宾和新加坡，同时在我国的深圳、上海和香港地区设立办公室。Shopee 2017 年的成交总额达到 41 亿美元，同比增长 258%，区域内 App 下载量名列前茅；目前员工达 5 000 人，是该地区发展最迅猛的电商平台之一。

Shopee 为卖家提供自建物流、小语种客服和支付保障等解决方案。卖家可通过该平台触达东南亚与我国台湾地区的市场。Shopee 为买家打造一站式的社交购物平台，营造轻松愉快、高效便捷的购物环境，提供性价比高的海量商品，方便买家随时随地浏览、购买商品并进行即时分享。

4. Lazada

Lazada 于 2012 年 3 月推出，是东南亚重要的网上购物平台，在印度尼西亚、马来西亚、菲律宾、新加坡、泰国以及越南等地设有分支机构。Lazada 同时在韩国、英国以及俄罗斯等地设有办事处。

顾客在 Lazada 平台上能够轻松地购物。顾客可以通过移动装置或 PC 端网站访问该平台。该平台同时也提供了包括货到付款在内的多种付款方式，提供全面顾客服务和免费退货服务，而且零售商通过零售渠道可以简单、直接接触到 6 个国家中约 5.5 亿名顾客。Lazada 平台上拥有大量的商品，商品种类涵盖电子商品、家庭用品以及时装等。

四、同步拓展

跨境电子商务自建平台

跨境电子商务自建平台，即跨境电子商务自建站，是指跨境电子商务卖家自建的具备商品展示、交易结算等功能的电子商务平台网站，通常指拥有配套的物流、支付服务体系的跨境 B2C 平台网站。

在第三方跨境电子商务平台规则限制多、无法获取客户资源、比价竞争大等不利因素的影响下，越来越多的电子商务企业建立了自己的电子商务网站平台，虽然自建平台有流量瓶颈的问题，但不可忽视它具有平台所没有的优势——自主管理、定制化服务、品牌形象更佳、用户体验更好，拥有更强劲的竞争力优势。

第三方平台因其完善的信用体系、高信用度以及流畅的购物流程，而能够获取比较大的流量，对于卖家的出口销售也是一大优势。此外，第三方平台有资深的商城模板，卖家自己搭建网店或店铺，减少技术投入；第三方平台的物流、营销等配套设施较为完善，方便卖家出口。

而体量虽小但五脏俱全的自建独立站为卖家减少了佣金负担，同时，卖家可以在自己的平台上任意展示商品，空间容量不受限制。此外，独立站无论是框架、风格内容还是系统数据，皆由自己掌控；还可结合自身和用户的特点，贴合用户消费习惯来提供个性化服务。

凡事皆有正反面，独立站面对的挑战也不小。卖家需自己购买服务器等基础设施，自建运营维护团队需要投入较大的成本；初期投入比较高，效果需要时间积累；建站初期可信度低，存在推广的难度较大、流量较少等问题。

传统独立站的建设往往需要经过几个步骤：挑选域名→按流量（带宽）和存储空间选择服务器→解析域名→写代码或用模板建站。建造自己的传统独立站成本较高，且专业性强。为了帮助卖家更便捷地建立和管理独立站，市场上出现了新的工具——独立站建站系统。类似的平台有 Shopify、Magento、BigCommerce 和 WooCommerce 等，这些平台适合跨境电子商务建立独立站，用户支付一定的费用即可在其上利用各种主题和模板建立自己的网店。

（资料来源：雨果网）

任务三　创建跨境电子商务团队

一、任务描述

跨境电子商务在国家的支持下迅猛发展。看到这一领域的发展潜力后，很多创业人员都开始从事电商经营，当业务范围不断扩大时，仅依靠自己一个人便很难获得持续性发展，因此就要着手建立团队。任务三主要讲解创建跨境电子商务团队的流程，如图 1-3-1 所示。

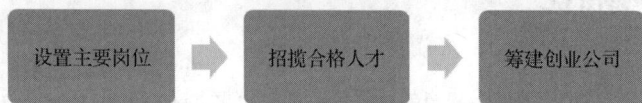

图 1-3-1　创建跨境电子商务团队的流程

二、相关知识

（一）创建团队的基本条件

1. 树立正确的团队理念

正确的团队理念包含凝聚力、诚实正直、眼光长远、承诺价值创造等，使团队成员在一个命运共同体中，共享收益，共担风险。只要树立了正确的团队理念，那么接下来所进行的每一项工作就是在朝着正确的方向走。团队理念的正确性在团队建设中极其重要，是团队建设的重中之重。思想是行动的基础，只有有了正确的思想，才能在接下来的行动中做到有的放矢。

2. 确立团队发展目标

目标是有效的激励因素，是团队克服困难、取得胜利的动力。如果一个人明确了团队未来的发展目标，并认为随着团队目标的实现，自己可以从中分享很多利益，就会更加努力地奉献自己的价值。所以，一个团队的发展目标也是极其关键的。团队的发展目标就像大海里的风向标，指引着团队中的每个人朝着正确的方向前行。

3. 建立责、权、利统一的团队管理机制

在团队运行过程中，团队要确定谁适合从事何种关键任务，以及谁对关键任务承担什么责任，以使权责清晰，延续交叉。团队负债人应该认真研究和设计企业的整个生命周期的薪酬体系，使其具有吸引力。薪酬水平应随贡献水平的变化而变化，即能够按贡献付酬和不因人员增加而降低薪酬水平。只有这样才能提高个人的积极性，实现每个个体的利益最大化，同时创造出最大化的集体利益。

（二）跨境电子商务的职业前景

跨境电子商务类的工作岗位是指需要使用到电子商务专业知识，并从事境内外网络贸易工作的商务技能型、应用型岗位。

中国电子商务研究中心与电商人才服务商赢动教育共同发布的《中国跨境电子商务人才报告》指出，当前，中国跨境领域对应的人才缺口约 450 万。目前，在跨境电子商务领域，毕业生主要来自于国际贸易、电子商务、外语以及国际商务专业。尽管选择从事跨境电子商务行业的毕业生专业背景丰富，数量也相当可观，可是这些毕业生还是未能满足行业的需要。一项针对 300 家跨境电子商务企业的调查显示，企业认为毕业生存在解决问题的能力不强、专业知识不扎实、知识面窄、视野不够宽等缺点。

上述报告还指出，68.4% 的企业对有一定技巧和实战训练的中级人才的需求量，要远高于对资深高级人才的需求，同时也高于对掌握了基础操作和入门知识的低级人才的需求。

三、任务实施

（一）设置主要岗位

1. 操作提示

根据对能力要求的深度不同，跨境 B2C 公司的主要岗位分为 3 个层次，具体介绍如下。

（1）初级岗位的人员，需要掌握跨境电子商务的基本技能，对跨境电子商务的流程有所了解，并能够处理相关的一般性事务，属于基础型人才。具体来说，初级岗位主要包括客户服务、视觉设计、网络推广、跨境物流、报关员等岗位。

（2）中级岗位的人员，是熟悉跨境电子商务业务，对现代商务活动有一定了解，掌握跨境电子商务的基础知识，是懂得跨境电子商务能做什么的新型专业人才。中级岗位主要有市场运营管理、采购与供应链管理、国际结算管理。

（3）高级岗位的人才，要对电子商务前沿理论有清楚的认识，具备前瞻性思维，能将跨境电子商务的经营上升到战略层次，能把握跨境电子商务的特点和发展规律，并能够引领跨境电子商务产业向前发展，属于懂得为什么要做跨境电子商务的战略型人才。因此，这个级别的岗位所需要的人才是对跨境电子商务有深度认识的高级职业经理人，以及能够促进跨境电子商务产业发展的领军人物。

创业初期阶段，创业者可以根据业务需求建设团队，最需要的是运营、客服、网络推广、视觉设计等基础型人才，具体可以参考表 1-3-1。随着企业的发展，业务逐渐复杂，竞争也不断加剧，团队将会加大对综合运营的商务型人才的需求。

表 1-3-1 跨境电子商务团队的岗位设置及主要职能

岗位名称	主要职能
跨境电子商务运营（助理/专员/总监）	1. 负责境外电商平台的店铺开通及店铺的整体运营。 2. 负责与店铺的整体规划、营销、推广、客户关系管理系统等相关的经营性工作。 3. 负责店铺的日常操作、商品上传、订单跟进、客户咨询服务、售后跟进。 4. 负责收集市场和行业信息，对营销数据、交易数据、商品管理、顾客管理等数据进行分析，为公司营销推广提供依据，帮助提升销售业绩
跨境电子商务客服	1. 为客户提供在线交流、邮件或电话服务，引导客户完成前期的咨询，促其购买。 2. 跟踪订单物流状态，及时发现货物在途的问题，并跟客户沟通、解决。 3. 处理商品售后服务、投诉、评价等工作，让客户满意。 4. 做好新客户开拓及老客户维护工作。 5. 搜集和统计客户相关数据，整理客户咨询和投诉的内容，及时反映客户的问题，并与各部门沟通
跨境电子商务美工/视觉设计	1. 负责公司、店铺、品牌整体视觉方案的制订，能独立做出概念设计方案。 2. 指导美工、摄影人员完成相关店铺、商品页面、商品素材等的设计及优化
跨境电子商务营销/推广专员	1. 运用社交媒体（如 VK、Youtube、Facebook、Twitter、Pinterest 等）进行营销，推广品牌和商品，引导社交媒体的使用者购买商品，引进流量。 2. 在境外热门、知名的网站搜索平台上推广。 3. 根据境外市场以及工作具体需要进行推广活动的策划，并制订相应的具体活动方案。 4. 负责准备境外市场推广所需的资料等，并做好相应的活动预算，控制活动成本。 5. 联系和协调合作单位，并配合市场部门进行相关推广活动。

岗位名称	主要职能
跨境电子商务营销/ 推广专员	6. 根据境外市场推广活动的效果进行评估，并编写推广效果评估报告。 7. 定期进行境外市场信息的收集、整理、分析，并提出合适的推广创意。 8. 根据境外市场的具体情况制订各媒体投放组合策略，管理并优化广告
跨境电子商务 采购员	1. 执行采购订单和采购合同，落实具体采购流程。 2. 负责采购订单制作、确认，安排发货，跟踪到货日期。 3. 填写有关采购表格，提交采购分析和总结报告
跨境电子商务物流 专员	1. 了解国际订单处理、电子商务通关、检验检疫的规则和流程。 2. 协助本部门处理好与外贸、海关、商检等部门的联系

2. 实训任务（见表 1-3-2）

表 1-3-2　设置主要岗位实训任务

实训目标	实训任务和结果
了解跨境电子商务相关岗位及职责	请利用招聘网站，如前程无忧、智联招聘、中华英才网等，搜索并了解跨境电子商务公司的招聘岗位及对岗位的职责描述。 岗位 1＿＿＿＿＿＿＿＿＿ 职责描述＿＿＿＿＿＿＿＿＿＿＿＿＿＿ 岗位 2＿＿＿＿＿＿＿＿＿ 职责描述＿＿＿＿＿＿＿＿＿＿＿＿＿＿ 岗位 3＿＿＿＿＿＿＿＿＿ 职责描述＿＿＿＿＿＿＿＿＿＿＿＿＿＿

（二）招揽合格人才

1. 操作提示

跨境电子商务的从业人员要具备多项综合能力，能够顺应跨境电子商务的国家战略、发展趋势和行业需求，具有国际化视野和跨文化交际意识，掌握用商务英语进行沟通、谈判和处理网店事务的能力，熟悉国际贸易和跨境电子商务交易基本流程，了解跨境电子商务平台、国际产权和国际物流知识，具备跨境电子商务平台操作、客户开发和维护、询盘和订单处理、网络营销和推广等相关能力。

（1）综合素质

跨境电子商务的从业人员要具备一定的综合素质（见表 1-3-3），具有国际化视野和创业意识。

表 1-3-3　跨境电子商务人才需具备的综合素质

综合素质	素质要求
思想政治素质	掌握马克思主义科学世界观、人生观和价值观。坚定地走中国特色社会主义道路，有热爱祖国、服务人民的理想信念。具有社会责任感，能积极践行社会主义核心价值观，拥有能够支撑职业和人生发展的思想政治素质
职业素质	具有良好的职业态度和职业道德修养，具有正确的择业观和创业观。坚持职业操守、爱岗敬业、诚实守信、办事公道、服务群众、奉献社会；具备从事职业活动所必需的基本能力和管理素质；脚踏实地、严谨求实、勇于创新

综合素质	素质要求
人文素养与科学素质	拥有融合了传统文化精华、当代中西文化潮流的宽阔视野;拥有文理交融的科学思维能力和科学精神;具有适应社会核心价值体系的审美立场和方法能力;个性鲜明、善于合作
身心素质	养成锻炼身体、讲究卫生的良好习惯;具有坚忍不拔的毅力、积极乐观的态度、良好的人际关系、健全的人格品质
国际化视野	具有国际化的意识和胸怀,对不同文化背景的人能够理解和沟通,在竞争中善于把握机会、争取主动
电子商务和跨境电子商务意识	充分认识在"互联网+外贸"背景下和"一带一路"倡议下的外贸新业态
创业意识	敢于创新,有战略意识,有发现商机的能力和抵御风险的能力

(2)职业能力要求

跨境电子商务人才要具备与该行业相关的职业能力,如表1-3-4所示。

表1-3-4 跨境电子商务行业对人才的职业能力的要求

能力	具体要求
职业通用能力	在跨境电子商务的各种情境下熟练的商务英语沟通能力
	熟悉国际贸易知识和流程
	跨文化意识和交际能力
	常用软件(Word、Excel、PowerPoint、Photoshop 等)的熟练应用能力
	熟悉与国际贸易相关的地理、国际船务航线和国际快递等方面知识并熟练应用
职业专业能力	熟悉各种跨境电子商务平台的定位和各自的经营模式
	具备进行网店选品和定价的能力
	具备进行图片处理的能力
	具备进行商品上传和优化的能力
	具备与物流公司沟通和议价的能力
	了解与国际知识产权、商标、专利相关的规则,具备进行风险识别、侵权规避和侵权处理的能力
	具备熟练应用站内外推广工具的能力
职业综合能力	具备利用各种工具和平台进行有效客户开发、维护和管理的能力
	具备根据具体平台和店铺采取有效的全网营销推广的能力
	具备进行店铺询盘、跟踪订单、物流综合管理的能力
	具备跨境电子商务的创业意识和对创业项目进行可行性分析的能力
职业拓展能力	具备对国际船务和货代进行处理的能力
	具备进行国际会展策划、组织、接待、协调的能力
	具备进行跨境电子商务网页设计的能力
	具备运营移动跨境电子商务的能力

2. 实训任务（见表1-3-5）

表1-3-5 招揽合格人才实训任务

序号	实训目标	实训任务和结果
1	能明确跨境电子商务行业人才的素质和能力要求	请评估自己达到了哪些跨境电子商务行业对人才的素质要求，又有哪些素质尚需培养和强化
2	能组建跨境电子商务团队	请自由组合或根据教师安排，确定你的团队成员及岗位。 成员1_____，岗位_____ 成员2_____，岗位_____ 成员3_____，岗位_____ 成员4_____，岗位_____ 成员5_____，岗位_____ 成员6_____，岗位_____

（三）筹建公司

1. 操作提示

（1）公司注册

第一步，核准名称。具体操作：确定公司类型、名字、注册资本、股东及出资比例后，到所在地市场监督管理总局现场或在官网上提交核名申请。

第二步，提交材料。具体操作：核名通过后，确认地址信息、高管信息、经营范围，在线提交预申请。在线预审通过之后，按照预约时间到所在地市场监督管理总局递交申请材料。

第三步，领取执照。具体操作：携带准予设立登记通知书、办理人身份证原件，到所在地市场监督管理总局领取营业执照正、副本。

第四步，刻章等事项。具体操作：凭营业执照，到所在地公安局指定刻章点办理，包括公司公章、财务章、合同章、法人代表章、发票章。至此，一个公司注册完成。

（2）商标注册

同样一款商品，贴上不同的品牌商标，价值也就不一样了，在跨境电子商务行业更是如此。近年来，亚马逊、Wish、速卖通等跨境电子商务平台上的部分卖家因商标侵权、知识产权纠纷等问题，被冻结了相关账户。跨境电子商务平台对知识产权的保护变得越发严格，侵权商品面临的风险越来越大。因此，卖家在打造品牌前，需要先注册一个受各国法律保护的商标。

企业要注册海外商标一般有两种途径：一是委托国内商标代理注册公司注册单一国家的商标、欧盟商标、马德里商标体系；二是自己登录各国的商标局网站进行注册。

2. 实训任务（见表1-3-6）

表1-3-6 筹建创业公司实训任务

实训目标	实训任务和结果
能创建跨境电子商务公司	请和团队成员讨论并撰写你们的跨境电子商务公司创业计划，包括公司名称、主营业务、发展目标等

跨境电子商务大卖家组建团队的经验分享

创业初期，团队该如何组建呢？

青岛斯科贝电子商务有限公司总经理郑雅乾分享了他的团队建设经验：主要经历了根据需求建设团队和根据组织架构建设团队两个阶段。

1. 初期：根据需求建设团队

初期，也就是第一个阶段，是从 2008 年到 2011 年，那时郑雅乾和他的朋友在广东以个人卖家的形式起步创业。最开始只有一两个人，后来慢慢发展到了七八个人。那时，郑雅乾的团队建设就是依据业务的发展而发展的，业务扩大，就随之增加几个人。比如团队需要美工，就招美工加入；需要一个专门从事包装的人，就招一个包装的人。这个时期，对团队的建设，郑雅乾并没有一个宏观的构想。

2. 后期：根据组织架构建设团队

因为业务的发展，郑雅乾在 2011 年把公司迁到了青岛，从这以后，郑雅乾的团队建设进入到了第二个阶段。这时，公司开始以一个专业团队的基本架构进行建设。

郑雅乾表示，他的团队从 2011 年的 8 个人，发展到现在 50 多人，在整个架构上都是从两个大方面考虑的。

郑雅乾表示："一方面，我们考虑了整个业务在功能上的发展构架，包括业务部门、客服部门、美工部门、仓储物流部门；还包括公司的一些支持部门，像财务部门和人力部门。另一方面，我们把公司 50 多人，按照项目制的方式进行区分，特别是业务部门内部，我们都是严格按照项目制来做整体管理的。"

郑雅乾在分享自己的创业经验时，不禁感叹道："说起创业的过程，其实我们也跟大家一样，不是一帆风顺的。期间，我们遇到了很多解决不了的问题，内心是痛苦与矛盾的。但是我觉得所有创业路上的不适感、焦虑感，与创业路上收获成功时的喜悦感及完成任务时的成就感是相伴相随的。去享受这个过程吧！更多的时候，创业需要我们踏踏实实地坚持，多付出一份努力就多一份成功的希望。"

（资料来源：雨果网）

项目二
跨境电子商务选品

项目情境导入

通过项目一的学习，我们已经选择好了想要创业的跨境电子商务平台，并组建了跨境电子商务创业团队，接下来我们需要解决"卖什么"的问题。选品是运营一家店铺首先需要解决的问题，选品选得好，就为运营好店铺奠定了基础。可以说，商品选对了，生意就已经成功了一半。

很多卖家在选品的时候比较盲目，或者因为对某类商品比较熟悉而直接销售，没有了解市场需求；或是看到平台上其他卖家卖什么就跟着去卖，没有明确自己的主营类目。一般来说，选品应该遵循以下思路。

（1）要分析国际市场。跨境电子商务零售是直接面向境外消费者的，因此我们需要先了解一下境外消费者的需求和偏好。为了解决这个问题，我们需要对国际市场进行充分的调研，将市场进行细分，最终明确自己的市场定位。

（2）要有一定的选品策略，即确定是主动选品还是被动选品。所谓主动选品是指通过对目标市场的了解或对某个行业的了解，主动地去研发或寻找商品；被动选品是参考其他大卖家的数据，查看他们近期销量较大的爆款商品是哪些，从而决定自己的销售商品。

（3）要善于借助数据化选品工具。跨境电子商务平台或互联网上有很多选品分析工具，可以为我们选品提供非常有价值的信息。

项目学习目标

能力目标	1. 能调研国际市场并撰写调研报告 2. 能进行市场细分并发现利基市场 3. 能根据具体商品确定市场定位 4. 能够借助选品工具，结合目标市场的消费者需求，选择适合销售的商品
知识目标	1. 了解市场调研报告的撰写方法 2. 了解主要国际市场 3. 熟悉选品的原则和方法，确定选品策略 4. 认识常用的选品工具

任务一　分析国际市场

一、任务描述

全球 200 多个国家和地区的消费者，只要能连上互联网，都可能成为跨境电子商务卖家的客户。但是，不同地域的消费者拥有不尽相同的消费需求，跨境电子商务卖家销售的商品也不可能满足所有人的需求，因此，跨境电子商务卖家需要在对国际市场充分调研的基础上，找到细分市场，确定市场定位。任务一主要介绍分析国际市场的流程，如图 2-1-1 所示。

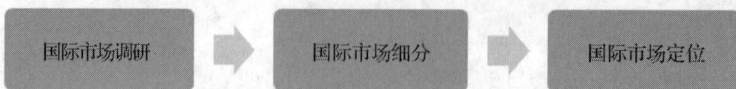

图 2-1-1　分析国际市场的流程

二、相关知识

（一）国际市场细分的概念

国际市场细分是指企业按照一定的细分标准，把整个国际市场细分为若干个需求不同的子市场，其中任何一个子市场中的消费者都具有相同或相似的需求特征，企业可以在这些子市场中选择一个或多个作为其国际目标市场。

由于受消费者所在地域、年龄、性别、宗教信仰、收入水平、生活方式和购买行为等多种因素的影响，不同的消费者具有不同的需求特征。这些不同的需求特征是我们细分国际市场的依据。

企业在对国际市场进行细分后，再对细分市场的市场潜力、竞争状况、本企业资源条件等多种因素进行评估分析，最终决定进入的那部分市场，即国际目标市场，也就是企业所选择的准备以相应的商品和服务满足相关需求的那部分消费者群体。

（二）市场调研报告

国际市场调研是指企业运用科学的方法，有目的地、系统地搜集、记录一切与国际市场有关的信息，并对所收集到的信息进行整理和分析，从而把握目标市场的变化规律，为国际市场上的决策提供可靠的依据。

市场调研报告是经过在实践中对某一商品客观实际情况的调查了解，将调查了解到的全部情况和材料进行分析研究，揭示出本质，寻找出规律，总结出经验，最后以书面形式陈述出来的文书。一份好的市场调研报告能起到导向作用，能为企业的决策提供客观依据。

一般来讲，市场调研报告需要有宏观和微观的数据。宏观数据主要来源于国家统计局、海关总署、商务部等相关机构；微观数据需要到市场一线进行观察、访问才能搜集到。

市场调研报告没有固定的格式，但一般包括以下内容。

（1）调研目的。

（2）调研对象及其情况。

（3）调研内容。

（4）调研方式（一般可选择问卷式、访谈法、观察法、资料法等）。

（5）调研时间。

（6）调研结果。

（7）调研体会（可以是对调研结果的分析，也可以是找出结果的原因及应对办法等）。

三、任务实施

（一）国际市场调研

1. 操作提示

美国是全球电子商务发展最早也是最快的国家，美国消费者也是速卖通、亚马逊、Wish等多家跨境电子商务平台的主要目标客户，因此调研和了解美国市场格外重要。下面以美国市场为例，说明跨境电子商务国际市场调研的一般步骤和内容，如表2-1-1所示。

表2-1-1 国际市场调研操作提示

调研步骤	具体内容	完成情况
步骤一：确定调研目标	调研美国跨境电子商务的发展概况及消费者偏好	
步骤二：设计调研方案	以案头调研为主，实地调研为辅	
步骤三：组织调研活动	明确调研人员、时间、进度安排等	
步骤四：统计分析结果	对获得的信息和资料进行统计分析，获得高度概括性的市场动向指标，并对这些指标进行横向和纵向的比较、分析和预测，以揭示市场发展的现状和趋势，提出相应的建议和对策	
步骤五：撰写调研报告	将调查结果形成书面调研报告	

2. 实训任务（见表2-1-2）

表2-1-2 国际市场调研实训任务

实训目标	实训任务和结果
能调研主要的跨境电子商务市场	请调研以下跨境电子商务市场中的消费者的需求及特点（任选其一）：东欧/西欧/东南亚/中东

（二）国际市场细分

1. 操作提示

消费者需求的差异性是市场细分的内在依据；企业资源的有限性和进行有效竞争是市场细分的外在强制条件。

国际市场细分具体分为宏观细分和微观细分。

（1）国际市场宏观细分

宏观细分是微观细分的基础，因为企业首先确定进入哪些国家和地区，然后才能进一步在某国或某地区进行内部的细分。国际市场宏观细分的标准有地理标准、经济标准、文化标准和组合法。

（2）国际市场微观细分

企业进入某一市场后，如果发现当地市场消费者需求与目标市场仍有差异，就将该市场进一步细分为更具体的若干市场，以选择其中的一个或几个子市场为目标市场。国际市场微观细分的标准有：①按地理因素细分；②按人口因素细分；③按心理因素细分；④根据行为因素细分。

国际市场细分的操作提示如表 2-1-3 所示。

表 2-1-3　国际市场细分的操作提示

细分步骤	举例说明	完成情况
步骤一：选择合适的市场范围	北美运动服市场	
步骤二：分析潜在的消费者需求	孕妇也有运动和锻炼身体的需求，但是难以找到合身的运动服	
步骤三：筛选细分市场	北美运动服市场可以细分为男士运动服、女士运动服、老年运动服、孕妇运动服市场等。 根据运动方式不同，孕妇运动服市场可以细分为孕妇跑步服饰、孕妇泳衣、孕妇瑜伽服等	
步骤四：复核细分市场	重点选择孕妇瑜伽服市场，调研该市场的市场规模、潜在消费者特点等信息	

2. 实训任务（见表 2-1-4）

表 2-1-4　国际市场细分的实训任务

实训目标	实训任务和结果
能细分跨境电子商务市场，发现利基市场	请选择一个市场，尝试将市场细分，并发现其中的利基市场。 提示：利基商品是受众群不会很多，但因为传统市场未能满足他们需求，应运而生的小众商品，有不错的利润点。与它相对的市场叫利基市场

（三）国际市场定位

1. 操作提示

市场定位，就是企业根据选定的目标市场上的竞争者的现有商品所处的位置，以及该目标市场的需求和企业自身的条件，为本企业的商品塑造有别于竞争者商品的鲜明个性，从而使该商品在目标市场上确定自己恰当的位置。

定位本质上是一个寻求差异化的过程。通过定位，企业可以更清楚地知道本企业的商品和其他竞争商品有何不同。定位具体分为以下几类。

（1）市场定位：企业要选择什么样的目标市场。

（2）企业定位：与竞争者相比，企业预想的位置。

（3）商品定位：就是对公司的商品进行设计，从而使其能在消费者心目中，占有一个独特的、有价值的位置的行动。

2. 实训任务（见表 2-1-5）

表 2-1-5　国际市场定位的实训任务

实训目标	实训任务和结果
能根据目标市场中的竞争者的情况及自身条件，明确市场定位	请根据市场调研和市场细分情况，填写以下空白。 你要选择的目标市场是＿＿＿＿＿＿＿。 你的主要竞争者是＿＿＿＿＿＿＿。 你的商品与竞争者商品的不同之处在于＿＿＿＿＿＿

发现利基市场

要做跨境电子商务，肯定要选择热门、有利润点且竞争度不那么激烈的商品。换句话来说，就是要选对利基商品。那么，什么是利基商品呢？

例如，这世界上左利手仅占 10%，因此大多数商品都是为右利手而设计的，如剪刀、餐具等。但是，慢慢地有人设计和开发专供左利手使用的商品。图 2-1-2 所示为左、右利手商品对比。很早之前，英国伦敦就有一家左利手用品商店。商品分为剪刀、厨具、园艺工具、文具、体育用品和乐器等几大类，品种多达几百种。

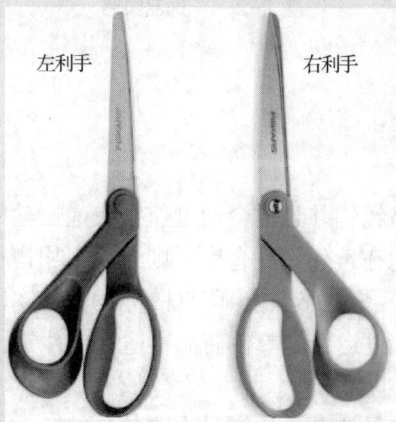

图 2-1-2　左、右利手商品对比

2012 年，大连开设了我国首家左利手用品商店。开店之前想必店主做过调查，统计数据表明，大连当时的左利手人数近 40 万，这个消费者群体并不小。当你在淘宝中搜索"左利手"时，所得到的搜索结果中会出现各类左利手专用商品。以上这个例子中的左利手用品"Lefty's Products"就是利基商品。

总而言之，利基商品（Niche Product）的受众群不会很多，是传统市场未能满足他们需求而应运产生的小众商品，有不错的利润点。

有很多人想做电商平台，但是不知道在激烈的竞争中如何选品。

利基商品，虽然客户群小众，但是需求不一定低，有一定的竞争度。利基商品也是社交平台或者论坛网站关注讨论的焦点，能够在网上很快找到目标消费者。

看似饱和的市场，你觉得加入进去很难与之竞争？其实选品选得对，哪怕这块利基市场已经有很多竞争者也可以分得一杯羹。因为竞争者多就恰恰代表它有很多消费者，很多需求，意味着有利可图。

（资料来源：索菲外贸笔记）

任务二 确定选品策略

一、任务描述

选品要有正确的思路，不能凭借主观感觉决策，而是要有依据，遵循一定的原则来进行。本任务主要的内容就是介绍选品的原则、方法和策略，确定目标市场并进行商品定位。任务二主要介绍与选品策略相关的内容，如图 2-2-1 所示。

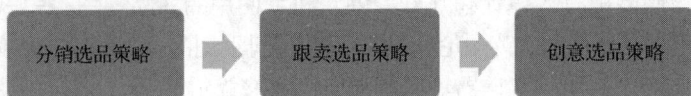

分销选品策略 ➡ 跟卖选品策略 ➡ 创意选品策略

图 2-2-1 选品策略

二、相关知识

（一）选品的标准

选品要选择适宜通过网络销售并且适合通过航空快递运输的商品。这些商品应基本符合以下的条件。当然，如果考虑在境外设立仓库，则可以不用遵循以下部分原则。

（1）体积较小，方便以快递方式运输，降低国际物流成本。

（2）附加值较高，价值低过运费的单件商品不适合单件销售，可以打包出售，以降低物流成本占比。

（3）具备独特性，在线交易业绩佳的商品需要独具特色，才能不断刺激消费者购买。

（4）价格较合理，在线交易价格若高于商品在当地的市场价格，就无法吸引消费者在线下单。

根据以上条件，跨境电子商务适宜销售的商品主要包括服饰、化妆品、珠宝首饰、手表、灯具、3C 商品、家居用品、汽车配件、工艺品、体育与户外用品等。

（二）选品的注意事项

跨境电子商务在选品上要尽量避免两类商品：第一类是相关跨境电子商务平台禁止销售的商品；第二类是知识产权保护类商品。如果要销售这两类商品，必须提供相关授权证明，同时经过跨境电子商务平台审批，否则，将面临平台的严重处罚。

因此，卖家在发布商品之前，一定要做好功课，以免触犯规则。以速卖通为例，该平台颁布了《全球速卖通禁售、限售商品目录》，并根据违禁商品信息的严重程度，分为一级、二级违禁商品。如果卖家发布了违禁商品，则速卖通会根据其情节严重程度，给予商品信息退回或删除，全额退款，冻结、警告或关闭卖家账户等处罚。

对知识产权的尊重和保护是各大跨境电子商务平台的责任和义务。卖家有责任确保其发布在平台上的商品，没有侵犯任何第三方的合法权益。以速卖通为例，该平台在全球速卖通平台规则中明确了违反知识产权禁限售的相关规则时的处罚规则。卖家一定要特别注意自身店铺中发布的标题和描述，以及店铺名称、商品图片、Logo 等是否存在未授权的品牌信息或模仿他人品牌信息。违反平台规则的卖家将会受到账号被冻结或关闭的处罚。

（三）选品的原则

选品要遵循一定的选品原则，在这里将选品原则归纳为三点：一是从兴趣出发的原则，二是从市场需求出发的原则，三是从平台特性出发的原则。

1. 从兴趣出发的原则

选品要从自己感兴趣的商品入手，这样你才愿意花费更多的时间去了解商品的品质、功能、特性和用途，才有动力投入更多的精力去研究商品的优势、价值和目标消费群体等。只有对商品有充足的认识，才能切实解答客户关于商品的疑问，提升客户对商品的信任。

2. 从市场需求出发的原则

市场需求量大的商品才能带来可观的销量，市场需求不足的商品，当然难以带来订单，因此选品要从市场需求出发，也就是说要考虑目标消费者的需求点，从商品的市场容量出发来指导选品决策。

3. 从平台特性出发的原则

卖家要对不同的跨境电子商务平台有足够的认识，就要掌握不同平台的不同特性和平台的商业理念，知道自己做的平台哪些品类是热销品，哪些品类是平台大力扶持的，知道什么样的商品更容易获得平台推荐等。

三、任务实施

（一）分销选品策略

1. 操作提示

在跨境电子商务领域，分销即利用专业的跨境电子商务分销网站，便捷、迅速地将分销商品上传到自己的店铺，在产生订单以后再由卖家在分销网站上对该订单下的商品进行付款，由卖家或分销网站向客户发货的销售模式。分销是跨境电子商务新人起步的方式之一。这里为大家介绍几个主要的分销网站。

（1）越域网

越域网是目前国内最大的跨境商品一键分销网站，在跨境分销行业处于领先地位。越域网目前支持速卖通、Wish 和 eBay 的商品一键上传。另外，如果没有 eBay、Wish、速卖通店铺，卖家虽然不能一键上传商品，但可以通过下载数据包的方式来分销商品。

（2）海卖宝

海卖宝是由中国邮政集团公司福建省分公司搭建的跨境电子商务货源服务平台。它与越域网类似，是支持在速卖通和 Wish 平台上一键上传分销的网站。

（3）莱卡尼

莱卡尼是一个很有特色的网站，主营饰品、眼镜、手表和箱包这四类商品，后来又新增了服装、户外和鞋类商品。它的使用方法不同于之前提到的两个一键分销网站，是通过下载数据的方式来上传分销商品的。

分销的优势主要有如下 4 点。

① 节约资金。做分销可以等有了订单以后再去采购，无须花费大量金钱去备货。基本上可以做到商品零库存、零投入。这样虽然不是做跨境电子商务最好的方式，但对于新人起步绝对是非常可靠的方式。

② 解决了跨境物流的问题。跨境物流相对于国内物流要复杂很多，你需要了解非常多的物流知识，知道去哪个国家或地区发多重的商品、发哪个快递更划算，还要打包商品、联系物流公司等。而通过越域网、莱卡尼这样的跨境分销网站，你只需要选择对于你来说更划算的物流方式，然后付款即可。

③ 节约时间和人力。利用跨境电子商务分销网站发布商品、处理订单都是非常简单、快速的。对于有些公司而言，多个采用分销网站的店铺都不用找专人处理，派个运营人员维护即可。因此，这对新人起步也是非常有利的。

④ 可以收获信心。通过跨境电子商务分销，新人在起步阶段，快速地上传大量商品，快速地获取第一个订单。这个比获取利润更加有意义。

2. 实训任务（见表 2-2-1）

表 2-2-1　分销选品策略的实训任务

实训目标	实训任务和结果
了解主要的跨境电子商务分销网站	1. 请浏览跨境电子商务分销网站，寻找合适的商品。 2. 完成商品信息表（表格包括商品编号、商品名称、商品图片、商品属性和成本价）

（二）跟卖选品策略

1. 操作提示

跟卖，顾名思义，即跟着其他卖家卖一样的商品。以亚马逊平台为例，为了营造一个健康良性的竞争体系，促使更多的供应商和制造商提供质量更好、价格更优惠的商品，当一个卖家上传了某个商品，亚马逊其他卖家只要有这个品类的销售权限，就可以卖同款商品。但是，在进行选品决策时，卖家需要考虑跟卖品类的原商品是否具有品牌属性，若不确定这一点，就可能发生侵权问题。

同亚马逊平台跟卖一样，如果我们能找到其他跨境电商平台上热卖的商品，也可以卖同款或类似款。对于新手而言，这是选品的捷径。

下面以速卖通平台为例，介绍如何找寻热销款商品，具体的操作办法如表 2-2-2 所示。

表 2-2-2　跟卖选品策略的操作提示

具体操作	图示	完成情况
步骤一：搜索要开发的商品主词，以连衣裙"Dress"为例，打开速卖通网站	图 2-2-2	
步骤二：在搜索排序方框处选择"Orders"，即按照订单数量（销量）排序	图 2-2-3	
步骤三：选择好你要的商品，打开后将其首图的截图保存	图 2-2-4	
步骤四：打开 1688 网站，在搜索栏最右边，单击照相机图标，使用图片找货功能，将刚才保存下来的商品主图进行上传，然后找到同款，即可找到对应的供货商链接	图 2-2-5	

亚马逊寻找热销款商品的方法和速卖通截然不同，因为亚马逊不提供按照销量排序这个功能。卖家查看亚马逊的热销商品时需要通过官方的"Best Sellers"（最佳卖家）页面来查看，如图 2-2-6 所示。

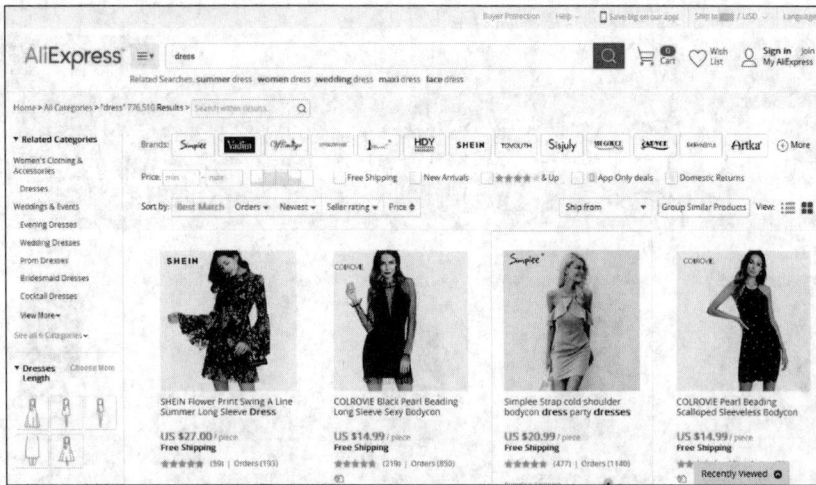

图 2-2-2　速卖通商品搜索

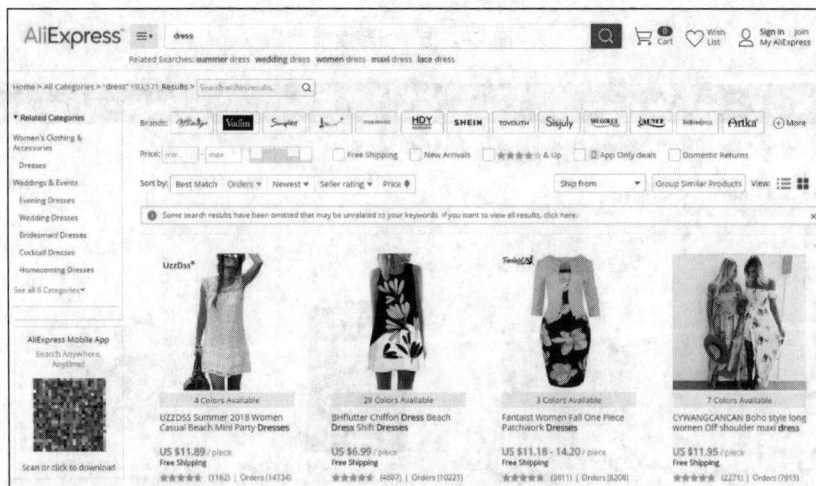

图 2-2-3　根据销量排列的商品

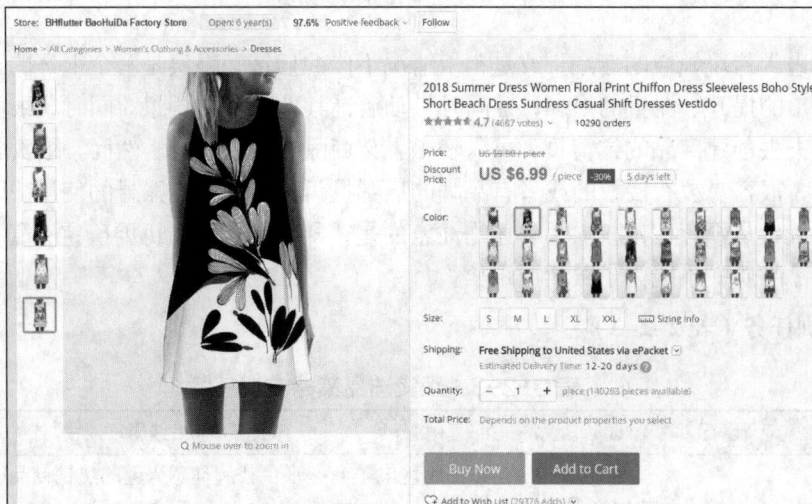

图 2-2-4　选择商品

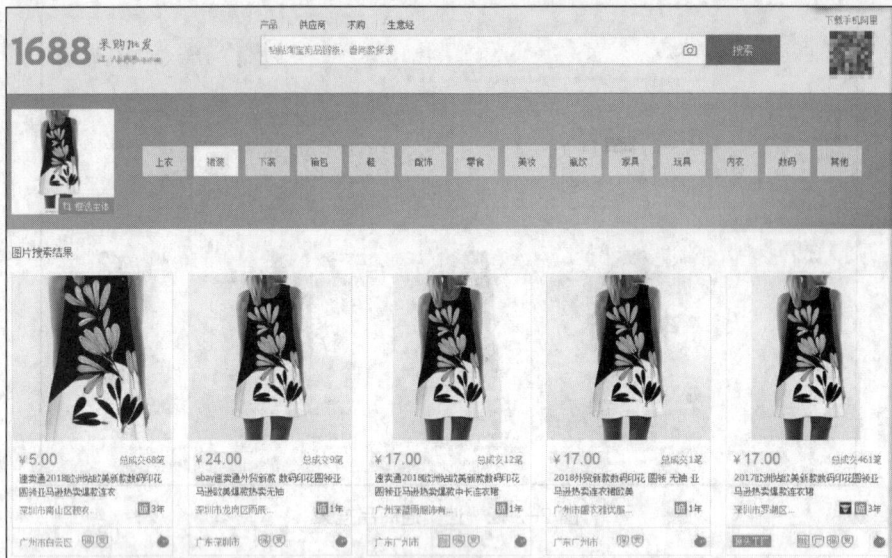

图 2-2-5　货源搜索

图 2-2-6　亚马逊热卖网页

对于刚进入跨境领域的店铺，或是销量情况不佳的店铺，跟卖是一个很好的选择。跟卖可以带来销量的提升、流量的增加，并同时带动店铺其他商品的销量。同时，跟卖不需要自己花很多功夫去创建商品的详情页，可以轻松上架商品，省心省力。然而，跟卖同时也存在很大的风险，很容易被有授权的或者有品牌的店铺投诉，从而影响账号的使用。因此，跟卖之前一定要确认是否存在侵权。另外还需注意的是，即使要跟卖，仍要确定有稳定的货源，并能保证商品品质，不能为了跟卖而跟卖。

2．实训任务（表 2-2-3）

表 2-2-3　跟卖选品策略实训任务

实训目标	实训任务和结果
能找到跨境电子商务平台的热销商品	1．请在跨境电子商务平台找到你感兴趣的热销商品。 2．完成商品信息表（表格包括商品编号、商品名称、商品图片、商品属性和成本价）

（三）创新选品策略

这里的创新不完全是创造发明一个新事物。而是在我们所做的平台里，甚至本类目里有独树一帜的特色。比如你在速卖通平台销售的商品，只要在速卖通平台，找不到第二家相同的店铺销售此商品，这样不管亚马逊或者淘宝是否有销售，对于速卖通平台买家来说，这个商品就具备独特创新性。

1. "爆款"组合法

其实，每个平台的"爆款"商品不止一个，可能不同类目甚至相同类目都会出现多种"爆款"商品。如果你能将不同的"爆款"商品，根据内在的关联性组合到一起，那么新组合到一起的商品组合或者套装就可被称为创新的商品。另外，结合几个"爆款"商品的组合装也可能是一个新的"爆款"商品。

2. 深挖供应链法

如果你能在一个平台上发现一个新上架的"爆款"商品，那么就可以上架相同的商品，并且深挖商品供应链。从商品的价格、图片、描述、服务、售后等方面全面超越原有的"爆款"商品，那么你的销量就可能完全超越已经存在的"爆款"商品。这是合理的商业竞争。只要你善于深入挖掘钻研，就有机会创造"爆款"。

3. 未雨绸缪法

现在是大数据时代，通过互联网或平常的生活经验，你可以从很多现有的数据中挖掘出有价值的商机。通过精准的数据分析，判断将来可能会出现的"爆款"商品，这样你就可以未雨绸缪，在别的卖家还没有发现之前，上架将来会成为"爆款"的商品。例如，通过气象局的数据，你了解到×年×月×日美国即将出现日全食，路径也可以查询到。这时，你就可以提前在跨境电子商务平台上，针对可以观测日全食的地区销售与观测日全食相关的商品。

4. 借花献佛法

其实，很多对商品创新性的改进想法都来自客户。你可以从现有的爆款商品中挖掘客户对商品的评论等反馈信息，从商品的差评中挖掘商品的痛点，从商品的好评中发现商品的优势。通过再次总结，你就可以让工厂生产出更符合消费者需求的商品。这样就创造出了一种新的商品，且这个新商品更容易成为爆款商品。

例如，亚马逊的商品评论就可以给你的选品提供很大的参考，且通过评论数量可以评估商品销量。通常在非人为因素的影响下，100～200个订单中才能够自然产生一个评论。卖家可以根据评论数量来评估竞争对手的销量，进而评估选品的可行性。分析竞争对手的评论，更有利于发掘商品本身的品质状况以及客户诉求。从差评中，可以发现该商品的品质问题、设计缺陷，以及客户诉求是什么，从而便于自己在商品研发和选品中，避免同类问题的出现。

5. 创新用途法

大多数卖家无法像发明家那样去发明创造商品，但是可以从现有的商品中发现新的用途。当你将一个商品的新用途挖掘出来时，那么，在这个新用途所属的类目里，你就创造了一个新的商品。

有创意地开发商品

有创意地开发商品和开发有创意的商品是跨境电子商务选品的最高阶段，能够开发出有创意而又被市场接受的商品会带来更高的收益。如何有创意地开发商品，可以通过以下几个方法来实现。

（一）找到适合自己的热卖商品进行纵深开发

在采用前面介绍的方法选品，并运营了一段时间以后，店铺中会出现一些比较热销的商品，那么这一类商品就可以作为店铺主打的商品去进行纵深挖掘。

纵深挖掘包括纵向挖掘和横向挖掘。纵向挖掘，就是深入研究这一类商品，发现它更多的优缺点和特点来加以利用，并且加入自己的一些创意或者微创新。

横向挖掘即开发商品的广度，调查这一类商品都有哪些类似款及各自的优缺点，然后再去改进，进而进行有创意地开发。

例如，眼镜主要包括近视框架眼镜、太阳镜、防辐射眼镜、功能眼镜和相关配件等几个细类。相关数据显示，在这几个类目中，太阳镜的需求量最大，近视框架眼镜的利润最高，而且这两个类目都存在非常激烈的竞争。再通过纵向挖掘，就会发现近视眼人群佩戴太阳镜一直是他们的痛点。在光线强的室外环境中，近视眼人群无论是开车还是外出，都会有非常多的不方便。根据这个现象，经过深入研究后，有些卖家定位近视多功能太阳镜。经过市场调查，对接供应商，研究消费者人群等，卖家打造的便捷配戴的多功能近视套镜，在国内外都取得了不错的销售业绩。

（二）从自己熟悉的商品开始开发

从自己熟悉的商品开始开发是给卖家创意开发商品起步阶段的一个非常好的建议。

熟悉才有可能做出更准确的选择，熟悉也更有可能给商品赋予更多的创意。跨境电子商务高手，无一例外都很熟悉自己的爆款商品，在各自的领域都有着专家级的水平。

例如，一位喜欢宠物的女孩开发了一款宠物垫（见图 2-2-7），在美国和日本都取得了很好的销量。

图 2-2-7　宠物垫

（三）开发有创意的商品，生活中处处有爆款

开发有创意的商品是指要找到创意十足的商品，然后赋予这些商品特定的功能，将其卖给消费者。这类商品往往可以获得更高的利润。

例如，美国一位青年 Alex Craig 突发奇想，将文字刻在土豆上作为礼物送人，如图2-2-8 所示。

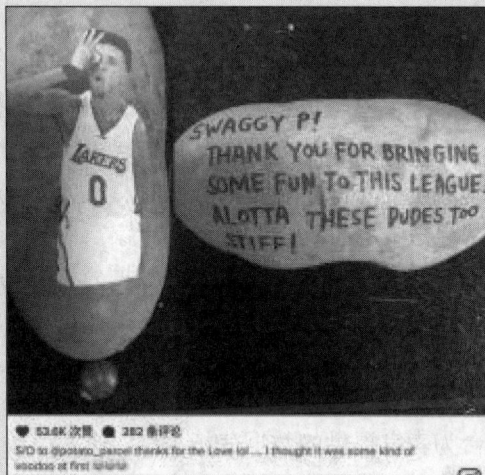

图 2-2-8　土豆礼物

一个卖价 14.99 美元（约合人民币 100 元）的土豆，在美国却有不少人购买。买到的人还纷纷表示，看到土豆的第一眼就乐疯了。

有人用它来鼓励朋友，有人用它来和朋友开玩笑。作为 NBA 球迷的 Alex Craig 还为美国职业篮球联赛（National Basketball Association，NBA）的 30 支球队的 150 多名球星寄送了土豆礼物，没想到这些球星都分享到了自己的社交平台。通过这些大名鼎鼎的球星在社交平台上的分享，没几天，全世界都知道这个"邮寄土豆"的公司了。

Alex Craig 说："当你有个疯狂的主意，但没挣到钱，人们会说你是庸人；当你挣了几十万美元后，人们会说你是天才。"

这个创意也许容易模仿，不容易长久，但它至少曾经把 1 元钱的土豆变成 100 元。你的商品，如果换个思路，能暴涨百倍身价吗？

（资料来源：雨果网）

任务三　使用选品工具

一、任务描述

选品可以分为感性选品和理性选品。对国际市场熟悉的卖家，可以采用感性选品，从经验出发进行选品；新入门的跨境电子商务卖家，一定要养成数据分析的习惯，用科学、严谨的数据分析资料来更准确地选品。任务三介绍与选品工具相关的内容，如图 2-3-1 所示。

图 2-3-1 选品工具

二、相关知识

（一）选品工具分类

选品工具是指为卖家选品提供参考信息的应用程序，分为站内选品工具和站外选品工具两种，相应的选品可以分为站内选品和站外选品。

站内选品工具是指跨境电子商务平台自带的数据分析工具，一般可以分析出平台上热搜或热卖的商品，如速卖通平台数据纵横功能中的选品专家。

站外选品工具是指除了跨境电子商务平台之外的数据分析网站或程序，一般可以分析出某个国家或地区内消费者热搜的商品，如 Google Trends、KeywordSpy、Alexa 等。

（二）认识数据纵横

数据纵横是速卖通平台为卖家提供的数据分析工具。速卖通数据分析分为两部分：行业分析选品和店铺商品分析。第一部分是选好行业、选好商品，让店铺发展起来。第二部分是根据众多的数据指标，针对店铺和商品开展优化工作、营销活动，为店铺成长提供动力。

1. 行业数据分析

行业数据分析工具包括行业情报、选品专家和关键词分析。

行业情报是一个能从多个方面，如访客数占比、成交订单数占比、供需指数等去展示除一级类目外的其他行业类目的数据情报。行业情报可以查看行业概况、蓝海行业和行业趋势。所谓"蓝海"是指未知的有待开拓的市场空间，蓝海行业指那些竞争尚不大，但又充满买家需求的行业，如图 2-3-2 所示。

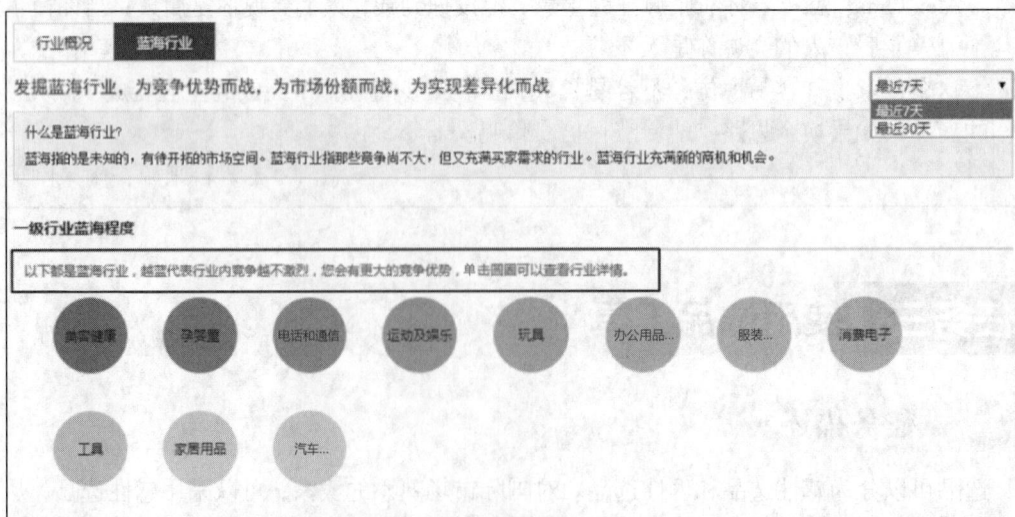

图 2-3-2　行业情报中的蓝海行业

在选品专家中可以查看热销、热搜和潮流趋势。热销选项可以通过行业、国家、时间三个维度来筛选数据，在界面的主区域则用一个圆来代表一类商品，圆的大小代表热销热度，圆的颜色深浅代表竞争程度，如图2-3-3所示。同理，热搜选项也可以通过行业、国家、时间三个维度筛选出搜索量大的商品。潮流趋势选项是平台利用站内外大数据挖掘整合，分析出服饰、鞋包、珠宝、手表等类目的流行趋势。

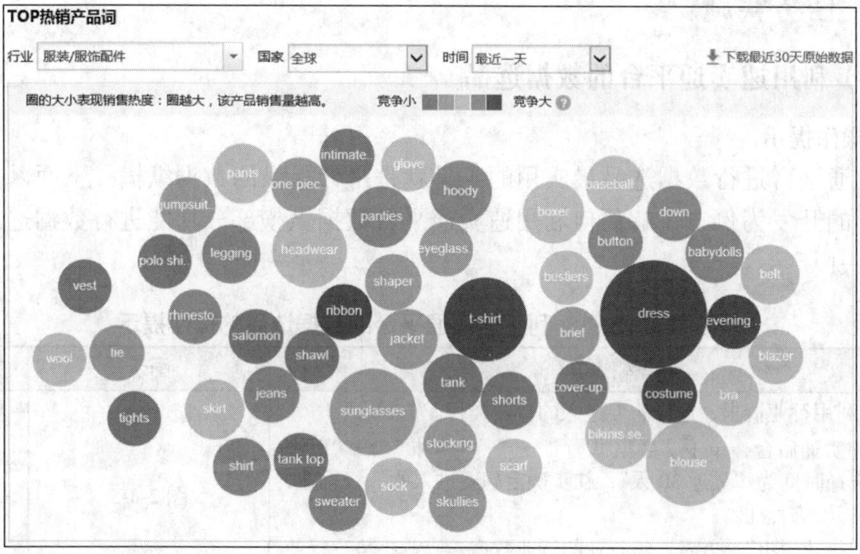

图 2-3-3　选品专家中的热销选项

关键词分析包括热搜词、飙升词、零少词三类。热搜词不仅可以为选品提供数据参考，还可以作为撰写标题的重要依据。在飙升词库中应该关注搜索指数飙升幅度、曝光商品数增长幅度、曝光卖家数增幅，如图2-3-4所示。

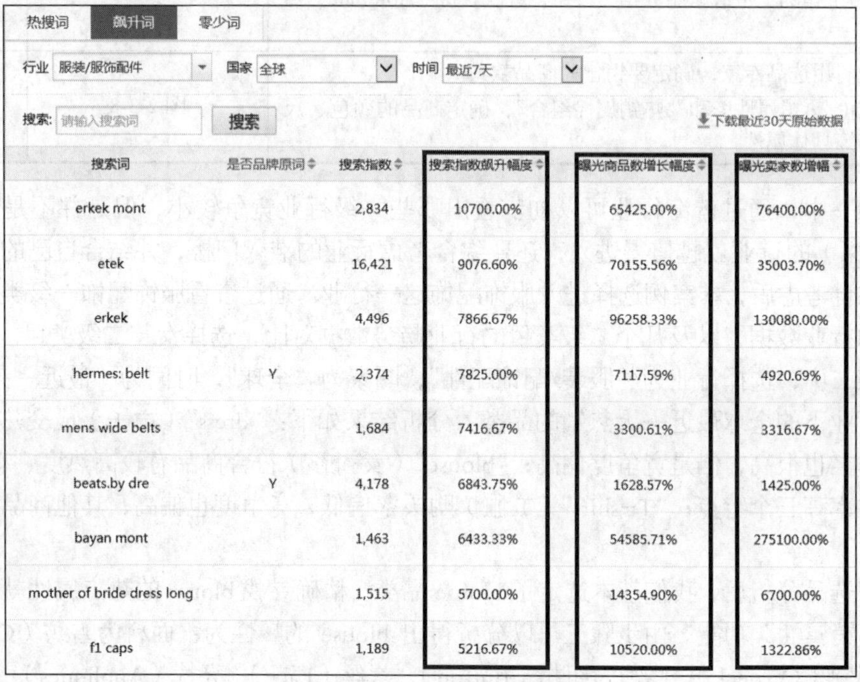

搜索词	是否品牌原词	搜索指数	搜索指数飙升幅度	曝光商品数增长幅度	曝光卖家数增幅
erkek mont		2,834	10700.00%	65425.00%	76400.00%
etek		16,421	9076.60%	70155.56%	35003.70%
erkek		4,496	7866.67%	96258.33%	130080.00%
hermes: belt	Y	2,374	7825.00%	7117.59%	4920.69%
mens wide belts		1,684	7416.67%	3300.61%	3316.67%
beats.by dre	Y	4,178	6843.75%	1628.57%	1425.00%
bayan mont		1,463	6433.33%	54585.71%	275100.00%
mother of bride dress long		1,515	5700.00%	14354.90%	6700.00%
f1 caps		1,189	5216.67%	10520.00%	1322.86%

图 2-3-4　关键词分析中的飙升词

2. 店铺经营分析

店铺经营分析包括全球市场实时风暴、店铺概况分析、店铺流量来源分析、装修效果分析、自有商品分析。

三、任务实施

（一）利用速卖通平台的数据选品

1. 操作提示

速卖通平台进行数据选品最实用的工具就是平台提供的数据纵横。下面以一款爆款女士衬衫的开发为例，讲解如何利用速卖通平台数据纵横部分功能进行数据选品，具体如表 2-3-1 所示。

表 2-3-1 利用速卖通平台的数据选品的操作提示

具体操作	图示	完成情况
步骤一：利用行业情报，选择想要进入的行业类目。 1. 登录速卖通后台，单击"数据纵横"—"行业情报"—"蓝海行业"，选择时间为"最近 30 天"，初步确定想要进入的一级行业，如选择服饰配饰行业。 2. 单击"行业情报"，查看二级行业的行业数据、行业趋势、行业国家分布	图 2-3-5	
步骤二：利用选品专家，选择想要销售的商品。 1. 单击"选品专家"—"热销"，从"TOP 热销商品词"页面中查看行业全球最近一天热销的品类，其中圆圈越大，表示商品的销量越高。 2. 单击右上角的"下载原始数据"按钮，可以获得"Hot_Sale"热销词表	图 2-3-6 图 2-3-7	
步骤三：利用选品专家，确定要销售的商品款式。 查看"TOP 热销属性"和"热销属性组合"，确定商品的颜色、尺码、图案等具体属性	图 2-3-8	

步骤一中，通过蓝海行业可以初步看出哪些一级行业竞争较小，但是并不是竞争越小（蓝色越深）的行业就越值得进入，还要综合考虑行业的准入门槛，并结合自己的资源优势考虑。综合考虑后，本案例选择进入服饰配饰这一行业。通过查看服饰配饰一级类目下的二级类目的行业数据，以及几个二级类目的行业趋势数据对比，选择女装二级类目。

步骤二中，选择行业为"服装/配饰配件"，国家为"全球"，时间为"最近一天"，可以看到该行业下的全球最近一天热销的品类。分析结果如下："dress"（裙子）成交热度最高，购买率排名也很高，但是竞争度偏高；"blouse"（女衬衫）符合商品有较高热度、有差异化、购买转化率高三个特点；"T-shirt"（T 恤）购买率偏低，竞争度也偏高；其他商品成交热度不高。

做好选品分析后，我们基本选定了 blouse 品类。精确寻找 blouse 的热点属性就需要用到"TOP 热销属性"功能。由步骤三可以分析得出 blouse 的属性为：面料为雪纺（Chiffon）；领型为圆领（O-neck）；修饰为纽扣（Button）、蕾丝（Lace）、亮片（Appliques）、荷叶边褶皱（Ruffles）；颜色为纯色（Solid）。

跨境电子商务实务

36

以上只是数据纵横的部分功能在开发爆款时的运用。在实际运用中，卖家还可以不断探索和开发数据纵横的其他功能。

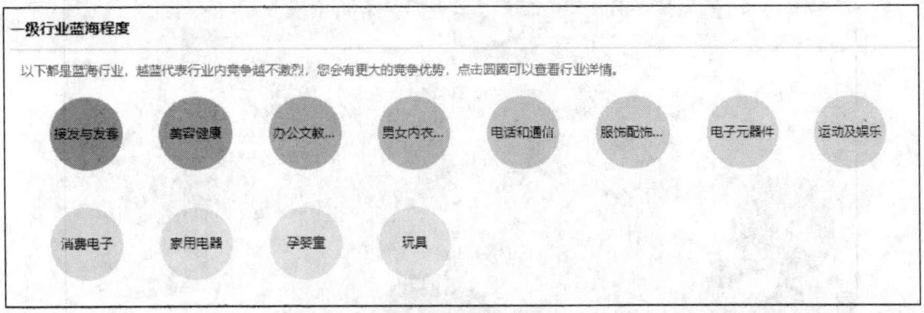

图 2-3-5　行业情报中的蓝海行业

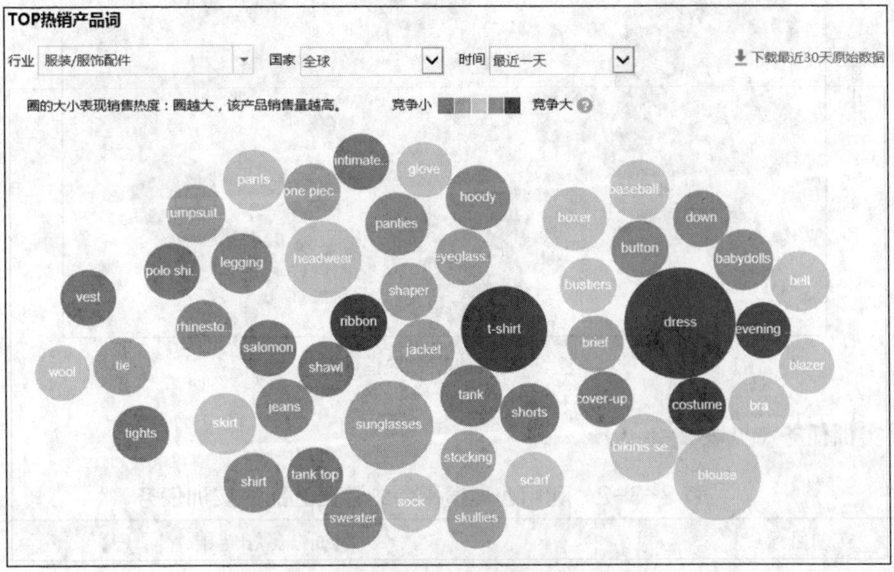

图 2-3-6　热销商品词

商品关键词	成交指数	购买率排名	竞争指数
dress	124364	3	4.47
blouse	74287	1	2.02
T-shirt	38350	5	3.32
bikinis set	30954	2	1.85
panties	19425	8	1.9
bra	17416	4	1.56
skirt	16997	6	1.55
tank	16690	9	0.97
hoody	15245	11	1.96
legging	13475	10	3.03
jacket	12172	19	1.05
pants	9668	17	1.69
jumpsuits	9400	7	1.48
sweater	9011	16	3.81
shaper	7754	12	1.24
shorts	6047	15	0.7
one piece	5613	21	1.42
tights	5131	20	0.9
sock	4641	23	1.55
ntimate accessor	4519	18	0.41

图 2-3-7　热销词表

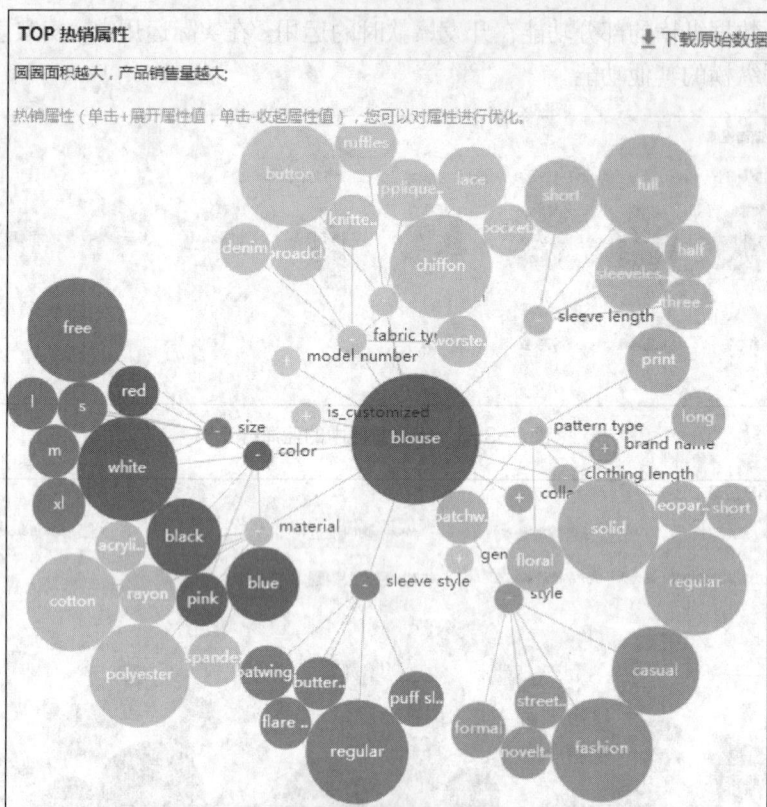

图 2-3-8　TOP 热销属性

2. 实训任务（见表 2-3-2）

表 2-3-2　利用速卖通平台的数据选品的实训任务

实训目标	实训任务和结果
能利用数据纵横进行开发爆款商品	1. 请利用速卖通平台上的数据纵横中的数据，确定你们公司要进入的行业及打算推出的爆款商品。 行业：＿＿＿＿＿＿＿＿＿＿＿＿＿ 爆款商品：＿＿＿＿＿＿＿＿＿＿＿＿＿ 商品主要属性：＿＿＿＿＿＿＿＿＿＿＿ ＿＿＿＿＿＿＿＿＿＿＿＿＿＿＿＿＿＿＿ 2. 完成商品信息表（表格包括商品编号、商品名称、商品图片、商品属性和成本价）

（二）利用亚马逊平台的数据选品

1. 操作提示

亚马逊后台没有专门的数据选品工具，卖家可以借助其他网站作为亚马逊店铺的数据化选品工具，如数据脉、MerchantWords 等。不过，亚马逊前端提供了热销商品（Best Sellers）、新品（New Releases）、潜力商品（Movers & Shakers）和收藏最多的商品（Most Wished For）等展示页面，可以为选品提供直观参考。下面以厨房用品的选品为例，讲解利用亚马逊平台的数据选品的操作方法，具体如表 2-3-3 所示。

表 2-3-3　利用亚马逊平台的数据选品的操作提示

具体操作	图示	完成情况
步骤一：打开亚马逊美国站，单击"Departments"，进入类目导航页	图 2-3-9	
步骤二：选择想要进入的类目，以"Kitchen & Dining"为例，单击"Kitchen & Dining"进入厨房餐厅这个小类目的界面后，页面的左侧出现具体的商品名称	图 2-3-10	
步骤三：以"Cake Pans"为例，单击进入。在这个页面中，卖家就能看到各种款式的 Cake Pans，且能知道哪些款式是卖得最好的、最受欢迎的，同时能看清哪些商品评分比较高	图 2-3-11	
步骤四：在亚马逊官网找到"movers-and-shakers"，选择想要了解的类目。这时，卖家可以查看亚马逊平台上的哪些具体的商品最近的冲劲比较强，具有潜力。 通过切换选项卡，可以查看热销品、新品、收藏最多的商品等	图 2-3-12	

图 2-3-9　亚马逊类目

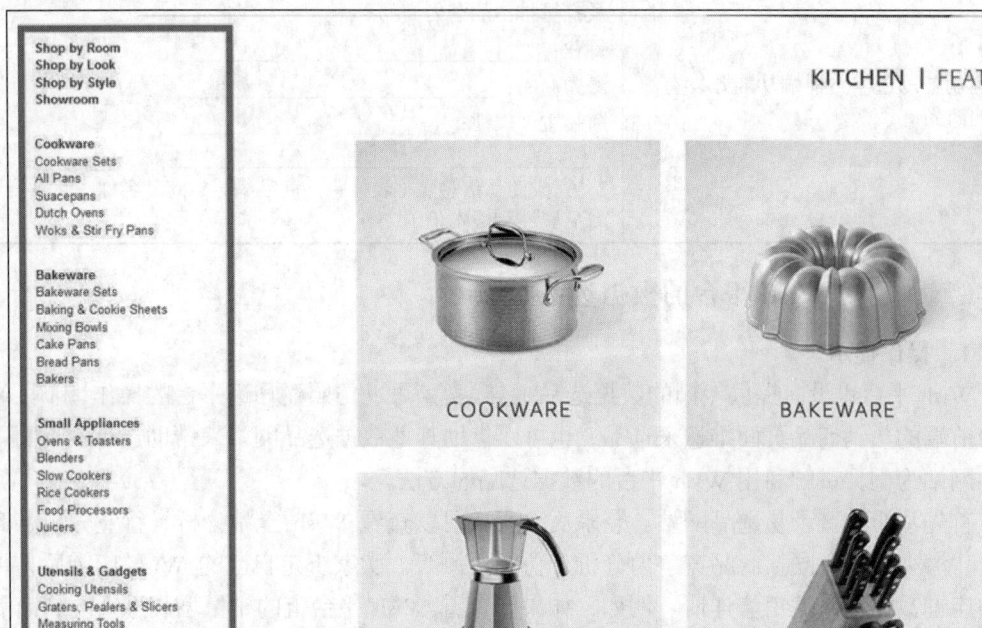

图 2-3-10　亚马逊小类目

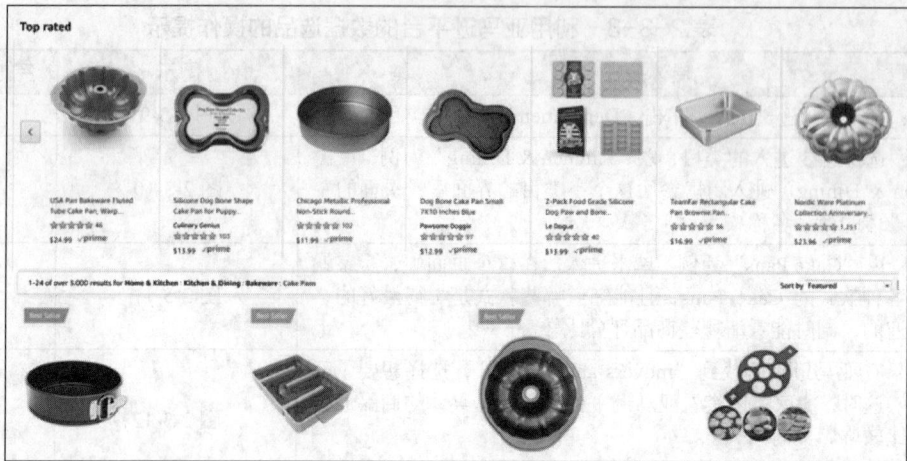

图 2-3-11　热销商品排序

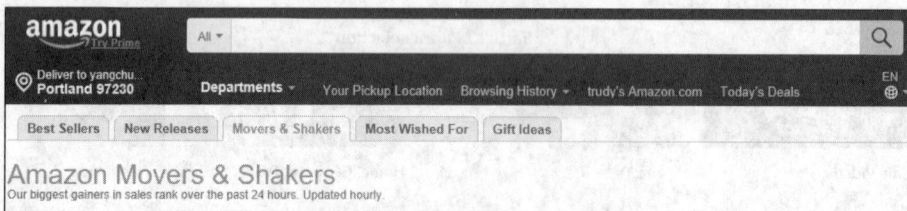

图 2-3-12　潜力商品展示页

2. 实训任务（见表 2-3-4）

表 2-3-4　利用亚马逊平台的数据选品的实训任务

实训目标	实训任务和结果
能利用亚马逊平台前端功能开发有潜力的商品	1. 请利用亚马逊平台的前端功能，确定你们公司要进入的行业及打算推出的潜力商品。 行业：＿＿＿＿＿＿＿＿＿＿＿＿＿＿＿＿ 潜力商品：＿＿＿＿＿＿＿＿＿＿＿＿＿＿ 商品主要属性：＿＿＿＿＿＿＿＿＿＿＿＿ ＿＿＿＿＿＿＿＿＿＿＿＿＿＿＿＿＿＿＿ 2. 完成商品信息表（表格包括商品编号、商品名称、商品图片、商品属性和成本价）

（三）利用 Wish 平台的数据选品

1. 操作提示

Wish 平台也没有提供专门的数据选品工具。卖家可以仿照亚马逊平台的操作，利用 Wish 平台前端的热销商品页面推送来选品，也可以借助其他数据选品网站来帮助选品。下面以易选品网站为例，讲解利用 Wish 平台的数据选品的方法。

首先注册并登录易选品网站。登录后，卖家可以查看 Wish 全站分析、行业分析、商品分析、潜力爆品、同款商品竞争力分析、仿品检测等。卖家绑定自己的 Wish 店铺后，可以监控店铺数据及商品销售详情。例如，如果要查看 Wish 平台上的销量增长迅猛的新商品，可以单击"商品分析"—"飙升新品"，再单击"销量增长率"，可以让商品按增长率降序排列，如图 2-3-13 所示。

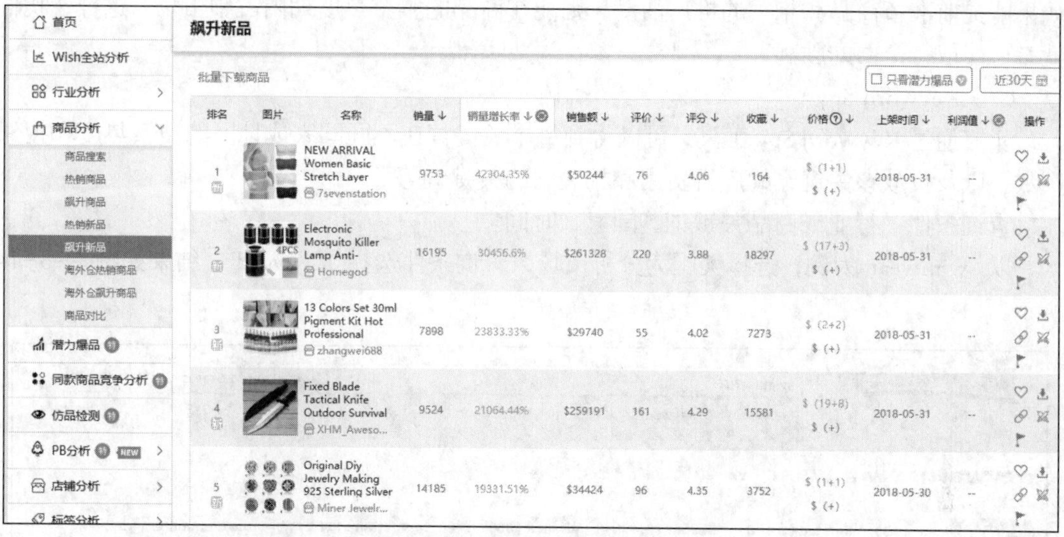

图 2-3-13　飙升新品

2. 实训任务（见表 2-3-5）

表 2-3-5　利用 Wish 平台的数据选品的实训任务

实训目标	实训任务和结果
能利用数据选品网站为 Wish 店铺开发有潜力的商品	1. 请利用易选品网站，确定你们公司要进入的行业及打算推出的潜力商品。 行业： _____ 潜力商品： _____ 商品主要属性： _____ 2. 完成商品信息表（表格包括商品编号、商品名称、商品图片、商品属性和成本价）

（四）利用其他工具选品

1. 操作提示

（1）Google Trends

卖家通过 Google Trends 工具，可以得到人们对于不同商品的关注程度，也可以查询商品在不同地区、不同季节的热度分布及趋势。

查询条件：行业或商品关键词、国家、时间。

以关键词泳装（swimwear）为例，选择国家分别为美国和澳大利亚，搜索结果显示：在位于北半球的美国，5~7 月为泳装搜索的高峰期；在位于南半球的澳大利亚，当年 9 月到次年 1 月为泳装销售的高峰期。因此，对于美国市场的商品开发，我们要在 3~4 月完成，而对澳大利亚市场的商品开发，则需要在 8~9 月完成。如果不知道目标市场品类热度的周期规律，则极有可能错过这个目标市场的销售旺季。

再如，要想抓住中国制造的圣诞礼物在国外的销售高峰时期，我们就要掌握圣诞礼物在世界范围内的关注热度和时间分配情况。在全球范围内，圣诞礼物从每年 9 月开始市场关注度逐渐提升（这就要求我们在此之前做好各方面准备），等到 10~11 月高速增长，到 12 月

项目二　跨境电子商务选品

底进入最高峰，我们的商品能迅速打开市场，避免之后商品销售情况迅速跌至低谷的局面。如果能提前准备商品和相关的推广活动，则能在商品的整个热度期内占领市场，这样，我们就有可能取得全面的胜利。

（2）Keyword Spy

卖家通过 Keyword Spy 工具，可以得到每个关键词在不同国家或地区的搜索热度和搜索次数，以及投放该关键词的广告费用和相关联的关键词等。

查询条件：行业或商品关键词、国家、时间。

以 swimwear 为例，选择美国为分析市场，查询条件选择 Keywords，结果如图 2-3-14 所示。

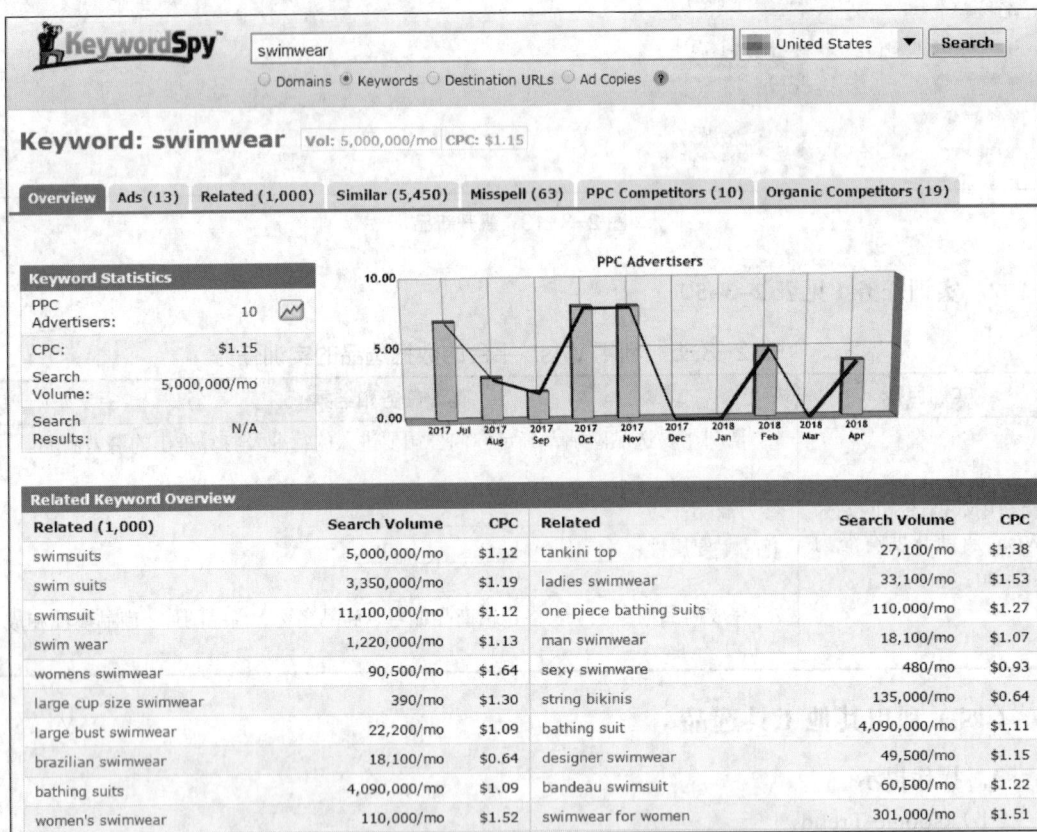

图 2-3-14　swimwear 在 KeywordSpy 中的搜索结果

搜索结果表明，在美国市场，swimwear 月搜索量达到约 500 万次，市场搜索热度较高。搜索量最大的几个关键词是泳装的主关键词，如 swimwear、swim wear、swimsuit、bathing suit 等。当然还有颜色、尺寸、材料、款式等关键词，而这些关键词一般是用来作为长尾关键词的，如图 2-3-15 所示。这些关键词可以用于商品搜索、商品标题撰写等。

同时，搜索结果页面下面也会显示 swimwear 这个关键词所对应的主要竞争对手网站的站点列表，特别是一些做得比较早、比较成功的竞争对手。我们可以重点关注原始关键词较多的网站并进行了解，反向确定我们的关键词和热销商品。例如，我们可利用 Alexa（流量分析网站）上的工具通过对某个竞争对手的网站做进一步分析，以确定是否可以将该竞争对手的网站作为我们进行商品宣传的参考网站，从而缩短摸索的过程。

Competitors Overview			
PPC Competitors (10)	**Keywords**	**Organic Competitors (19)**	**Keywords**
ae.com	3,953	macys.com	21,152
doll.com	285	nordstromrack.com	6,274
foreveryoungswimwear.com	70	us.asos.com	6,336
EverythingButWater.com	220	hm.com	4,971
shein.com	544	swimoutlet.com	4,530
SwimsuitsForAll.com	1,734	shopbop.com	3,312
us.asos.com	6,336	venus.com	4,233
LandsEnd.com	5,624	adoreme.com	1,917
Venus.com	4,233	loft.com	1,228
SwimOutlet.com	4,530	everythingbutwater.com	220
	View More »		View More »

图 2-3-15 主要竞争对手网站的站点列表

（3）Alexa

以 landsend 这个网站为例来进行相关讲解。通过查询，我们在查询结果页面可以看到该网站的日均 IP 流量（代表网站的整体知名度）及该网站在各个国家或地区的排名（代表网站在各个国家或地区的知名度），如图 2-3-16 所示。

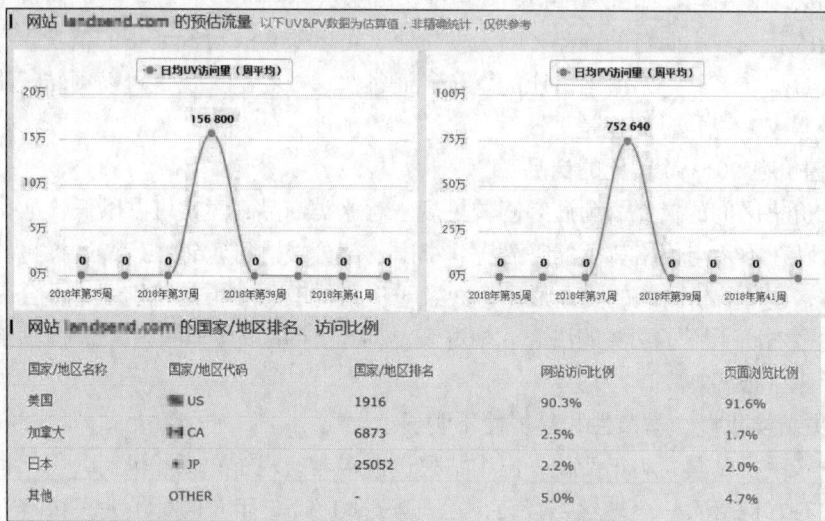

图 2-3-16 landsend 网站在 Alexa 的查询结果

仔细分析搜索结果，我们可以得出结论：这个网站的设计是以美国为主要目标市场，以推销本国商品为主要目的的综合性宣传平台，该网站在美国有较高知名度。结合 KeywordSpy 工具的分析，我们可以确定：此站完全可以作为研究适合美国市场的泳装商品的消费人群、消费能力、品相及价格定位的一个窗口，即作为我们在美国乃至北美市场泳装类别的参考网站。

2. 实训任务（见表 2-3-6）

表 2-3-6 利用其他工具选品的实训任务

实训目标	实训任务和结果
能使用其他工具进行数据选品	利用 Google Trends、KeywordSpy 和 Alexa 等工具分析你所选商品的搜索热度，并进行数据分析

亚马逊选品复盘

关于亚马逊选品的问题，大家的困扰是无法界定自己选择的商品是好商品还是坏商品。下面从运营操作的难易程度来分析好商品的特点。

1. 满足目标客户群体的刚性需求

刚性需求是消费者对商品功能性的需求，其通常大于消费者对商品外观、颜色、款式、尺码、偏好等外在的需求。例如，在螺丝刀和服装的选择中，螺丝刀属于满足刚性需求的商品，而服装的选择明显要受到消费者对外观、颜色、款式、尺码、偏好等因素的影响。又如，同样是服装类目，户外服装偏向刚性需求的商品，而时装不算，原因同上。

2. 体积较小，重量较轻

这类商品发货便捷，运输成本低，缺货时可以快速补货，易于操作。体积大、重量重的商品必须发海运。如果发海运，则可能会导致经常断货或者让卖家遭遇资金链绷紧甚至断裂的状况。小而轻的商品，因为发货快，可以避免长时间断货的情况。同时，可以加快资金周转率，一票海运占压的资金，通过快递或空运，足足可以周转三次了。对于亚马逊卖家来说，时间也是"钱"。

3. 售价在 20～60 美元的商品

这个价格区间的商品，利润空间较可观。对这类商品，卖家可以以低价取得竞争优势，如可以在不参与价格竞争的基础上，拿出一部分钱进行营销推广，这样也能获得利润。同时，这个价格区间的受众最广，大家对价格的敏感性不是特别强，不会因为价格要素而左顾右盼下不了购买的决心。相对来说，低价商品的竞争更激烈，而高价商品的受众则会少了很多。

4. 更新换代慢，季节性和趋势性不明显

卖一张手机贴膜，明年新款一出，贴膜也得跟着换代了；卖圣诞树，一年也就能卖一个月左右；但若卖一个螺丝刀套装，则在未来的 3～5 年时间都不会有根本性的更新换代，只要消费者的需求持续存在，你就可以持续销售，且每一笔交易都会沉淀成为竞争的优势。

5. 利润空间足够大

纵观竞争对手价格中的中等价格，如果自己没有利润甚至亏本，那就只能选择放弃了。利润空间要足够大，才能保证卖家获得盈利。

（资料来源：雨果网）

项目三
开通跨境电子商务店铺

项目情境导入

选择好跨境销售市场和商品之后，接下来我们可以着手准备在跨境电子商务平台开店了。本项目将详细介绍速卖通、亚马逊和Wish三大平台的入驻要求和开店流程。

要入驻一家跨境电子商务平台，卖家首先需要学习平台的规则，尤其是注册规则，例如，要知道什么样的店铺名称可以注册，是否可以注册多个账号，如何避免账号关联等。其次需要准备注册和入驻平台所需的资料，允许以个人卖家身份注册的平台需要提交的资料较为简单，一般为手机号、邮箱、个人身份证等；以企业卖家身份注册时，需要提交营业执照、商标证明等；部分特殊类目还需要提供行业准入资质。最后要完成店铺注册和信息验证，卖家需要熟悉平台的注册流程，将证明材料提交到相应的界面，还需要根据网站提示完成信息验证。

店铺注册完成后，还需要完善相关的店铺信息。一般平台都会对新注册的店铺进行审核。审核通过后，卖家才可以开展后续经营活动。速卖通、敦煌网等平台还需要新卖家完成开店考试，考试合格方可开店。

项目学习目标

能力目标	1. 能注册速卖通卖家账号，并在速卖通平台开店
	2. 能注册亚马逊卖家账号，并在亚马逊平台开店
	3. 能注册 Wish 平台账号，并在 Wish 平台开店
知识目标	1. 了解速卖通平台的入驻要求
	2. 了解速卖通平台的规则
	3. 了解亚马逊平台的入驻要求
	4. 了解亚马逊的卖家分类和账号类型
	5. 了解 Wish 平台的入驻要求
	6. 了解 Wish 平台的规则

任务一　开通速卖通店铺

一、任务描述

中国的跨境电子商务网站的后台一般是中文的，且网站布局、操作方法及经营模式等都与国内电子商务网站类似。中国跨境电子商务卖家比较熟悉这种网站后台，因此这种网站成为他们选择跨境电子商务平台的首选。全球速卖通是其中比较有代表性的网站之一，目前已经成为中国最大的跨境电子商务出口平台。

速卖通的发展非常迅速，是国内卖家初试跨境电子商务的不错选择。假设你和你的创业团队也选择在速卖通平台开通公司的第一家跨境电子商务店铺，则通过任务一的学习，你可以帮助你们公司完成开通速卖通店铺的工作任务。开通速卖通店铺的流程如图 3-1-1 所示。

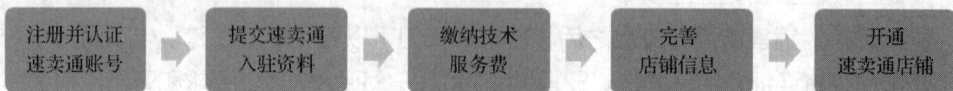

图 3-1-1　开通速卖通店铺的流程

二、相关知识

（一）速卖通平台的入驻要求及材料

1. 速卖通的入驻要求

入驻速卖通平台需要满足三个要求：一是对开店主体的要求，开店主体（卖家）必须是个体工商户或公司，卖家必须拥有一个企业支付宝账号，通过企业支付宝账号在速卖通完成企业认证；二是卖家必须拥有或代理一个品牌经营，根据品牌资质，可以选择经营品牌官方店、专卖店或专营店；三是要缴纳技术服务年费，卖家须缴纳技术服务年费，各经营大类技术服务年费不同，经营到自然年年底，拥有良好的服务质量及不断壮大经营规模的优质店铺将有机会获得年费返还奖励。

2. 速卖通的店铺类型及申请材料

速卖通平台有三种店铺类型。第一种是官方店，即卖家以自有品牌或由权利人独占性授权（仅商标为 R 标）入驻速卖通开设的店铺；第二种是专卖店，即卖家以自有品牌（商标为 R 标或 TM 状态），或者持他人品牌授权文件在速卖通开设的店铺；第三种是专营店，即经营一个及以上他人或自有品牌商品的店铺。

申请以上三种不同类型的店铺时，卖家除了需要提供与店铺类型对应的商标注册证或授权书外，还需要提供的材料有：（1）企业营业执照副本复印件；（2）企业税务登记证复印件（国税、地税均可）；（3）组织机构代码证复印件；（4）银行开户许可证复印件；（5）法定代表人身份证正反面复印件。

此外，部分特殊类目还需要额外提供第三方权威机构出具的检测报告。例如，真皮/皮草类服饰需要出具甲醛含量、可分解芳香胺染料、标识标志、外观质量、材质鉴定等检测报告。

（二）速卖通平台的规则

1. 注册规则

卖家在速卖通注册所使用的邮箱，以及速卖通店铺名中不得包含违反国家法律法规、涉嫌侵犯他人权利或干扰全球速卖通运营秩序等相关信息。通过企业认证的会员仅能拥有 6 个可出售商品的速卖通账户（速卖通账户所指为主账户）。

2. 经营规则

卖家须在账户通过企业实名认证和收款账户设置后，缴纳经营大类准入费，然后进行类目商标资质申请。申请通过后，卖家方可发布对应商标商品。发布商品后，自动开通店铺。一个店铺内在线商品数量上限 3 000 个；特殊类目（Special Category）下的每个类目商品数量有上限（具体以卖家后台商品发布端为准）。卖家在速卖通经营需要按照其订单销售额的一定百分比交纳佣金。速卖通各类目的交易佣金标准不同：部分类目为订单金额的 8%，部分类目为订单金额的 5%。具体标准可以登录速卖通官网的卖家频道查看。

3. 禁限售规则

卖家不得在速卖通平台上发布任何违反任何国家、地区及司法管辖区的法律规定或监管要求的商品。《全球速卖通违禁信息列表》是速卖通平台禁止发布或限制发布的信息列表。

4. 知识产权规则

知识产权指权利人对其所创作的智力劳动成果所享有的专有权利。未经知识产权所有人的许可，使用其依法享有的知识产权，即为知识产权侵权。速卖通平台严禁用户未经授权发布、销售涉嫌侵犯第三方知识产权的商品。速卖通会按照侵权商品投诉被受理或速卖通抽样检查时的状态，根据相关规定对相关卖家实施适用处罚，具体处罚办法如表 3-1-1 所示。

表 3-1-1　速卖通对知识产权侵权的处罚办法

侵权类型	定义	处罚规则
商标侵权	严重违规：未经注册商标权人许可，在同一种商品上使用与其注册商标相同或相似的商标	三次违规者关闭账号
	一般违规：其他未经权利人许可使用他人商标的情况	（1）首次违规扣 0 分 （2）其后每次重复违规扣 6 分 （3）累计达 48 分者关闭账号
著作权侵权	严重违规：未经著作权人许可复制其作品并进行发布或者销售，包括图书、电子书、音像作品或软件等	三次违规者关闭账号
	一般违规：其他未经权利人许可使用他人著作权的情况	（1）首次违规扣 0 分 （2）其后每次重复违规扣 6 分 （3）累计达 48 分者关闭账号
专利侵权	外观专利、实用新型专利、发明专利的侵权情况 （一般违规或严重违规的判定视个案而定）	（1）首次违规扣 0 分 （2）其后每次重复违规扣 6 分 （3）累计达 48 分者关闭账号 （严重违规情况，三次违规者关闭账号）

5. 其他规则

除了以上规则外，速卖通的规则还涉及物流、评价、纠纷、放款、搜索排名、违规及处罚等多个方面。卖家在开通店铺之前，有必要了解平台的一系列规则。

部分规则还会在后续的项目知识点中提及。

三、任务实施

（一）注册并认证速卖通账号

1. 操作提示（见表 3-1-2）

表 3-1-2　注册并认证速卖通账号的操作提示

具体操作	图示	完成情况
步骤一：打开速卖通主页	图 3-1-2	
步骤二：找到"卖家入口"，单击"卖家频道"	无	
步骤三：单击"立即入驻"按钮，进行注册	图 3-1-3	
步骤四：输入电子邮箱账号，拖动验证滑块	图 3-1-4	
步骤五：验证邮箱，完成注册	图 3-1-5、图 3-1-6	
步骤六：填写账号信息	图 3-1-7	
步骤七：验证手机号码	图 3-1-8	
步骤八：重新登录账号	图 3-1-9	
步骤九：绑定企业支付宝账号，进行速卖通认证	图 3-1-10、图 3-1-11	
步骤十：完成开店考试	图 3-1-12	

速卖通的账号注册阶段较简便，卖家可以根据网站提示依次完成步骤一至步骤八。速卖通认证阶段，即步骤九需要卖家事先完成支付宝企业账号的注册和实名认证。注册支付宝企业账号需要提交以下资料：（1）企业营业执照影印件；（2）对公银行账户，可以是基本户或一般户；（3）法定代表人的身份证影印件。如果注册人是代理人，则需要代理人的身份证影印件和企业委托书（委托书样式可以在支付宝企业账号注册界面下载）。

为了让新卖家尽快了解和熟悉速卖通，在正式开店之前，新卖家需要通过速卖通平台的开店考试。开店考试为开卷考试，每道题的右侧都有相关知识点供考试者学习。每题 2 分，共 50 道题，满分 100 分，90 分及格，考试者可以多次考试，直到及格、达到开店资格为止。

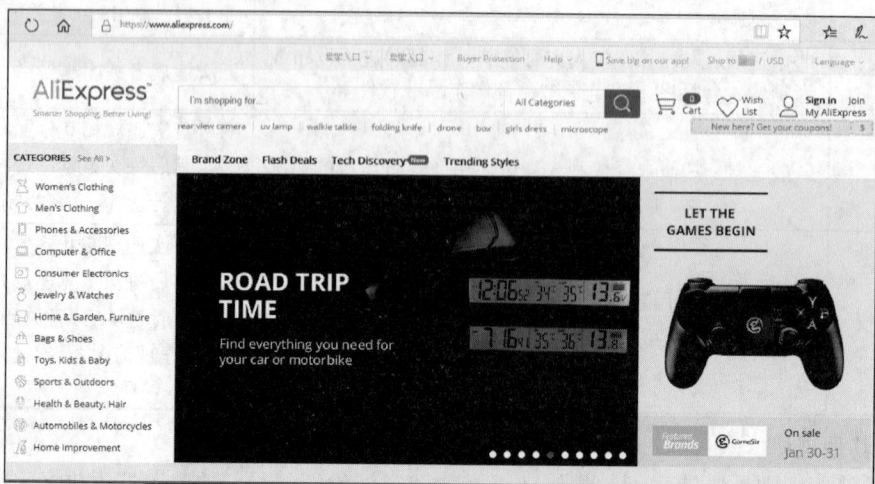

图 3-1-2　速卖通主页

图 3-1-3　速卖通的卖家频道

图 3-1-4　速卖通的注册界面 1

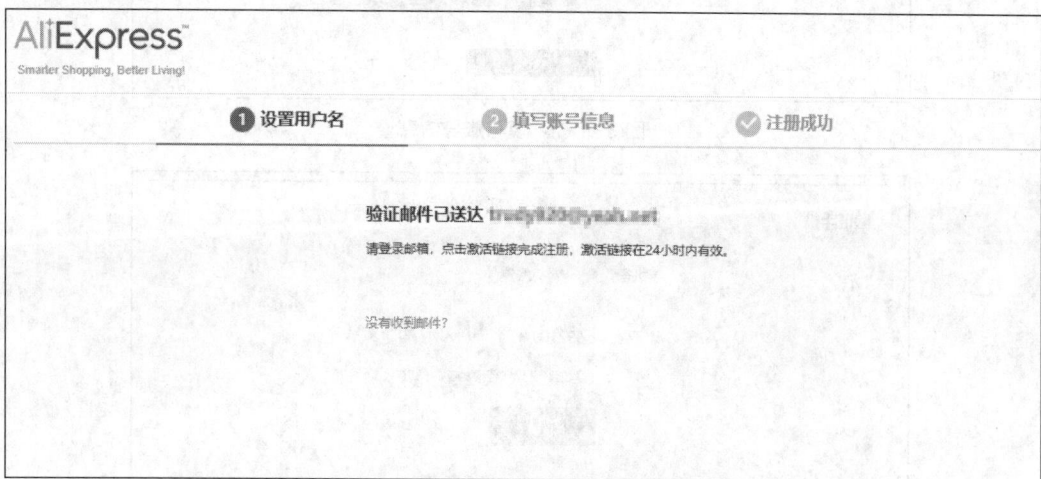

图 3-1-5　速卖通的注册界面 2

继续完成您的阿里巴巴集团会员注册

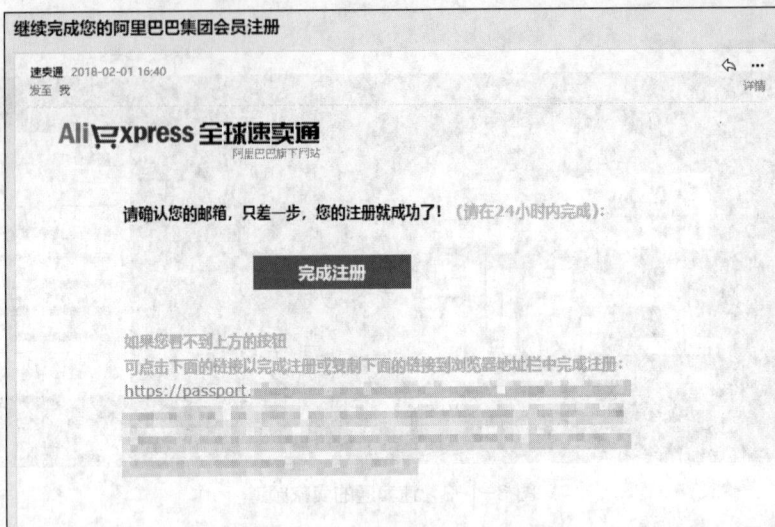

图 3-1-6　速卖通的注册界面 3

图 3-1-7　填写账号信息

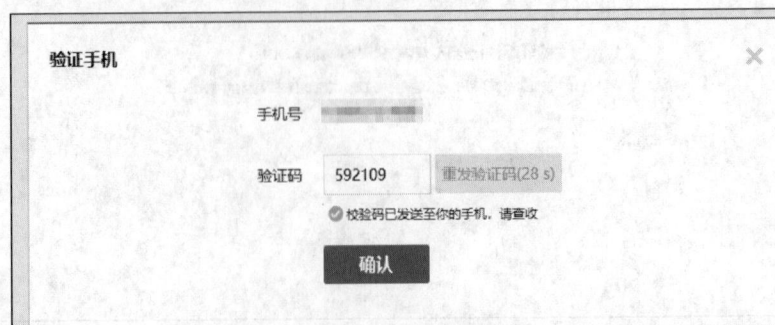

图 3-1-8　验证手机号

图 3-1-9　速卖通的登录界面

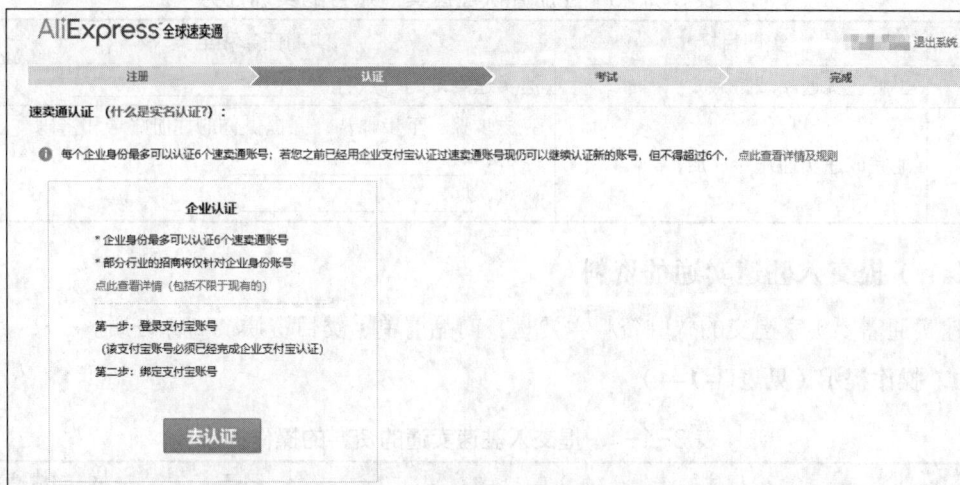

图 3-1-10　速卖通的企业认证界面

图 3-1-11　支付宝的企业账号登录界面

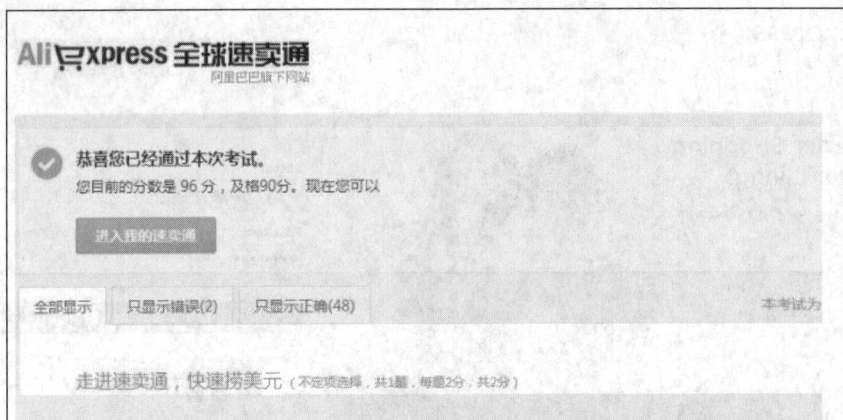

图 3-1-12　速卖通的开店考试界面

2. 实训任务（见表 3-1-3）

表 3-1-3　注册并认证速卖通账号的实训任务

序号	实训目标	实训任务和结果
1	了解速卖通网站特点	速卖通网站的特点有：＿＿＿＿＿＿＿＿＿＿＿
2	能完成速卖通账号注册	完成步骤一至步骤八，并提供你的注册账号和密码 账号：＿＿＿＿＿＿＿＿＿＿＿ 密码：＿＿＿＿＿＿＿＿＿＿＿

（二）提交入驻速卖通的资料

速卖通需要卖家提交的入驻资料主要是：商品清单、类目资质、商标资质。

1. 操作提示（见表 3-1-4）

表 3-1-4　提交入驻速卖通的资料的操作提示

具体操作	图示	完成情况
步骤一：进入招商准入系统，单击"我要入驻"按钮	图 3-1-13	
步骤二：选择销售计划类型	图 3-1-14	
步骤三：选择店铺类型和经营类目	图 3-1-15	
步骤四：提交品牌资料或添加商标	图 3-1-16	
步骤五：等待平台完成资料审核	无	

步骤二中提到的"销售计划类型"分为两种：一种是"标准销售计划"，另一种是速卖通在 2018 年新推出的"基础销售计划"。2018 年新注册且注册主体为个体工商户的卖家店铺，仅可申请"基础销售计划"，当"基础销售计划"不能满足经营需求时，满足一定条件可申请并转换为"标准销售计划"。两种销售计划的区别主要在于年费结算和功能使用权限上，例如选择"基础销售计划"的卖家上线商品数量最多为 300 个，而选择"标准销售计划"的卖家上线商品数量最多可以为 3 000 个。

步骤三中提到的店铺类型分为三种，即官方店、专卖店、专营店。主营类目需要选择二级类目，例如，在选择"服饰服装"之后，还需要选择其二级类目"女装"或"男装"等。

部分需提交商品清单入驻的卖家，商品清单中的商品必须符合平台要求，商品图片一定要清晰，能够展示商品外观、细节、材质等，且足以看清实物上的品牌 Logo，要避免提交与平台在售商品同质化严重的商品。商品清单预计在 15 个工作日内审核完成。

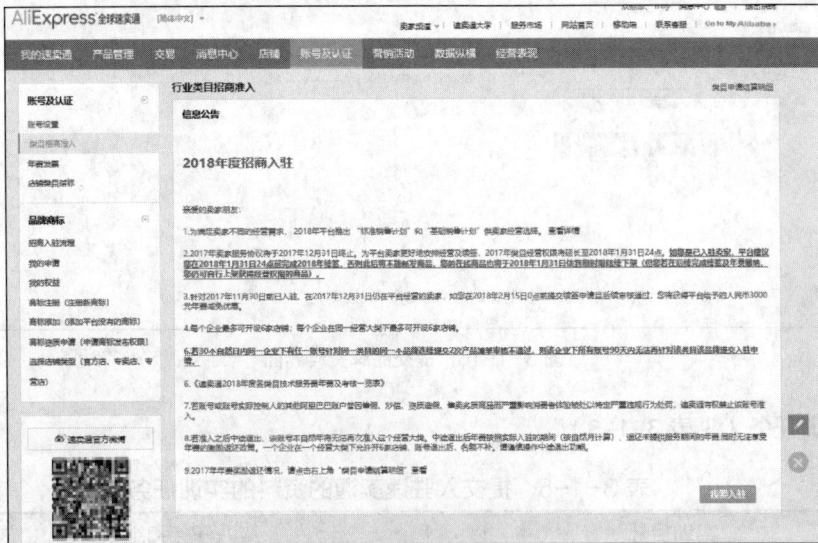

图 3-1-13　行业类目招商准入界面

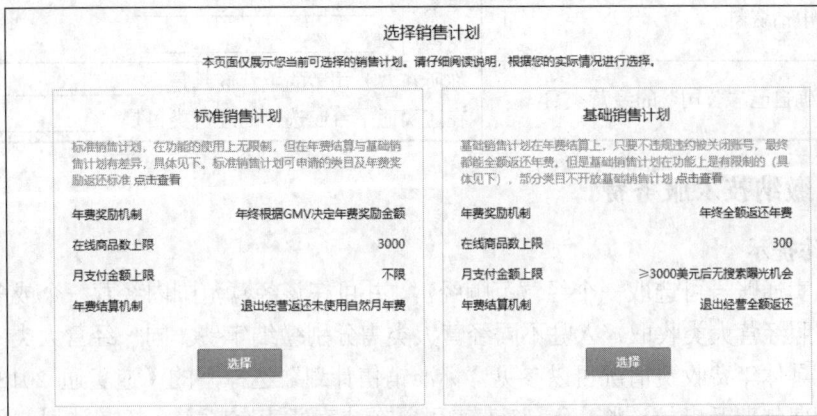

图 3-1-14　选择销售计划界面

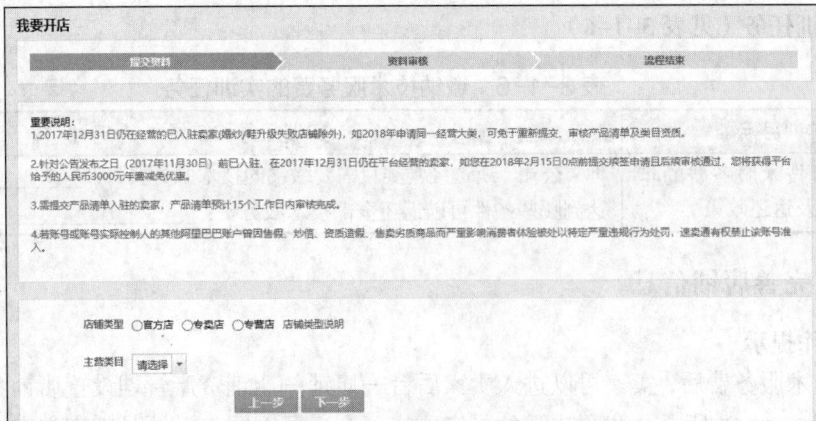

图 3-1-15　选择店铺类型和主营类目界面

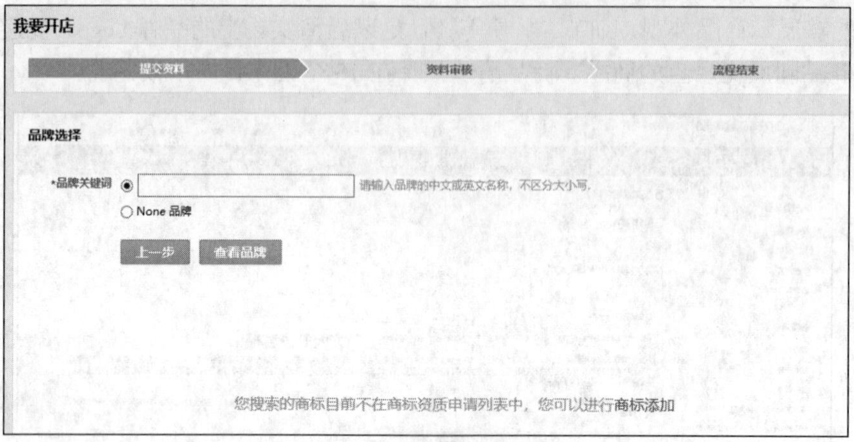

图 3-1-16　提交品牌资料界面

2. 实训任务（见表 3-1-5）

表 3-1-5　提交入驻速卖通的资料的实训任务

序号	实训目标	实训任务和结果
1	了解三种类型店铺及其各自所需的申请资料	官方店：_____ 专卖店：_____ 专营店：_____
2	明确自己"公司"的经营类目	你所在"公司"的主营商品是：_____ 在速卖通平台应选择的经营类目是：_____

（三）缴纳技术服务费

1. 操作提示

每个速卖通账号可选取一个经营范围经营，并可在该经营范围内经营一个或多个经营大类。年费按照经营大类收取，入驻不同经营大类需分别缴纳年费。同一经营大类下，年费只缴纳一份。具体年费收费情况可以参见"标准销售计划"选择下的《速卖通 2018 年度各类目技术服务费年费及考核一览表》，资费表可以在速卖通卖家频道—招商计划—入驻攻略中查看资费标准。

2. 实训任务（见表 3-1-6）

表 3-1-6　缴纳技术服务费的实训任务

实训目标	实训任务和结果
了解各类目技术服务费的年费收费标准及返还政策	你"公司"所选经营类目需要缴纳的技术服务费为：_____ 达到哪些条件可以返还全部技术服务费：_____

（四）完善店铺信息

1. 操作提示

缴纳技术服务费后，卖家可以进入卖家后台—店铺—店铺资产管理设置店铺名称和二级域名，如图 3-1-17 所示。如果申请的是官方店，则还可以同步设置品牌官方直达及品牌故事内容。

图 3-1-17　店铺名称及二级域名修改界面

速卖通平台对店铺名称的要求如下。

（1）卖家只能申请一个店铺名称。

（2）速卖通店铺名称的展现形式为"****store"，其中"****"部分称为店铺名称。

（3）构成店铺名称的字符数应大于等于 4、小于等于 64。构成店铺名称的字符只能包含"英文字母（a~z 或 A~Z）""阿拉伯数字（0~9）""空格或标点符号"，并且空格或标点符号不能出现在店铺名称的首部或尾部。

（4）店铺名称应为卖家所持有的合法权益（自有商标或合法商号）的名称或其对应的汉语拼音。

（5）卖家申请的店铺名称不得包含任何违反法律法规、速卖通规则，侵犯他人合法权益，违反公序良俗，侵犯速卖通及其关联公司或其他阿里巴巴集团旗下公司合法权益的内容。

2. 实训任务（见表 3-1-7）

表 3-1-7　完善店铺信息的实训任务

实训目标	实训任务和结果
能够为速卖通店铺设置符合平台要求的名称	你"公司"速卖通店铺的名称是：＿＿＿＿＿＿＿＿＿＿＿＿ 请为你的速卖通店铺撰写一段英文的店铺介绍：＿＿＿＿＿＿＿ ＿＿＿＿＿＿＿＿＿＿＿

（五）开通速卖通店铺

经过以上步骤，即注册并认证速卖通账号、提交速卖通入驻资料、缴纳技术服务费、完善店铺信息之后，卖家就可以在速卖通上开店经营了。接下来，卖家需要完成的是对店铺进行装修以及上传商品等。这些内容将在后续项目中为大家介绍。

四、同步拓展

个人卖家注册敦煌网的流程

敦煌网成立于 2004 年，是中国第一个 B2B 跨境电子商务平台，致力于帮助中国的中小企业走向全球市场。目前，敦煌网已经实现了 140 多万家国内供应商、4 000 万种商品，遍布全球 230 个国家和地区以及 1 000 万买家在线购买的规模。每小时有 10 万买家实时在线采购，每 1.6 秒产生一张订单。

企业卖家在敦煌网注册可以享受更多经营特权。目前，敦煌网还允许个人卖家注册，因此，个人卖家可以将敦煌网作为实践跨境电子商务经营的首选平台之一。

下面重点讲解以个人卖家的身份注册敦煌网的流程。

1. 操作提示（见表 3-1-8）

表 3-1-8　个人卖家在敦煌网上注册的操作提示

具体操作	图示	完成情况
步骤一：打开敦煌网首页，单击"商户首页""免费开店"	图 3-1-18	
步骤二：填写商户信息	图 3-1-19	
步骤三：完成手机和邮箱验证，激活账号	图 3-1-20	
步骤四：登录后台，申请身份认证	图 3-1-21	
步骤五：选择身份类型，填写认证信息，拍摄认证照片	图 3-1-22、图 3-1-23	
步骤六：登录后台，完成开店考试	图 3-1-24	
步骤七：上传 10 个商品，并将商品放入橱窗后，成功开通店铺	无	

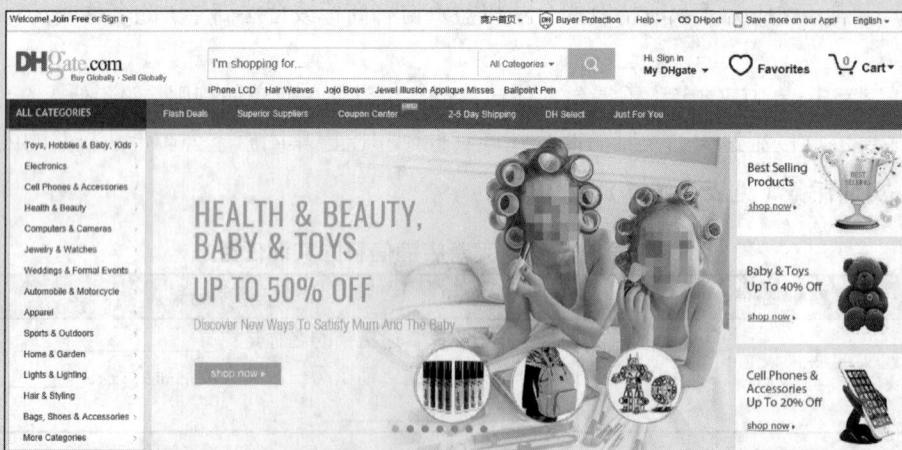

图 3-1-18　敦煌网首页

卖家在完成步骤二时，需要输入用户名。该用户名也就是店铺名称，注册之后一般不允许修改，只有成为增值服务用户才能修改商铺名称。卖家还需要输入真实、有效的手机号码和常用邮箱，平台后续会验证手机号码和邮箱的有效性。选择用户类型时，可以根据实际情况选择内地企业、香港企业或个人。

对于步骤三中的激活账号，卖家需要通过输入手机验证码和登录邮箱单击激活链接的方式来完成。

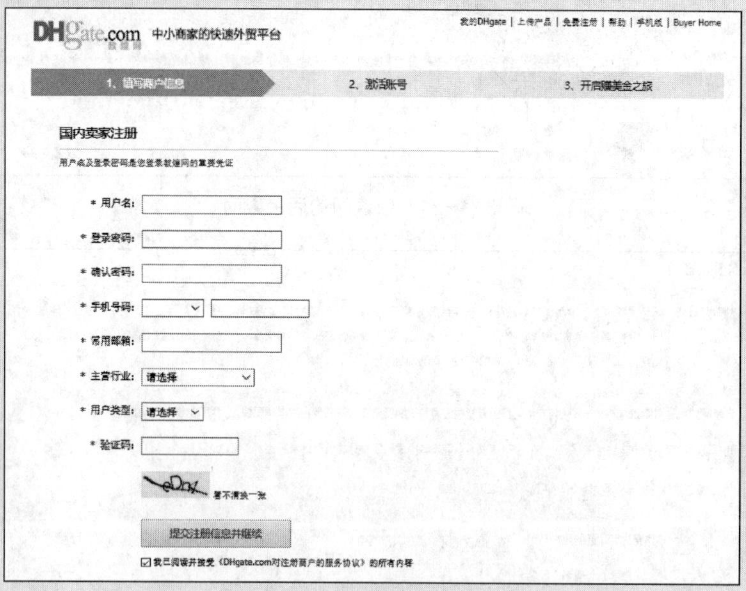

图 3-1-19　敦煌网的注册界面

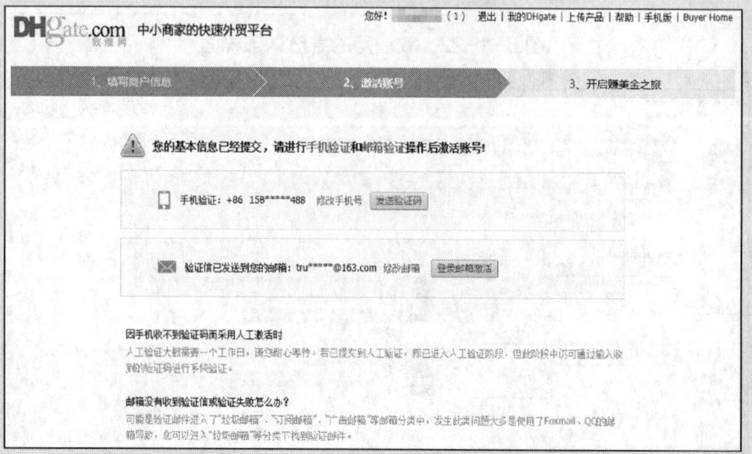

图 3-1-20　敦煌网的账号激活界面

步骤五中，不同的身份类型需要提供不同的身份认证材料。个人卖家只需要提供联系人手持身份证正反面的半身照；内地企业卖家需要提供企业名称、企业法人、营业执照、企业图片等资料；香港企业卖家需要提供企业名称、企业董事、企业编号、注册证明书、企业图片等资料。图 3-1-23 以个人卖家为例，展示了身份认证照片的拍摄要求。

步骤六是完成开店考试。为了帮助卖家熟悉平台规则和流程，敦煌网要求卖家在开店之前登录敦煌网考试中心，完成在线考试。试卷共 25 题，每题 4 分，满分为 100 分。合格成绩是 92 分，如卖家考试成绩不合格，可选择再次考试直到合格为止。

完成步骤一至步骤六后，卖家就可以在敦煌网平台上传商品了，但是此时商铺还处于关闭状态。只有在上传了 10 个商品并将商品放入橱窗后，卖家才能成功开通店铺。具体商品上传和商铺开通步骤将在后续的"同步拓展"部分详细介绍。

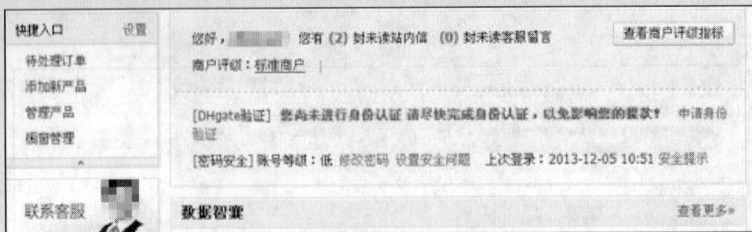

图 3-1-21　敦煌网的后台界面

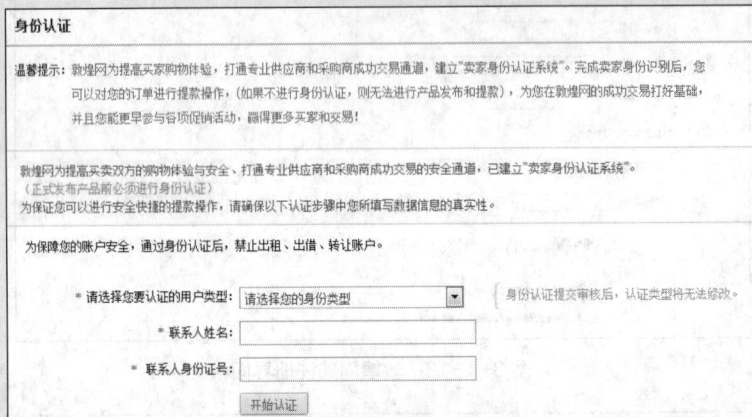

图 3-1-22　敦煌网的身份认证界面

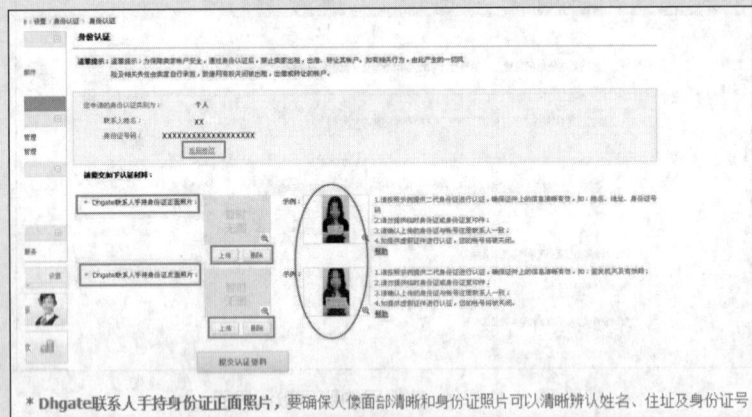

图 3-1-23　敦煌网的个人卖家身份认证界面

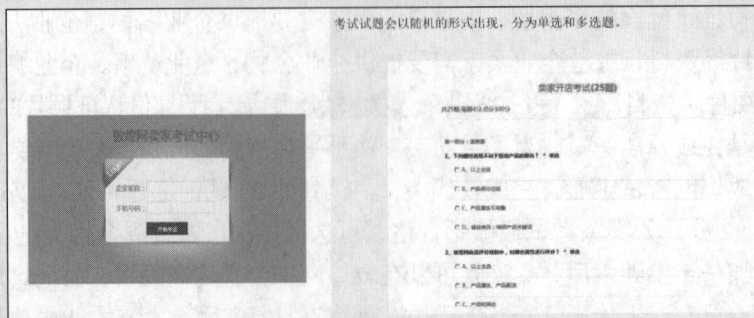

图 3-1-24　敦煌网开店考试界面

2. 实训任务（见表 3-1-9）

表 3-1-9　在敦煌网上注册卖家实训任务

序号	实训目标	实训任务和结果
1	了解敦煌网平台特点	敦煌网平台的特点有：＿＿＿＿＿＿＿＿＿＿
2	能够注册并开通敦煌网店铺	你"公司"在敦煌网上的店铺的名称是：＿＿＿＿＿＿＿＿＿ 完成敦煌网商铺注册，并记录你的注册账号和密码。 账号：＿＿＿＿＿＿＿＿＿＿＿＿ 密码：＿＿＿＿＿＿＿＿＿＿＿＿

任务二　开通亚马逊店铺

一、任务描述

近年来，各类跨境电子商务网站不断涌现，而且纷纷进入中国市场。例如东南亚的 Lazada 和 Zalora、新加坡的 Qoo10、南美的 Linio 和 Mercadolibre、越南的 Weshop、非洲的 Jumia 和 Kilimall、法国的 Priceminister 等。对国内卖家而言，入驻国外电商平台具有竞争小、利润高的吸引力，但是要适应国外电商平台的经营理念和运作模式却是一大挑战。

亚马逊是全球商品品种最多的网上零售商之一，也是全球范围内规模居前的 B2C 电子商务平台。亚马逊平台开放、流量优质、利润丰厚，吸引着全球各地的卖家。不少中国卖家也纷纷入驻亚马逊开展海外贸易，并取得了不错的成绩。因此，亚马逊成了国内卖家在选择国外电商平台时最先考虑的网站之一。假设你和你的创业团队也将选择在亚马逊北美站开通一家跨境电子商务店铺，那么通过任务二的学习，你可以帮助你们团队完成开通亚马逊店铺的工作任务。开通亚马逊店铺的流程具体如图 3-2-1 所示。

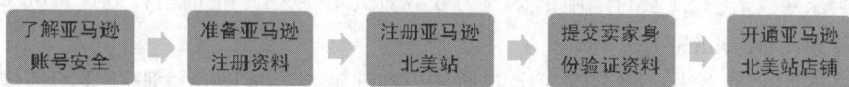

了解亚马逊账号安全 ➡ 准备亚马逊注册资料 ➡ 注册亚马逊北美站 ➡ 提交卖家身份验证资料 ➡ 开通亚马逊北美站店铺

图 3-2-1　开通亚马逊店铺的流程

二、相关知识

（一）亚马逊的卖家分类和账号类型

1. 亚马逊卖家分类

亚马逊卖家有四大类，分别是：Amazon Vendor Central（VC）、Amazon Vendor Express（VE）、Amazon Seller Central（3P）和 Amazon Business Seller（AB）。

（1）Amazon Vendor Central

Amazon Vendor Central 简称 VC，是亚马逊的供应商。亚马逊的自营商品绝大部分是来自于 VC 卖家。VC 系统相对封闭，采用邀请入驻制，如果没有亚马逊的邀请便不能申请入驻。VC 在上传商品数量上没有限制，并全面支持"A+"页面。所谓"A+"页面就是图文版商品详情页面，卖家通过它可以使用额外的图片和文本进一步完善商品描述部分，有助于提高商品的转化率。

（2）Amazon Vendor Express

Amazon Vendor Express 简称 VE，是亚马逊在 2015 年推出的面向美国本土企业的通道，有自行申请的通道。VE 只可以上架 85 个商品，并且 VE 不是全面支持"A+"页面的。新注册的 VE 目前至多只提供 5 个"A+"商品页面。

如果卖家申请做了 VE，亚马逊不会直接采购你的东西，它会先让你寄几个免费样品，亚马逊称之为测试商品，先将商品上架，看是不是好卖。如果好卖，亚马逊才会对你下单；如果不好卖，可能这些样品就无法再收回了。

（3）Amazon Seller Central

Amazon Seller Central 简称 SC 或 AS，也称为 3P Seller（第三方卖家），是目前最普遍的卖家类型，遍布全球。针对中国卖家，Amazon Seller Central 有"自注册"和"全球开店"两种入驻方式。自注册即传统的通过亚马逊注册网页直接注册亚马逊卖家账户。"全球开店"是亚马逊官方针对中国卖家的一种开店方式。

值得注意的是，"全球开店"只是亚马逊的一个项目名称而已，并不是说开通一个账号就可以在各个国家和地区销售。卖家在亚马逊不管是通过"全球开店"还是通过自注册方式注册，都是需要在分站点进行注册的。

（4）Amazon Business Seller

Amazon Business Seller 简称 AB。Amazon Business 是亚马逊在 2015 年发布的、针对企业及机构买家的一站式商业采购站点。2016 年 12 月，Amazon Business 中国团队成立，正式开始招募中国优质卖家。这将帮助中国卖家缩短外贸交易链，将世界的企业买家与中国卖家连接在一起，给中国卖家带来全新的市场机遇。简而言之，Amazon Seller Central 是 B2C 的亚马逊第三方卖家账号，而 Amazon Business Seller 是 B2B 账号，同一个企业可以同时申请这两种账号。

2. 中国卖家注册亚马逊的账号类型

中国卖家可操作性最强的是申请第三方卖家账号，包括专业销售计划（Professional）和个人销售计划（Individual）。

无论是企业还是个人，都可以通过亚马逊自注册通道完成账户注册并开始销售。以企业名义与以个人名义开设的账户在各种权限上（如流量、商品上架数量、商品审核要求等）没有任何区别。这两种计划的主要区别在于费用结构和功能使用权限上。

以美国市场为例，我们从表 3-2-1 可以清晰地看到，"个人销售计划"的账户需要支付按件收费的费用，而"专业销售计划"账户则需要支付月度的订阅费。

表 3-2-1　亚马逊个人销售计划与专业销售计划的对比

账号类型	个人销售计划	专业销售计划
注册主体	个人/企业	个人/企业
月租金	免费	39.99 美元/月
按件收费	0.99 美元/件	免费
销售佣金	亚马逊对不同品类收取不同比例的佣金，一般为 8%～15%	
功能区别	单一上传，无数据报告	单一上传/批量上传 可下载数据报告

以上两种销售计划之间是可以相互转化的。如果卖家在注册的时候选择了个人销售计划（Individual），之后也可以在后台自助升级为专业销售计划（Professional）；如果卖家在注册的时候选择的是专业销售计划（Professional），后续也可以降级为个人销售计划（Individual）。所以，卖家即使没有企业资质，也可在亚马逊上申请专业销售计划。

（二）亚马逊验证卖家身份所需的资料

1. 企业卖家所需的材料

（1）企业法人身份证明
- 身份证明上的姓名必须与营业执照上法定代表人的姓名一致。
- 请提供正反两面的彩色照片/扫描件，不接受黑白复印件。
- 图片必须清晰可读。
- 身份证明应在有效期内。

（2）营业执照
- 香港企业需提供企业注册证明书和商业登记条例；台湾企业需要提供有限公司设立登记表/股份有限公司设立登记表/有限公司变更登记表/股份有限公司变更登记表。
- 提供彩色照片/扫描件，不接受黑白复印件，图片必须清晰。
- 内地企业的营业执照距离过期日期应超过 45 天，香港企业的商业登记条例距离过期日期应超过 45 天。
- 若卖家提供的营业执照公司类型为个体工商户，请同时提交个体户身份证明以及个体户手持身份证明的照片。
- 若卖家提供的相关证照持有人为非中国国籍人士，请提供该持有者的护照。

2. 个人卖家所需的材料

（1）身份证
- 请提供正反两面的彩色照片/扫描件，不接受黑白复印件。
- 图片必须清晰可读。
- 身份证应在有效期内。
- 手持身份证照片。双手持身份证置于胸前，身份证正面朝前。身份证正面的信息以及照片必须清晰可读；本人全脸五官无遮蔽并且清晰可见，拍摄时请正面面对相机；请在光线良好环境下，使用高像素手机或数码相机进行拍摄，为确保图像质量，建议由家人或朋友协助拍摄。

（2）信用卡对账单或银行对账单
- 账单上的姓名必须和身份证上的姓名一致。
- 账单必须由银行出具，并且是在 90 天内出具的账单。
- 图片必须清晰可读。
- 可以隐藏货币金额，但文档必须保持完整并且其他信息清晰可见。
- 不接受屏幕截图。

三、任务实施

（一）了解亚马逊账号的安全性

1. 操作提示

亚马逊账号的安全性主要是指账号的关联问题。亚马逊规定一个卖家只能拥有一个店铺。账号关联就是亚马逊通过自己的技术手段获取卖家信息，通过匹配关联因素来判定多个账号是否属于同一个卖家所有。如果亚马逊判定多个账号为同一卖家操作，就产生了账号关联。

账号关联有三种后果：第一，同站点账号关联，且账号间所售卖商品存在交叉，亚马逊会强制要求下架新账号的全部商品；第二，同站点所售卖商品不存在交叉，账号可能继续存活；第三，关联账号中的一个被关闭，那么其他任意站点的账号也终将会被关闭。

防止账号关联的应对方法如下。

（1）避免网络关联。每个店铺配备独立的宽带网络或者计算机配备独立无线网卡。

（2）避免注册信息关联。每个店铺的注册信息必须具有唯一性，从公司的名称、个人名字、地址、电话、邮箱都要有一套对应的资料。

（3）避免联系人及联系方式关联。例如亚马逊代发货服务（Fulfillment by Amazon，FBA）发货地址及联系电话、留给亚马逊后台的电话等。

（4）避免品牌备案关联。每个备案网站的联系信息要完全跟商标注册以及亚马逊后台店铺信息对应，既能通过备案又能避免关联。当然，品牌授权除外。

（5）避免商品信息关联。不同的店铺，所使用的商品图片名称、商品拍摄角度都不相同。商品标题描述、细节描述不能照抄原来的店铺，每个店铺都必须重写。

总之，要避免账号关联，需要做到"十新"：新邮箱、新计算机、新系统、新浏览器、新路由、新收款账号、新商品、新宽带、新手机号和新信用卡，让亚马逊认为多个账号是不同的人在不同的地方操作。

2. 实训任务（见表3-2-2）

表3-2-2　了解亚马逊账号的安全性的实训任务

序号	实训目标	实训任务和结果
1	了解亚马逊账号关联的知识	请列举哪些情况下会发生账号关联： _____
2	能够避免出现账号关联的情况发生	请问为了避免出现账号关联，开店之前需要准备哪些软、硬件设备？请列举。 _____

（二）准备入驻亚马逊的资料

1. 操作提示

注册亚马逊全球开店北美站需要事前准备以下资料。

（1）电子邮箱地址。

（2）个人或者企业的名称、地址、联系方式。

（3）可以支付美元的双币信用卡（Visa、Master卡均可）。

（4）在注册期间可以联系到本人的电话号码。

（5）美国的银行账户，若没有则需要先注册 Payoneer 卡（P 卡）。

Payoneer 成立于 2005 年，总部设在美国纽约，是万事达卡组织授权的具有发卡资格的机构，提供简单、安全、快捷的转款服务。Payoneer 虚拟美国银行账户允许用户接收指定的美国企业的转款。此账户和 Payoneer 万事达实体卡绑定使用。Payoneer 虚拟美国银行账户可以节省开通美国银行账户实体卡的高额开户费，并且只需 1~5 个工作日，资金便会抵达 Payoneer，用户可随时通过网上个人账户查看到账情况。目前，亚马逊美国站、欧洲站、英国站、日本站、加拿大站、澳大利亚站的资金都能通过 Payoneer 收款。下面重点演示 Payoneer 的注册流程，具体如表 3-2-3 所示。

表 3-2-3　注册 Payoneer 操作提示

具体操作	图示	完成情况
步骤一：打开 Payoneer 网站，单击"注册"按钮	图 3-2-2	
步骤二：选择账户类型，填写基本信息	图 3-2-3	
步骤三：填写联系信息	图 3-2-4	
步骤四：设置安全信息	图 3-2-5	
步骤五：填写银行账户信息	图 3-2-6	
步骤六：完成注册	无	

步骤二中可以选择的账户类型有个人和公司，通常选择个人，因为个人注册方便，申请速度也快。除非有特别提示，否则所有填入的信息都需要用英文或拼音。

步骤五填写的是国内银行账户信息，是为了以后把 P 卡的钱转入国内银行卡，如果直接用 P 卡取现会有很高的手续费。

注册完成后，单击"提交"按钮，进入审核阶段。审核通过后，卖家将会收到从美国邮寄来的 P 卡的卡片。

图 3-2-2　Payoneer 中国官网

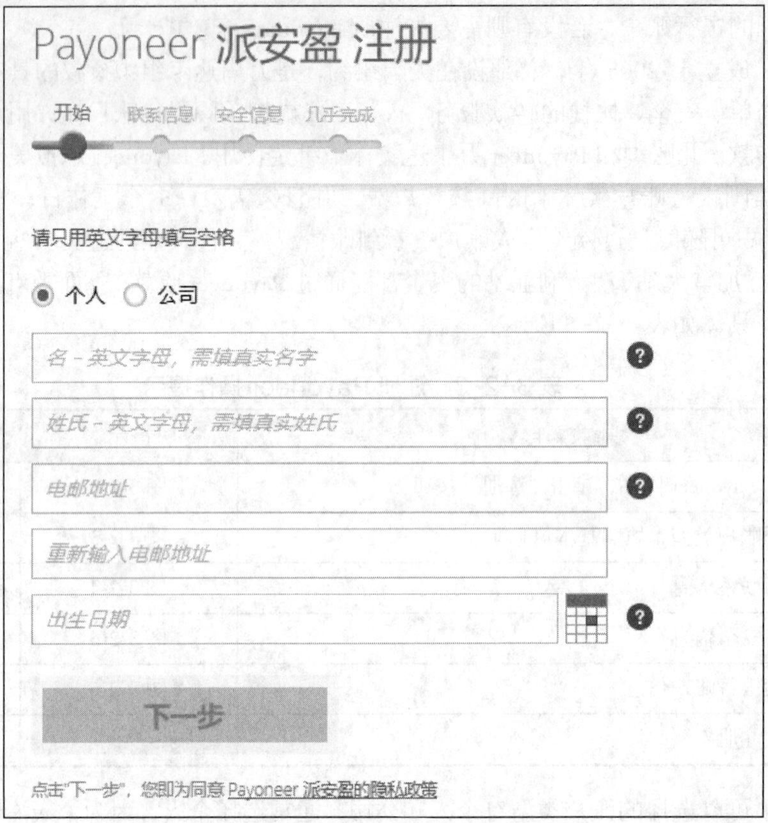

图 3-2-3　Payoneer 的注册界面

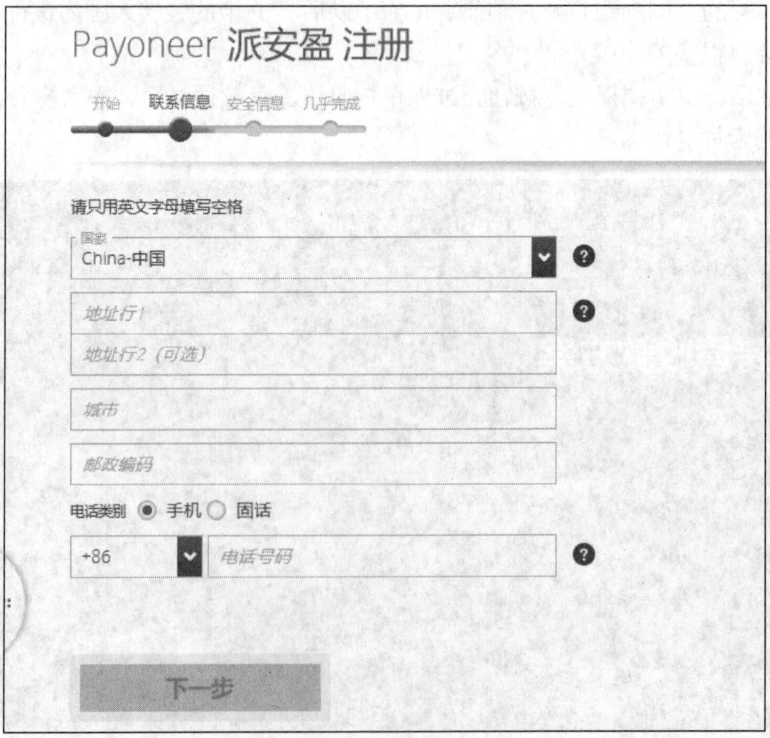

图 3-2-4　填写联系信息

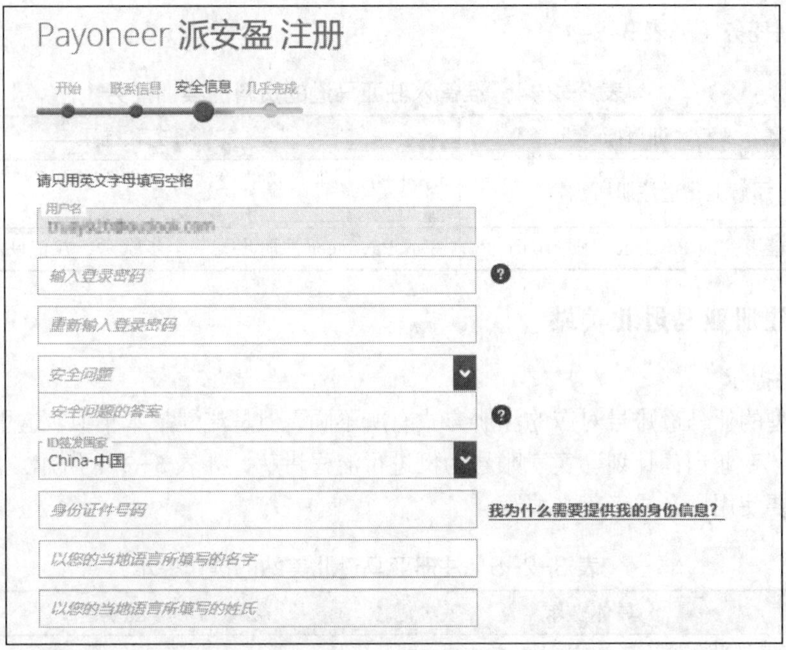

Payoneer 派安盈 注册

开始　联系信息　安全信息　几乎完成

请只用英文字母填写空格

用户名
thuiy920@outlook.com

输入登录密码 ❓

重新输入登录密码

安全问题

安全问题的答案 ❓

ID签发国家
China-中国

身份证件号码 **我为什么需要提供我的身份信息?**

以您的当地语言所填写的名字

以您的当地语言所填写的姓氏

图 3-2-5　设置安全信息

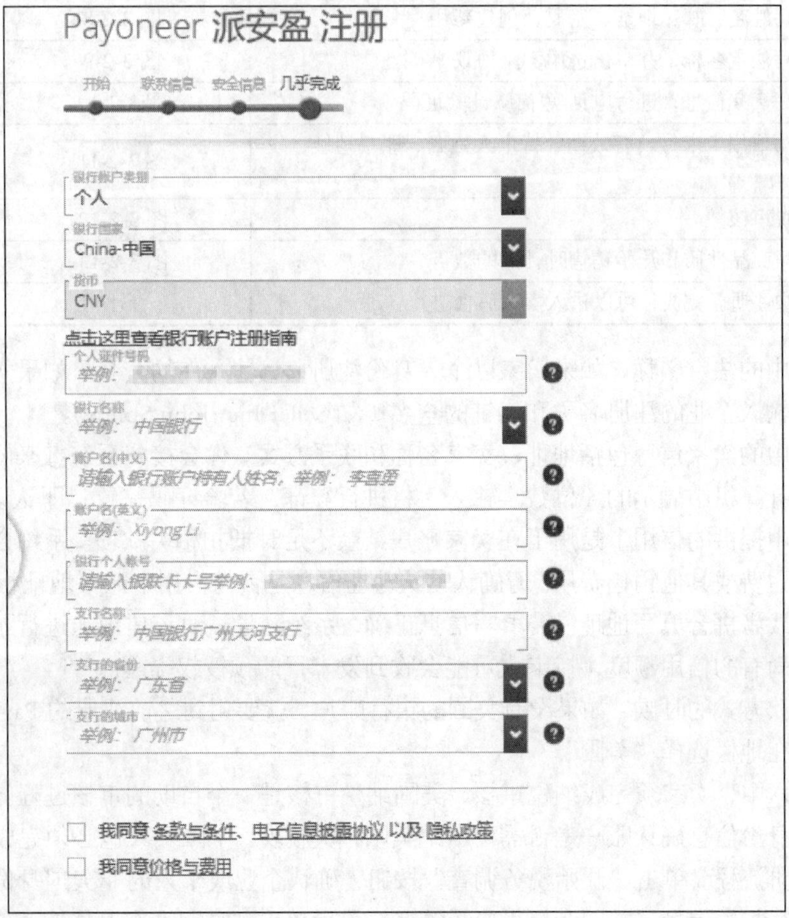

Payoneer 派安盈 注册

开始　联系信息　安全信息　几乎完成

银行帐户类别
个人

银行国家
China-中国

货币
CNY

点击这里查看银行账户注册指南

个人证件号码
举例: ❓

银行名称
举例: 中国银行 ❓

账户名(中文)
请输入银行账户持有人姓名, 举例: 李喜勇 ❓

账户名(英文)
举例: Xiyong Li ❓

银行个人账号
请输入银联卡卡号举例: ❓

支行名称
举例: 中国银行广州天河支行 ❓

支行的省份
举例: 广东省 ❓

支行的城市
举例: 广州市 ❓

☐ 我同意 条款与条件、电子信息披露协议 以及 隐私政策
☐ 我同意价格与费用

图 3-2-6　填写银行账户信息

2. 实训任务（见表 3-2-4）

表 3-2-4 准备入驻亚马逊的资料的实训任务

序号	实训目标	实训任务和结果
1	了解亚马逊注册所需资料	请列举注册亚马逊北美站需要准备哪些资料：＿＿＿＿＿
2	能够完成 Payoneer 账号申请	完成 Payoneer 注册步骤一至步骤六，并记录注册账号信息

（三）注册亚马逊北美站

1. 操作提示

不同类型的亚马逊账号对应的注册方式有所不同，但是流程基本相似。这里以注册亚马逊北美站的"专业销售计划"卖家账号为例进行流程讲解，如表 3-2-5 所示。注册过程中，所有信息需要使用拼音或者英文填写。

表 3-2-5 注册亚马逊北美站的操作提示

具体操作	图示	完成情况
步骤一：搜索亚马逊全球开店官方网站，单击"立即开店"—"北美开店"	图 3-2-7	
步骤二：填写姓名、邮箱地址、密码，创建新用户	图 3-2-8	
步骤三：填写法定名称，并单击选中卖家协议	图 3-2-9	
步骤四：填写卖家信息，进行电话/短信认证验证码	图 3-2-10	
步骤五：填写信用卡卡号、有效期、持卡人姓名、账单地址，设置信用卡	图 3-2-11	
步骤六：纳税审核	图 3-2-12	
步骤七：填写商品性质和开始销售时计划的数量	图 3-2-13	
步骤八：账户注册已完成，可以进入卖家后台进行管理	无	

步骤三中的法定名称，如果卖家以个人身份注册，请输入你的全名；如果卖家以企业身份注册，请输入企业的注册名称和店铺的全名（如 Seller Inc-John Smith）。

步骤四中的卖家信息包括地址、卖家名称和联系方式。你会接到系统打来的电话，请接起电话，把计算机中显示的 4 位数字输入手机进行验证，若验证码一致，即认证成功。

步骤五中提供的信用卡是用于在卖家账户结余不足时抵扣相关款项。系统会从该信用卡中扣除每月月费或其他销售费用。请确认默认地址信息是否与信用卡账单地址相同，如不同，请使用英文或者拼音填写地址。若填写信息正确，系统会尝试对该信用卡进行预授权，以验证该信用卡尚有的信用额度，持卡人可能会收到发卡行的预授权提醒。

设置存款方式的时候，如果没有美国的银行账户，就要用到之前注册的 Payoneer 卡，然后在银行所在地栏选择"美国"。

在步骤六中，卖家须完成纳税审核。美国纳税审核是一个自助的审核过程。亚马逊将指导卖家输入身份信息确认账户是否需要缴纳美国相关税费。中国卖家也必须完成此审核流程才可完成注册流程。单击"开始税务调查"按钮，确认企业或个人的非美国身份，然后根据网站提示填写相关信息，并同意提供电子签名，最后单击"退出调查"按钮，结束审核。

在完成步骤七的过程中，亚马逊会列举一些问题请卖家回答，借此了解卖家的商品性质和计划销售的数量。基于这些信息，亚马逊会推荐适合卖家账户的相关工具和信息，还会根据卖家在上一步所选择的内容，指导卖家熟悉上架之前的流程，其中包括商品编码、分类审核、品牌注册、商品上传、图片要求等信息。

完成上述步骤后，卖家的账户注册工作已经完成，此时卖家就可以进入卖家后台进行管理。

图 3-2-7 亚马逊全球开店北美站

图 3-2-8 亚马逊全球开店的注册界面

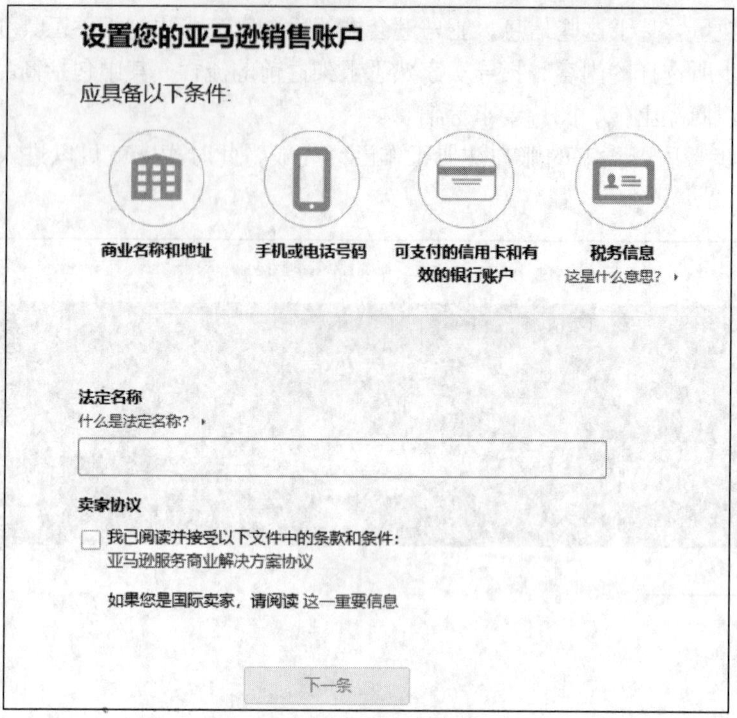

图 3-2-9　填写法定名称

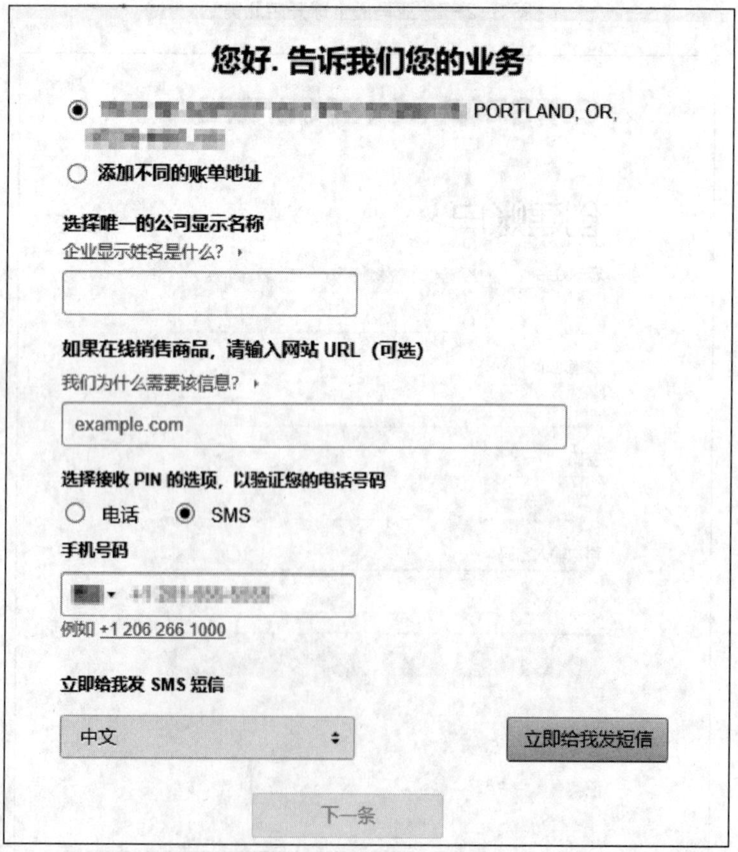

图 3-2-10　填写卖家信息

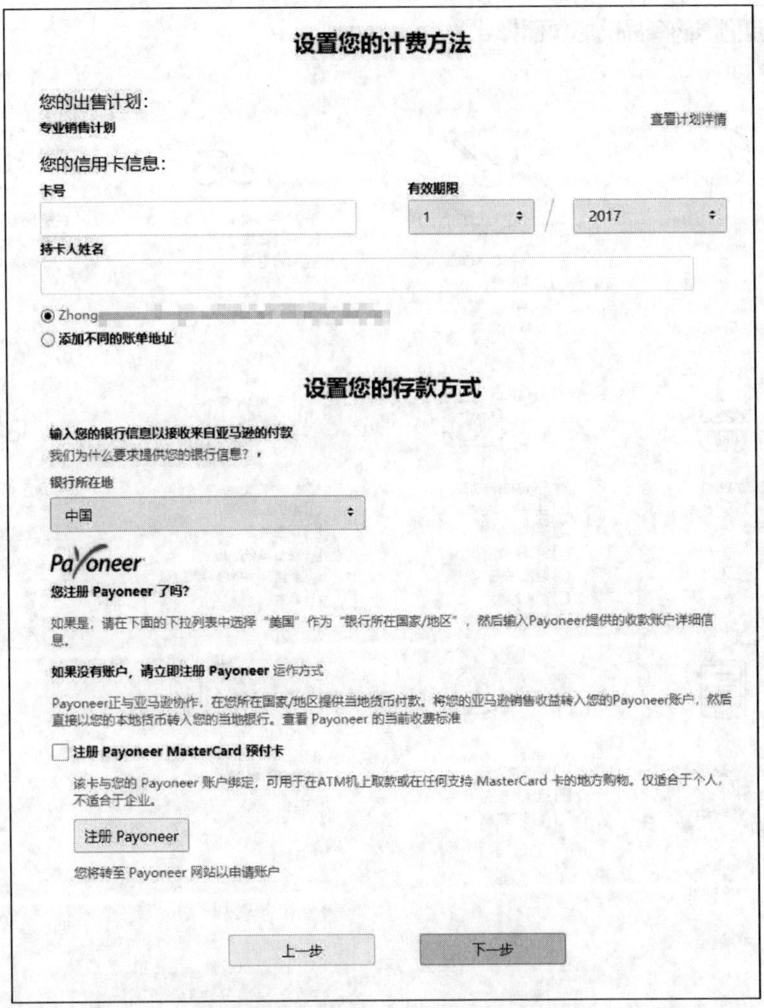

图 3-2-11　设置计费方法和存款方式

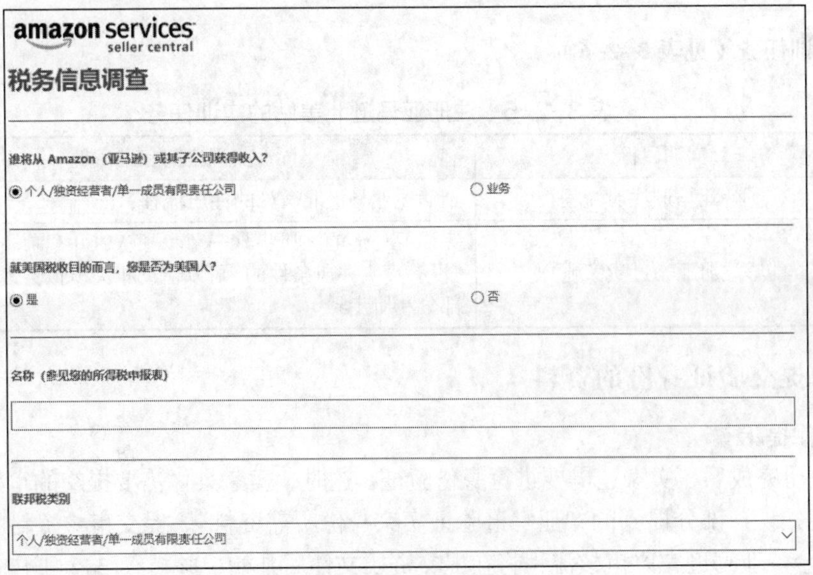

图 3-2-12　税务审核界面

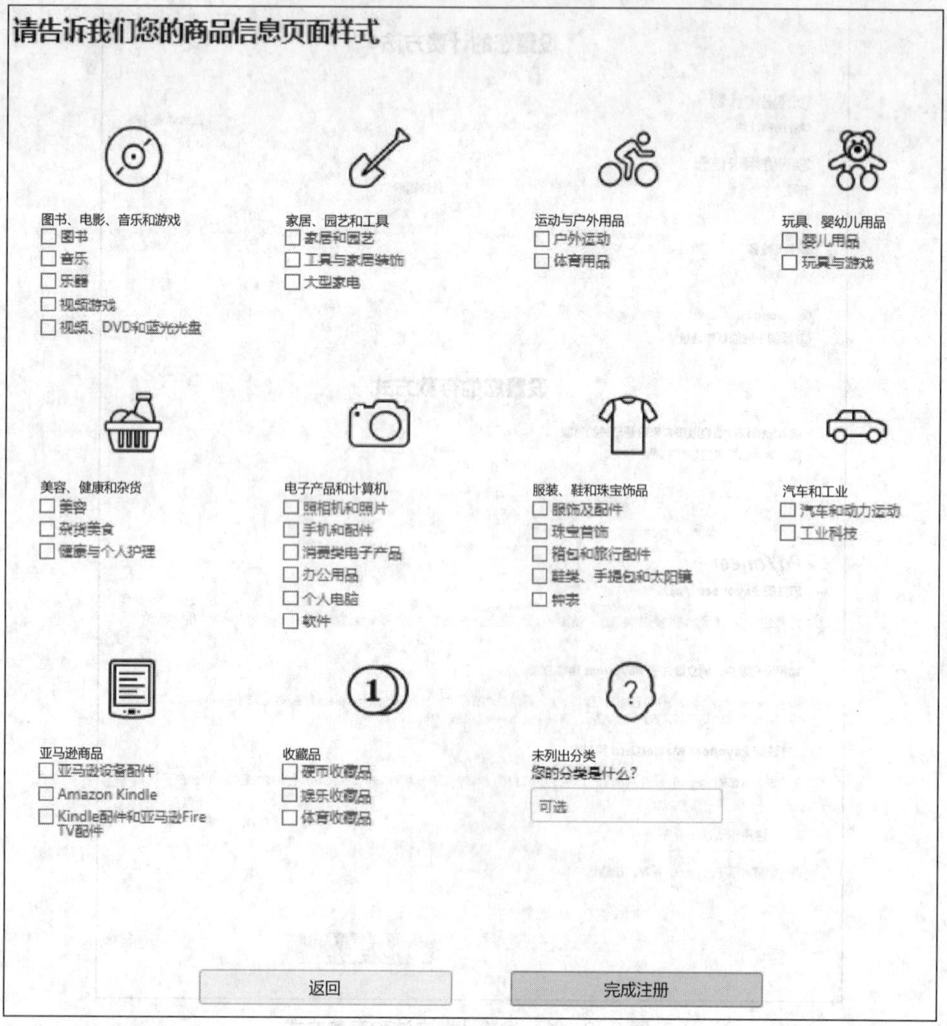

图 3-2-13　填写商品信息

2. 实训任务（见表 3-2-6）

表 3-2-6　注册亚马逊北美站的实训任务

序号	实训目标	实训任务和结果
1	了解亚马逊注册流程	请简述亚马逊北美站的注册流程：_____
2	能够注册亚马逊卖家账户	完成亚马逊的注册步骤一至步骤八，并记录注册账号信息（没有真实注册条件的，可以借助相关模拟实训平台或完成部分注册步骤）

（四）提交验证身份的资料

1. 操作提示

账户注册完成后，卖家还需要进行身份验证。这时，卖家具体需要提交的审核资料可以参见"相关知识"部分提到的"亚马逊验证卖家身份所需资料"。提交审核资料的方式如图 3-2-14 所示。亚马逊官方审核流程将在提交资质文件后开始，并持续 3 个工作日。审核期间，现有的商品信息页面将会被冻结。

图 3-2-14 提交审核资料的方式

2. 实训任务（见表 3-2-7）

表 3-2-7 提交审核资料的实训任务

实训目标	实训任务和结果
了解亚马逊验证卖家身份时所需的审核资料及相关提交流程	请简述验证亚马逊卖家身份时，需要卖家提交哪些资料：

（五）开通亚马逊北美站店铺

经过以上步骤，即了解亚马逊账号的安全性、准备入驻亚马逊的资料、注册亚马逊北美站、提交卖家身份验证的资料，卖家就可以在亚马逊北美站设置卖家后台和上传商品了。

KYC 审核

　　亚马逊欧洲站的卖家账号注册要求基本与亚马逊北美站一致，但是根据欧洲有关监管机构要求，在亚马逊欧洲站（包括英国、法国、德国、西班牙、意大利等）上开店的卖家需要通过 KYC（Know Your Customer，了解你的客户）的审核。

　　卖家在注册时需填写企业和联系信息、首要联系人信息（Primary Contact Person，指代表企业执行账户运营的个人）和信用卡信息。注册成功后，卖家应在卖家平台填写受益人信息（Beneficial Owner，指占贵公司 25%及以上股份的个人）。此后，大多数卖家在上传商品数据后可直接上线销售（注意：不填写受益人信息的卖家无法上线销售）。其后，卖家会在后台收到亚马逊审核团队的材料审核通知。此时店铺可以正常销售，直到店铺的收款累计达到 1.5 万欧元为止。如果收款累计达到 1.5 万欧元时尚未通过 KYC 审核，那么店铺的销售权限将被暂停，直到通过审核后，才会重新打开销售权限。

　　亚马逊要求卖家提交的材料如下。

　　（1）企业营业执照扫描件。

　　（2）企业首要联系人和受益人的身份证件，如护照扫描件或身份证正反面加户口本本人页。

　　（3）首要联系人和受益人的个人费用账单：最近 90 天内的任意一张日常费用账单（包括水、电、燃气、网络、电视、电话、手机等费用账单或信用卡对账单等）；必须由正规机构（公用事业单位、银行等）出具；账单上需有姓名和家庭详细居住地址；如果该账单在配偶名下，需同时提交结婚证；如果账单是在房东（需为企业房东）名下，则需有正规的房屋租赁合同来证明其中的关系。在线账单截屏亦可接受，前提是有完整的网页链接。如卖家无法提供以上个人账单，则其居住证或者暂住证亦可接受。

　　（4）企业对公银行对账单，任意银行皆可。亚马逊对此账单的要求如下。

　　① 要有企业名，且须和营业执照上企业名一致。

　　② 要有银行名或 Logo，需清晰可见。

　　③ 必须要有在该行开户的银行账号。

　　④ 账单如有日期，则要求开立日期在一年内，无日期亦可接受。

　　⑤ 卖家出于保密需要，可遮蔽有关流水往来的记录。卖家可以用对公账户的开户许可证代替（开立时间必须在一年以内）。

　　⑥ 授权函：如首要联系人非企业法人或者受益人，亚马逊会要求卖家提供一份由企业法人授权首要联系人实际运营该账户的授权函。

　　⑦ 企业日常费用账单：对于在香港和台湾地区注册的企业卖家，要求提供一份企业日常费用账单。要求是：90 天内的任意一张日常费用账单，包括水、电、燃气、网络、电话社保、银行对账单等；必须是正规机构（公用事业单位、银行等）出具的；账单上需有企业名和详细地址，且企业名和地址应与营业执照/商业登记证上的信息保持一致。

　　注意，在 KYC 审核过程中，卖家务必真实填写企业和个人信息，并上传真实的材料。

（资料来源：福步外贸论坛）

一、任务描述

随着互联网及移动通信技术的发展，基于移动端的电子购物成为电子商务中占有优势并具有广泛前景的一环。截至 2017 年，全球的移动端用户数量已达到 26 亿，大约全球每三个人中就有一个人拥有移动端设备。同时，智能手机的快速普及让移动购物成为消费者和销售商关注的新热点，移动端购物也成为大众购物的首选方式。

传统的从 PC 端发展起来的购物平台纷纷开始抢滩移动端市场，而 Wish 平台从成立之初就专注于移动端。目前，Wish 已经成为北美最大的移动购物平台。中国卖家对 Wish 平台也青睐有加。据了解，该平台 80% 的卖家来自中国。假设你和你的创业团队也将选择在 Wish 平台开始企业的移动端跨境电子商务业务，那么通过任务三的学习，你可以帮助企业完成开通 Wish 店铺的工作任务。开设 Wish 店铺的流程如图 3-3-1 所示。

图 3-3-1　开通 Wish 店铺的流程

二、相关知识

（一）Wish 的入驻要求及材料

1. Wish 的入驻要求

Wish 平台上的卖家可以是生产者、零售商、品牌所有者、手工艺者、艺术家等，只要能够生产、制造或拥有批发、零售权利的卖家都有资格在 Wish 上销售商品。商户可以以个人身份或企业资质注册 Wish 平台，其中，以企业资质注册的商户可以获得更大的招商政策支持。

根据 2018 年的 Wish 新卖家成长扶持计划，优质同行卖家、优质品牌方、优质工贸方入驻资料通过审核筛选可直接开通绿色通道入驻，且只需 3～4 天就能完成注册；正常入驻的商户还可以与招商经理对接。但是商户需要满足两个入驻条件：①商户具备企业资质；②必须是新注册店铺的企业商户，或者是两个月内新注册的企业账户。

自 2018 年 10 月 1 日 0 时（世界标准时间）开始，新注册的店铺须缴纳 2 000 美元的店铺预缴注册费。

2. Wish 的入驻资料

以个人身份入驻 Wish 平台需要准备的资料很简单，只需要注册人的邮箱、手机号码、身份证、深色笔、一张 A4 白纸、银行储蓄卡。

以企业资质入驻 Wish 平台还需要提供营业执照、税务登记证、法人身份证（原件扫描/拍照）。

另外，在开通 Wish 店铺的时候需要添加一个商品，因此需要提前准备好该商品信息。

（二）Wish 平台的规则

1. 注册规则

注册期间提供的信息必须真实准确，如果注册期间提供的账户信息不准确，则账户可能会被暂停。

每个实体只能有一个账户，如果企业或个人有多个账户，则多个账户都有可能被暂停。

2. 禁售商品

有些品类的商品是 Wish 的禁售品，因为这些商品不符合 Wish 的销售标准，和 Wish 的理念背道而驰。例如以下商品就是 Wish 禁售的商品：仿品，非版权所有商品（版权属于其他人），服务性商品（不能以全新的、有形的、实体的物品形式出现的任何服务），虚拟商品，数码商品，礼品卡，酒精类商品，自行车及摩托车头盔，儿童汽车座椅，儿童牵引带，召回的玩具，隐形眼镜等。

3. 知识产权

Wish 对伪造品和侵犯知识产权的行为制定了严格的零容忍政策。如果 Wish 认定商户在销售伪造商品，则 Wish 可以单方面暂停或终止商户的销售权限，或扣留或罚没本应支付给卖家的款项。Wish 平台严禁出售伪造商品；严禁销售侵犯另一个实体的知识产权的商品；商户有责任提供商品的销售授权证据；严禁提供不准确或误导性的销售授权证据；对伪造品或侵犯知识产权的商品处以罚款；对已审批商品处以伪造品罚款。

4. 其他规则

除了以上规则外，Wish 平台规则还涉及商品列表、商品促销、履行订单、用户服务、退款政策、付款政策和账户暂停等多个方面。商户在开通店铺之前，有必要先了解平台一系列规则。

部分规则还会在后续的项目中提及。

三、任务实施

（一）准备注册 Wish 店铺的资料

1. 操作提示

以在 Wish 平台上注册个人账号为例，商户需要提前准备好注册所需资料。

另外，和亚马逊平台一样，Wish 平台也不允许多账号运营，一旦平台认定某几个账号由同一个企业或者个人操作，那就存在关联的风险。

Wish 卖家如果想避免关联，要特别注意以下几个细节：邮箱及密码、计算机系统、浏览器、路由器、宽带、手机号、收款账号及商品。如果以上有两点或两点以上类似，那么就存在关联风险。

如果商户的账号已经被封，但又要重新申请，那么所使用的计算机就需要重装系统，格式化硬盘并分区，还需要更换网卡、路由器等。总而言之，要跟之前账号的信息不一样。另外，注册企业信息、个人信息、办公地址及平台地址等也与关联有着密不可分的关系，甚至连水印都会有被关联的嫌疑。

为了避免账号关联，建议进行以下操作。

（1）注册前先清空 Cookie（浏览器缓存），重置 Chrome 浏览器（谷歌旗下浏览器），删除可能的 Wi-Fi 网络，开启手机热点，连接手机网络，以后每次直接登录 Wish 前和每次访问结束后都要重复以上动作。

（2）注册成功以后，绑定"芒果店长"或"店小秘"等店铺管理平台（一般情况下不需要直接登录 Wish）。

2. 实训任务（见表 3-3-1）

表 3-3-1　准备 Wish 注册资料的实训任务

序号	实训目标	实训任务和结果
1	了解注册 Wish 平台需要准备的资料	请简述注册 Wish 个人店铺需要的资料：_____
2	能避免 Wish 平台账号关联	如何避免 Wish 平台账号关联？ 请自行注册"芒果店长"，并记录账号和密码

（二）注册 Wish 个人商户账号

1. 操作提示（见表 3-3-2）

表 3-3-2　注册 Wish 账号的操作提示

具体操作	图示	完成情况
步骤一：打开 Wish 商户平台，单击"立即开店"按钮	图 3-3-2	
步骤二：设置用户名	图 3-3-3	
步骤三：阅读《Wish 与商户协议》，并勾选"我已阅读并理解以上所有条款"，单击"同意已选条款"按钮	图 3-3-4	
步骤四：验证邮箱账号	图 3-3-5	
步骤五：填写账号信息	图 3-3-6	
步骤六：进入实名认证页面	图 3-3-7	
步骤七：以个人账户实名验证为例，输入身份证号	图 3-3-8	
步骤八：上传认证照片	图 3-3-9	
步骤九：填写支付信息	图 3-3-10	
步骤十：完成注册，等待审核	无	

在步骤二中，商户需要填写邮箱地址、密码、图形验证码、手机号，并需要输入手机上收到的验证码。

在步骤四中，Wish 将发送验证邮件到已经填写的邮箱，单击"立即查收邮件"按钮，网页将跳转到邮箱登录界面，登录邮箱后，单击确认邮箱即可。

在步骤五中，填写账号信息时，需要输入店铺名称，店铺名称不能含有"Wish"字样，且店铺名称一旦确定将无法更改。另外，需要输入店主的姓氏和名字，所在国家（或地区）、省份、城市、街道地址以及邮政编码等信息。

步骤六中的实名认证分为个人账号实名认证和企业账号实名认证。这里以个人账号实名认证为例。

步骤八中的验证照片是店主手持身份证和写有验证码的 A4 纸的照片，照片要求清晰。建议使用数码相机或拍照像素为 500 万像素以上的手机（不要使用美颜功能的机型）拍摄。整个验证过程不要超过 15 分钟。

步骤九选择支付方式后，还需要填写相关收款账号信息，如开户行名称、收款人姓名、银行账号等。

图 3-3-2　Wish 商户平台首页

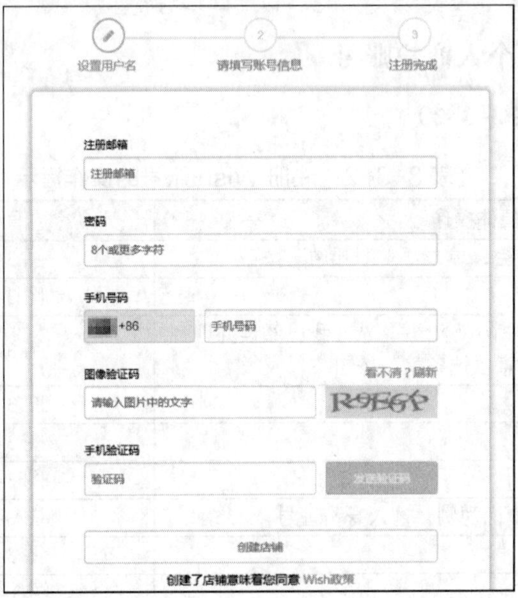

图 3-3-3　设置用户名

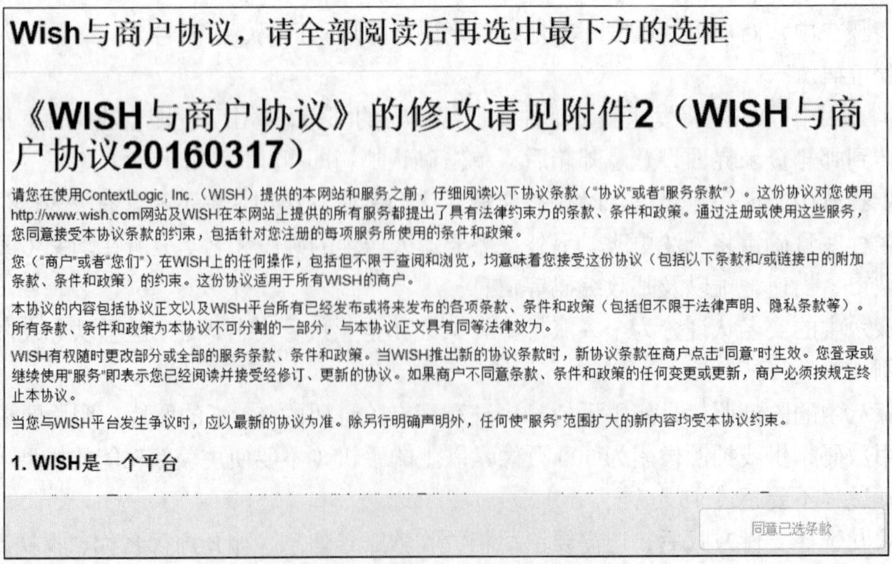

Wish与商户协议，请全部阅读后再选中最下方的选框

《WISH与商户协议》的修改请见附件2（WISH与商户协议20160317）

请您在使用ContextLogic, Inc.（WISH）提供的本网站和服务之前，仔细阅读以下协议条款（"协议"或者"服务条款"）。这份协议对您使用http://www.wish.com网站和WISH在本网站上提供的所有服务都提出了具有法律约束力的条款、条件和政策。通过注册或使用这些服务，您同意接受本协议条款的约束，包括针对您注册的每项服务所使用的条件和政策。

您（"商户"或者"您们"）在WISH上的任何操作，包括但不限于查看和浏览，均意味着您接受这份协议（包括以下条款和/或链接中的附加条款、条件和政策）的约束。这份协议适用于所有WISH的商户。

本协议的内容包括协议正文以及WISH平台所有已经发布或将来发布的各项条款、条件和政策（包括但不限于法律声明、隐私条款等）。所有条款、条件和政策为本协议不可分割的一部分，与本协议正文具有同等法律效力。

WISH有权随时更改部分或全部的服务条款、条件和政策。当WISH推出新的协议条款时，新协议条款在商户点击"同意"时生效。您登录或继续使用"服务"即表示您已经阅读并接受经修订、更新的协议。如果商户不同意条款、条件和政策的任何变更或更新，商户必须按规定终止本协议。

当您与WISH平台发生争议时，应以最新的协议为准。除另行明确声明外，任何使"服务"范围扩大的新内容均受本协议约束。

1. WISH是一个平台

同意已选条款

图 3-3-4　同意 Wish 与商户协议

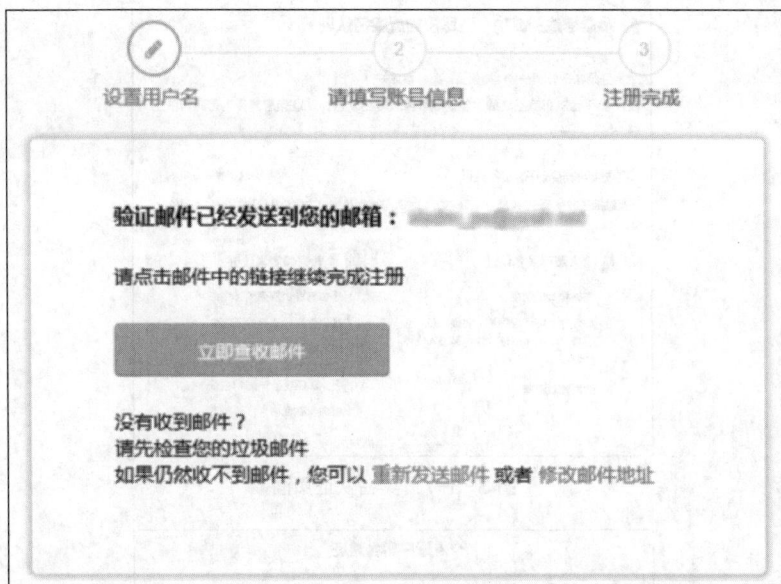

图 3-3-5　验证邮箱账号

图 3-3-6　填写账号信息的界面

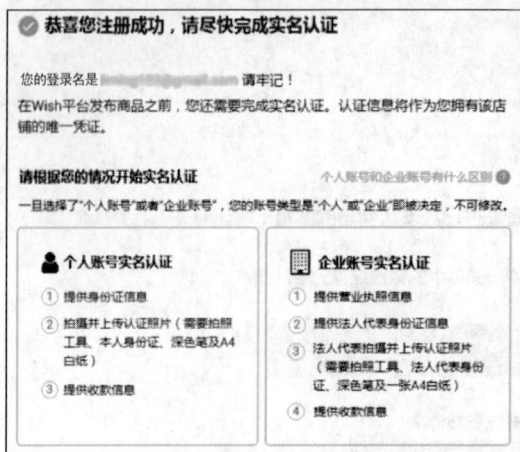

图 3-3-7　实名认证页面

图 3-3-8　填写身份证信息的页面

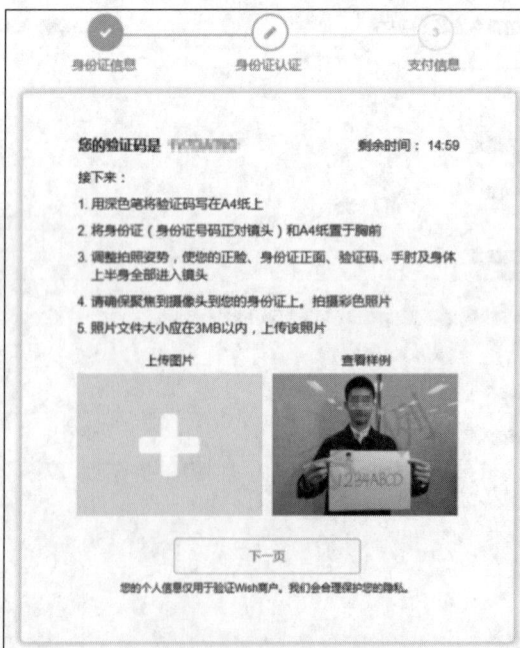

图 3-3-9　上传认证照片的页面

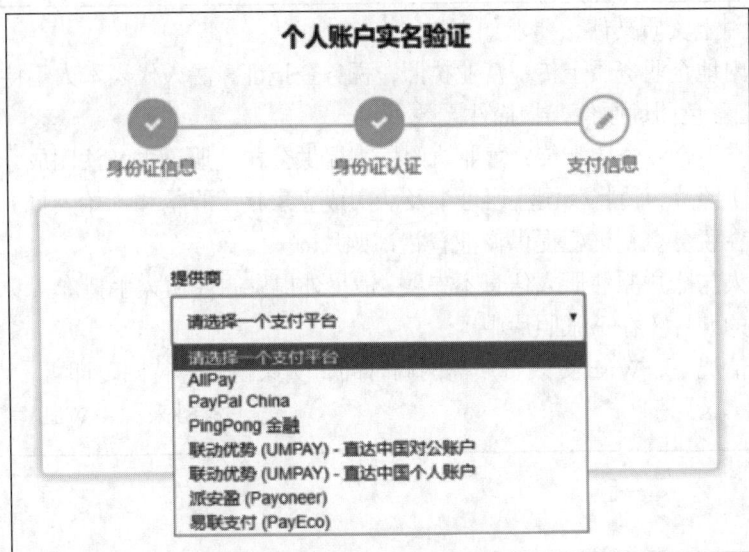

图 3-3-10　选择支付方式的页面

2. 实训任务（见表3-3-3）

表 3-3-3　注册 Wish 账号的实训任务

序号	实训目标	实训任务和结果
1	能注册 Wish 个人商户账号	请完成步骤一至步骤十，注册 Wish 个人商户账号，并记录账号信息
2	能将 Wish 账号绑定到"芒果店长"	请登录"芒果店长"，并绑定 Wish 账号

（三）开设 Wish 店铺

经过以上步骤，即准备 Wish 注册资料、注册 Wish 个人商户账号之后，卖家就可以在 Wish 平台开店经营了。不过在开通店铺前，卖家还需要了解 Wish 的品牌大学政策。如果拥有品牌或者品牌授权，就可以上传品牌证明，以便加快商品的审核速度。接下来，卖家还需要完成后台设置以及商品刊登等。这些内容将在后续项目中为大家介绍。

四、同步拓展

Wish 个人店铺如何升级为企业店铺

　　Wish 商户平台有两种店铺类型：个人店铺与企业店铺。在注册初期，卖家可以自由选择店铺类型。

　　Wish 只允许一个实体注册一个店铺。换而言之，如果法人代表已经注册了 Wish 个人店铺，那么该店铺只能通过升级的方式才能成为企业店铺。

　　若想要升级，则请在卖家后台联系你的客户经理（后台所显示的邮箱即你的客户经理的邮箱），提交符合要求的资质证明并等待审核即可。你需要提交的资料有：Wish 注册邮箱用户名、QQ 号、店铺法人代表姓名、店铺法人的身份证号、企业名称、营业执照注册号。

同时附上资质文件，要求如下。

（1）内地企业资质上传：营业执照，税务登记证，法人代表本人手持身份证的照片（都必须是彩色照片原件，扫描件无效）。

（2）香港企业资质上传：营业执照栏需提供公司注册证书及法团成立表格（股本和创始人页）照片，请将公司注册证书及法团成立表格（股本和创始人页）拍摄在同一张照片中，在税务登记证栏提供商业登记证照片。

如法人与账户原注册人信息不一致，请另外提供原注册人手持本人身份证及现企业营业执照的照片（在一张照片中）。

一般情况下，Wish 更改资质需两周时间，卖家耐心等待回复即可。

（资料来源：Wish 官方运营手册）

项目四
店铺装修及后台设置

项目情境导入

　　店铺装修是每个卖家都要关注的话题。店铺首页担负了给消费者留下良好"第一印象"的重要职责。店铺装修之前，卖家首先要做好店铺定位，然后根据店铺定位开展装修设计。店铺定位需要解决如下问题。

　　（1）你的核心用户是谁？

　　（2）你的商品线需要有哪些商品？不能有哪些商品？商品特点是什么？

　　（3）你的定价策略是什么？

　　优秀的店铺设计应该满足定位清晰、简约大方、富有逻辑性的特点。逻辑性体现于店铺的页面结构。店铺页面结构能让买家清晰、快速、准确地了解一家店铺，是开始店铺装修的前提条件。店铺页面结构设计并没有一个所谓的"标准唯一解"，而是依据用户（人）和商品（货）。

　　不同类型的店铺可能面向不一样的用户群体，不同的用户群体也有着不一样的属性和特征，用户群体和商品决定了店铺的定位和个性。不忘初心，要时刻牢记自己店铺的定位，然后基于这个定位设计合适的店铺结构。

　　以店铺首页为例，我们将店铺首页不同的模块按照"人""货""场"进行归纳分类，可以总结出一个"模块全集"。例如，围绕"货"可分成少量商品（主推款、单品、多品、合辑、清单）和大量商品（商品瀑布流）；围绕"人"可以有编辑精选、达人精选、买家秀、评价等模块；围绕"场"可以有氛围、活动、营销等模块。当然，店铺首页没有必要将所有模块均纳入，而是根据店铺的自身情况挑选并组合搭配出不同的玩法，形成一条完整合理的故事线。

项目学习目标

能力目标	1. 能设置速卖通店铺的后台功能并能装修店铺 2. 能设置亚马逊店铺的后台功能 3. 能设置 Wish 店铺的商户平台功能
知识目标	1. 了解速卖通卖家后台界面及相应的功能 2. 了解亚马逊卖家后台界面及相应的功能 3. 了解 Wish 商户平台界面及相应的功能 4. 了解跨境电子商务的付款方式

一、任务描述

速卖通店铺的后台设置主要是设置收款账户、设置模板、设置商品分组。店铺装修区域主要包括店招、图片轮播、商品推荐和自定义内容区。完成店铺后台设置和店铺装修是开展后续店铺运营活动的重要前提。任务一将讲解与装修及设置速卖通店铺相关的内容。装修及设置速卖通店铺的流程如图 4-1-1 所示。

设置收款账户 ➡ 设置模板 ➡ 设置产品分组 ➡ 装修店铺

图 4-1-1 装修及设置速卖通店铺的流程

二、相关知识

（一）国际支付宝

国际支付宝由阿里巴巴与蚂蚁金融服务集团开发，是为了保护国际在线交易中的买卖双方的交易安全所设的一种服务。支付宝是一个第三方支付工具，而国际支付宝是一种第三方支付服务，即国际支付宝不是一个独立的支付工具。卖家如果已经拥有国内支付宝账户，只需绑定国内支付宝账户即可，无须再申请国际支付宝账户。

卖家绑定国内支付宝账户后，可以通过国内支付宝收取人民币，国际支付宝会按照买家支付当天的汇率，将美元转换成人民币，然后支付到卖家的国内支付宝或银行账户中。卖家还可以通过设置美元收款账户的方式来直接收取美元。

国际支付宝保护全球速卖通的卖家在全球速卖通平台上进行合法交易的权利。国际支付宝的卖家保护主要包括以下几个方面。

（1）支付宝使用先收款、后发货的交易模式对卖家的保护。

（2）遭遇交易纠纷时，支付宝的《卖家保护指南》可以帮助卖家有效解决纠纷。

（3）支付宝的风控系统可以有效排除可疑订单，防止买家欺诈。

（二）店铺首页模块

速卖通店铺首页一般有店招模块、图片轮播模块、商品推荐模块和自定义内容区模块。

1. 店招模块

店招是一个店铺的招牌，也是展示店铺形象的一个模块，因此具有十分重要的地位。店招模块的高度为 100～150 像素，宽度为 1 200 像素，图片大小不能超过 2MB。店招允许插入一个链接，链接的内容可以是首页、商品组或者其他任何单一商品。店招中可以放上店铺名称、企业名称、商品信息等内容，如图 4-1-2 所示。

AOKANG
—— EST 1988 ——

图 4-1-2 店招

2. 图片轮播模块

图片轮播模块位于首页主区内，是一个非常重要的商品展示模块，它将多张广告图片以滚动轮播的方式进行动态展示，可以更直观、更生动地展现商品的特点，如图 4-1-3 所示。在首页主区内可以重复添加最多 6 个图片轮播模块，位置可以上下调动，方便与其他模块之间互相搭配。模块高度为 100~600 像素，宽度为 960 像素，图片大小不能超过 2MB。一个图片轮播模块最多可以添加 5 张图片，每张图片可以添加一个相应的商品链接。

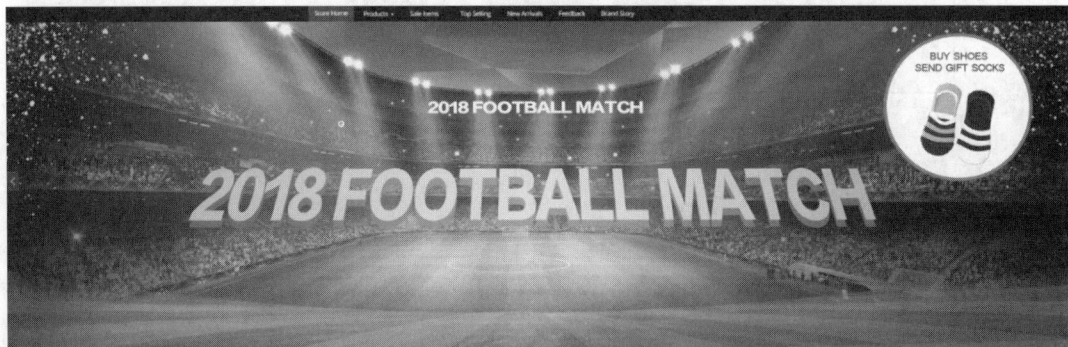

图 4-1-3 轮播图片

3. 商品推荐模块

商品推荐模块使用起来效率比较高，但是页面结构相对单一。一个店铺最多可以添加 5 个商品推荐模块。商品推荐模块会直接使用商品首图，因此，所选择的商品首图一定要整洁，应尽量和店铺装修整体风格统一，不要破坏店铺的整体性。商品推荐模块可以选择一行 4 个或者 5 个的排列方式，如图 4-1-4 所示。

图 4-1-4 商品推荐

4. 自定义内容区模块

同一个店铺最多可以添加 5 个自定义内容区，同一个自定义内容区内，字符不能超过5 000 个。自定义内容区的应用非常广泛，例如可以添加商品分组，引导消费者检索商品，如图 4-1-5 所示。在自定义内容区模块中，卖家还可以添加语言栏，引导消费者点击链接后跳转到相应的国际站点。

自定义内容区的图片宽度最大为 920 像素，高度不限，但建议不要超过 3 000 像素。侧边栏也可以添加自定义内容区，其中的图片最大宽度为 180 像素，高度不限，但建议不要超过 1 500 像素。

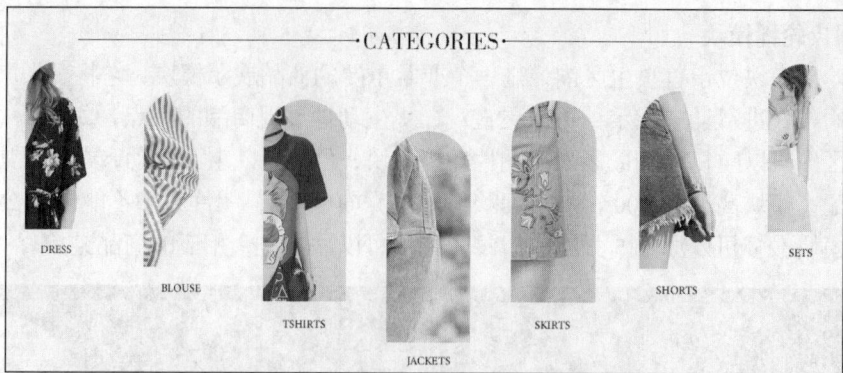

图 4-1-5 自定义内容区

三、任务实施

（一）设置收款账户

1. 操作提示

速卖通平台支持国际支付宝为其收款账户。目前，国际支付宝支持美元、英镑、欧元等 18 种货币支付，而卖家收款则只有美元和人民币两种货币方式。根据付款方式不同，卖家收到的币种有所差别，一般以美元为主。设置收款账户（美元）的操作提示如表 4-1-1 所示。

表 4-1-1 设置收款账户（美元）的操作提示

具体操作	图示	完成情况
步骤一：登录速卖通卖家后台，单击"交易"—"支付宝国际账户"，并绑定支付宝和手机号码	图 4-1-6	
步骤二：登录国际支付宝账户后，单击"资产管理"菜单，选择添加美元提现账户或添加国际支付宝账户	图 4-1-7	

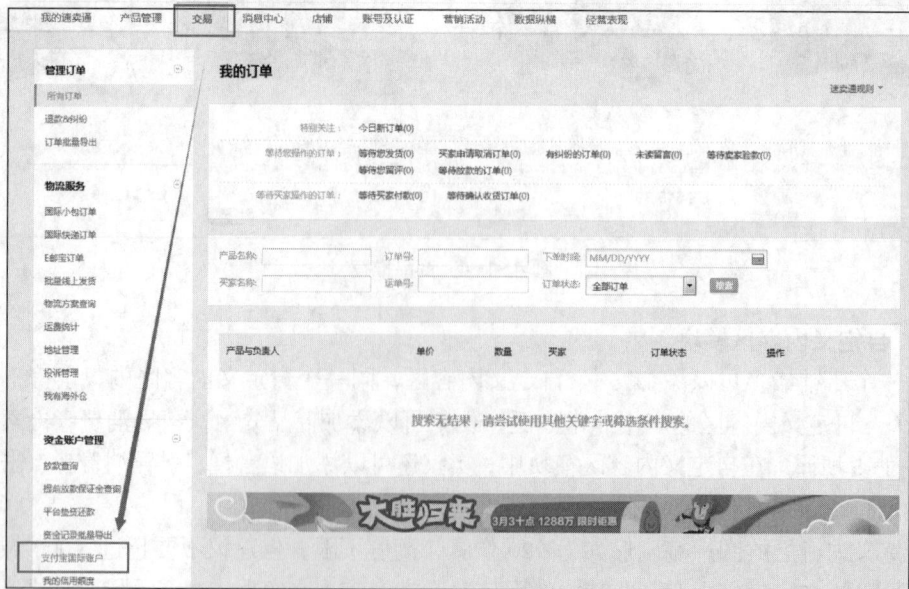

图 4-1-6 速卖通卖家后台界面

跨境电子商务实务

图 4-1-7　国际支付宝资产管理界面

单击进入新建的美元账户之后，可以选择"公司账户"或"个人账户"两种类型。使用"公司账户"收款的订单，必须办理正式报关手续，才能顺利结汇。选择账户后，依次填写开户名、开户行、银行账户等信息，还需要提供 SWIFT Code。

SWIFT Code 是国际编号，相当于各个银行的身份证号。从境外往境内转账外汇必须使用该号码。具体可以拨打银行服务电话或登录 SWIFT 国际网站查询。

2. 实训任务（见表 4-1-2）

表 4-1-2　设置收款账户的实训任务

序号	实训目标	实训任务和结果
1	了解国际支付宝功能	什么是国际支付宝？可以提供什么服务？
2	能对速卖通收款账户进行设置	设置速卖通店铺的美元收款账户，提供账户截图

（二）设置模板

1. 操作提示

为了刊登商品，卖家需要提前对相关的模板进行设置。这些模板主要分为商品信息模块、运费模板、服务模板和尺码模板。其中运费模板在设置之前需要掌握一定的国际物流知识，这将在项目五中重点介绍。其他模板设置的操作提示如表 4-1-3 所示。

表 4-1-3　设置模板的操作提示

具体操作	图示	完成情况
步骤一：单击"产品管理"—"模块管理"—"产品信息模块"，单击"创建产品信息模块"，选择"关联产品模块"	图 4-1-8	
步骤二：单击"产品管理"—"模块管理"—"产品信息模块"，单击"创建产品信息模块"，选择"自定义模块"	图 4-1-9	
步骤三：单击"产品管理"—"模块管理"—"服务模板"，单击"新增服务模板"，编辑售后服务信息	图 4-1-10	

具体操作	图示	完成情况
步骤四：单击"产品管理"—"模块管理"—"尺码模板"，选择尺码类型，单击"新增模板"，选择具体的产品类目，并编辑尺码信息	图 4-1-11	

产品信息模块使用的是一种新的管理产品信息的方式。卖家可以为产品信息中的公共信息（如售后物流政策等）单独创建一个模块，并在产品刊登时引用。产品信息模块分为关联产品模块和自定义模块。

要创建关联产品模块，首先需要店铺中已经有上传的产品，因此，在实际操作中，该模块的设置需要在项目六完成之后再进行。创建关联产品模块需要填写模块标题（只能输入英文，用于区分模块），选择至少 1 个、最多 8 个产品，可以单击"预览"来查看模块在前端的实际展示效果。

创建自定义模块同样需要填写标题（英文），然后可以随意编辑需要的内容，如店铺公告、促销信息、售后政策等。自定义模块的内容只有在审核通过之后才能被使用。

创建完成后的产品信息模块该如何使用呢？在刊登产品时，需要编辑产品的详情页，单击"插入产品信息模块"即可选择并使用。使用产品信息模块最大的好处在于：如果卖家需要修改模块内容，则只需要在产品信息模块管理页面中修改一次即可，之后所有的产品信息都会同步更新。

卖家可以根据不同产品所需要提供的服务，设置不同的服务模板。提供的服务会展示在产品详情页面。设置服务模板需要填写模板名称，然后选择特色服务设置及退货选项。同样的，服务模板在刊登产品时可以选择并应用。

经营服装、鞋子和珠宝类目的卖家可以设置尺码模板。设置尺码模板也需要填写模板名称，并勾选尺码及项目，才可以填写尺码数据。发布产品时，对于可以使用尺码表模板的产品，选择对应的尺码模板即可。

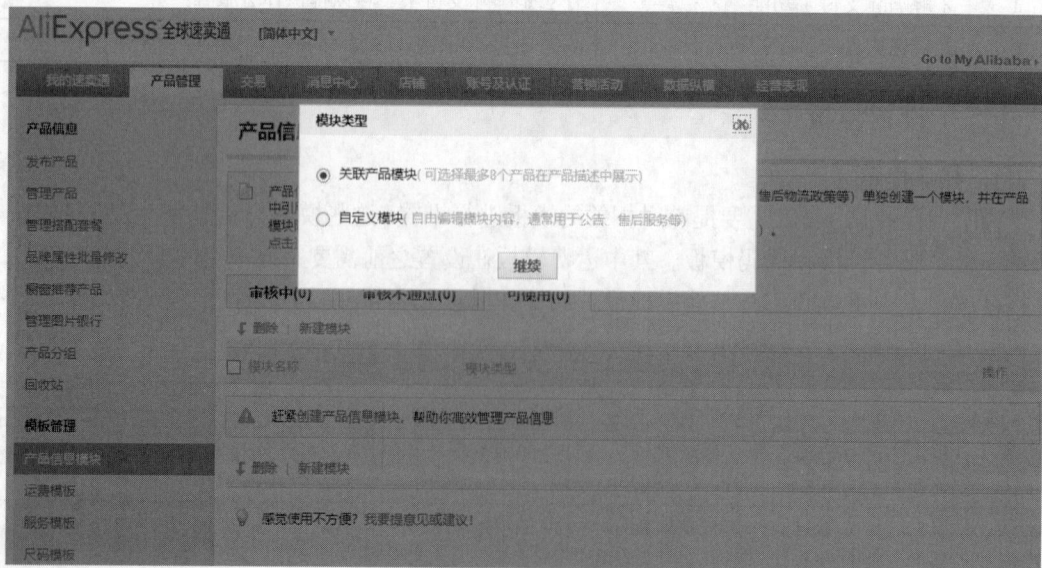

图 4-1-8　创建管理商品模块

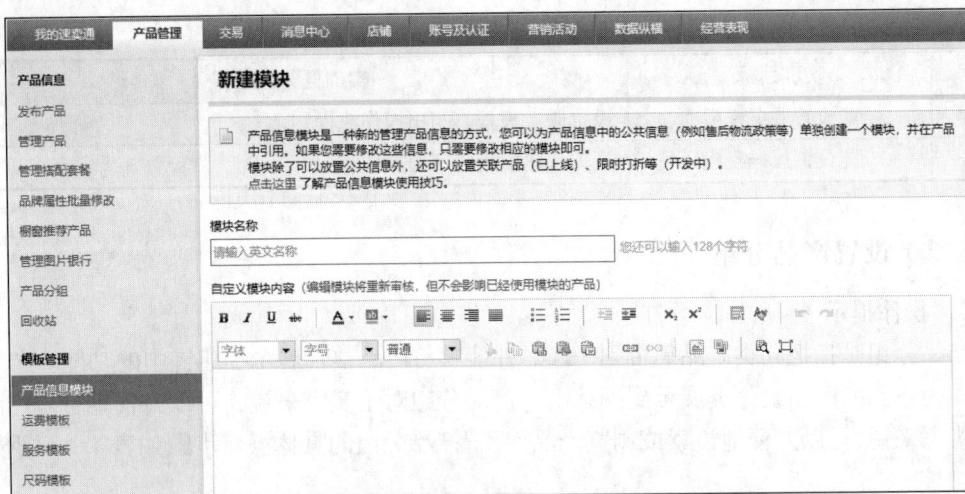

图 4-1-9　创建自定义模块

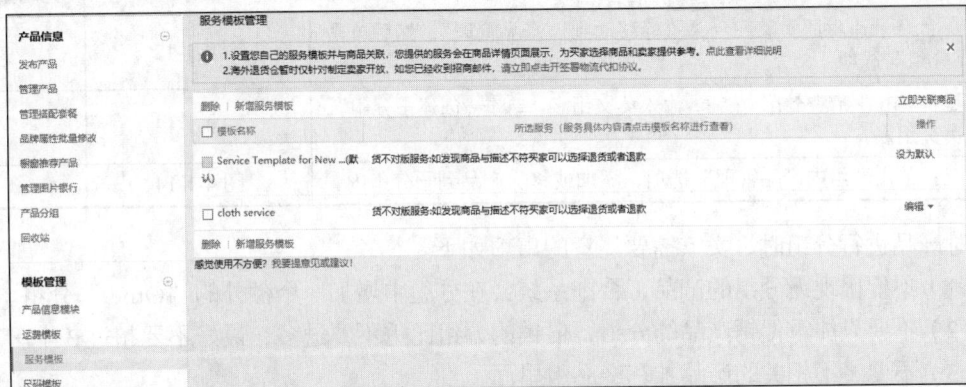

图 4-1-10　设置服务模板

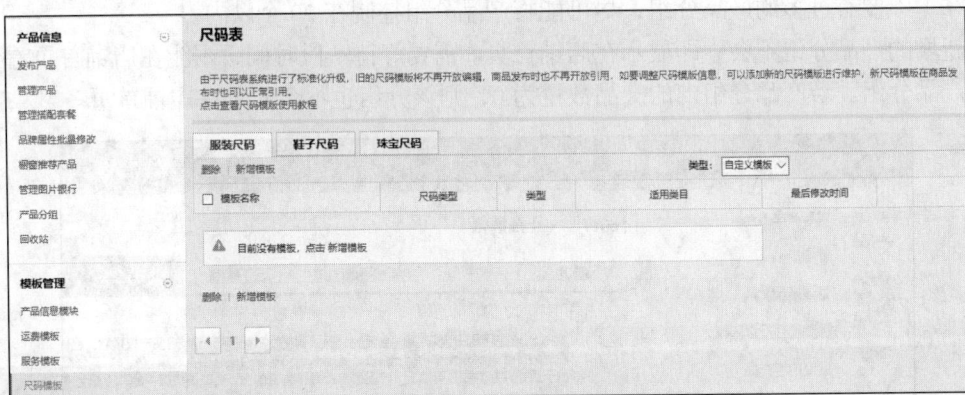

图 4-1-11　设置尺码模板

2. 实训任务（见表 4-1-4）

表 4-1-4　设置模板的实训任务

序号	实训目标	实训任务和结果
1	能设置产品信息模块	1. 哪些内容适合设置为自定义信息模块？ 2. 设置自定义模块内容，并提供截图

序号	实训目标	实训任务和结果
2	能设置服务模板	设置服务模板,写出操作流程
3	能设置尺码模板	设置尺码模板,写出操作流程

(三)设置产品分组

1. 操作提示

产品分组是指把同类产品集合到一起,并能够将产品整合展示在店铺中的功能。产品可以设置为不同的产品组分类展示到网站上。产品分组对于卖家来说,可以方便地管理产品;对于买家来说,可以方便地检索或浏览产品。设置产品分组的具体操作步骤如表 4-1-5 所示。

表 4-1-5　设置产品分组的操作提示

具体操作	图示	完成情况
步骤一:登录速卖通卖家后台,鼠标移动到"产品管理",然后单击"产品分组"选项	图 4-1-12	
步骤二:单击"新建分组"按钮,输入英文组名,单击"创建子分组",输入英文组名	图 4-1-13	
步骤三:单击"组内产品管理"选项,添加或移除产品到子分组内	图 4-1-14	

对产品进行分组时,卖家需要注意的事项如下。

(1)不要出现无分组的产品,否则系统会在分组中增加一个额外的"Other"分组。

(2)不要只注重促销产品的分组,促销的分组比重不要过多,最好不要超过 3 个。

(3)不要将不相关的产品加在产品组里面。

(4)不要用买家不明白的专业信息进行分组。

(5)不要有过多的产品分组,尽可能将产品分组控制在 20 个以内。

新增的产品分组不会立即展示在店铺首页。需要等待一段时间,才能在店铺首页看到新增的产品分组。若产品分组内的产品数量为 0,则该分组也不会显示在店铺首页。

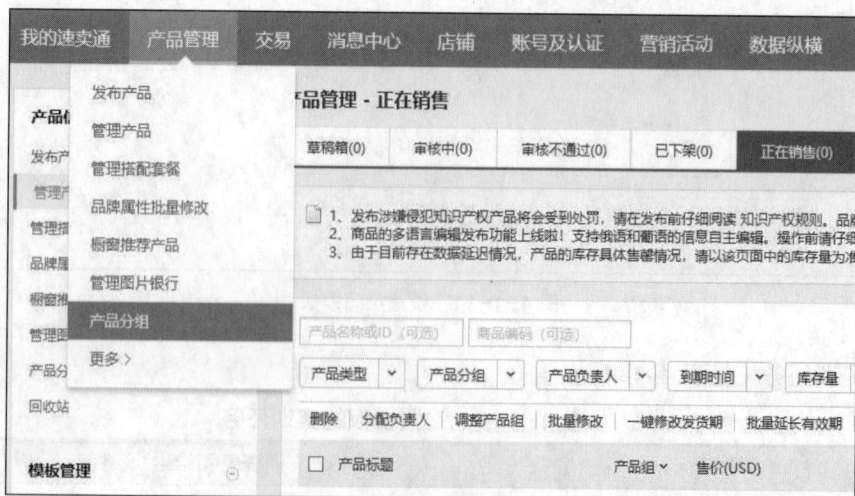

图 4-1-12　速卖通卖家后台界面

图 4-1-13　编辑产品组的界面

图 4-1-14　管理组内产品的界面

2. 实训任务（见表 4-1-6）

表 4-1-6　设置产品分组的实训任务

实训目标	实训任务和结果
能设置产品分组	1. 你将为店铺创建哪些产品分组？每个产品分组又分为哪几个子分组？ 2. 进入速卖通后台，设置产品分组

（四）装修店铺

1. 操作提示（见表 4-1-7）

表 4-1-7　装修店铺的操作提示

具体操作	图示	完成情况
步骤一：登录速卖通卖家后台，进入"店铺装修及管理"，单击"进入装修"按钮	图 4-1-15	
步骤二：单击"装修"下拉按钮，选择"模板管理"选项，可以前往装修市场，购买模板	图 4-1-16	

具体操作	图示	完成情况
步骤三：单击"装修"下拉按钮，选择"样式编辑"选项，选择基本色调和样式，单击"保存"按钮	图 4-1-17	
步骤四：单击"装修"下拉按钮，选择"页面管理"选项，可以进行布局管理和页面编辑	图 4-1-18	
步骤五：预览装修效果，若没有问题，则单击"发布"按钮	无	

步骤四中的页面管理分为布局管理和页面编辑。其中页面编辑中的店招上传界面如图4-1-19 所示。将光标放在店招模块上，右上角会出现"编辑"按钮，单击"编辑"按钮之后，可以看到关于模块的规格参数。单击"点击添加图片"—"从本机上传图片"或"从URL 添加"，就可以上传制作好的店招图片，同时在空白框内可以填入链接。其他模块的编辑方法与店招模块类似。

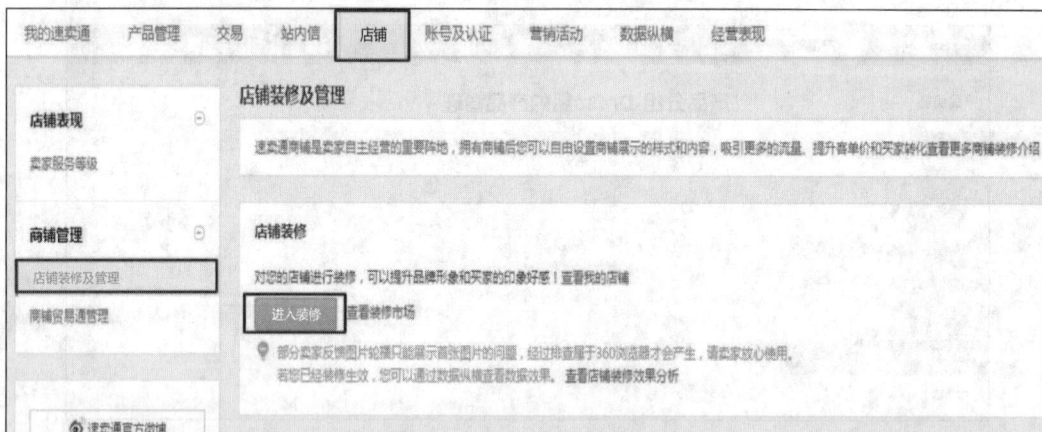

图 4-1-15　速卖通卖家后台界面

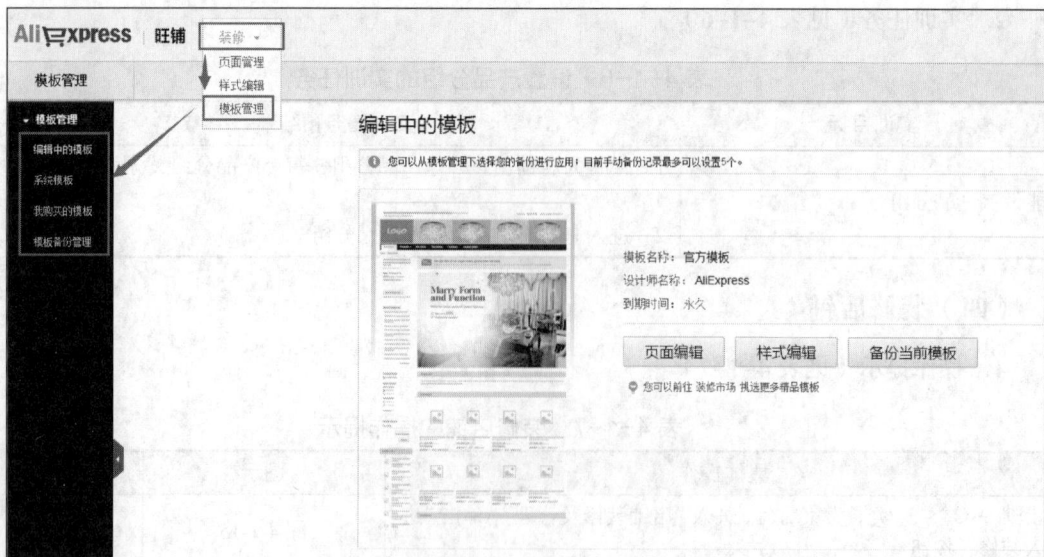

图 4-1-16　模板管理界面

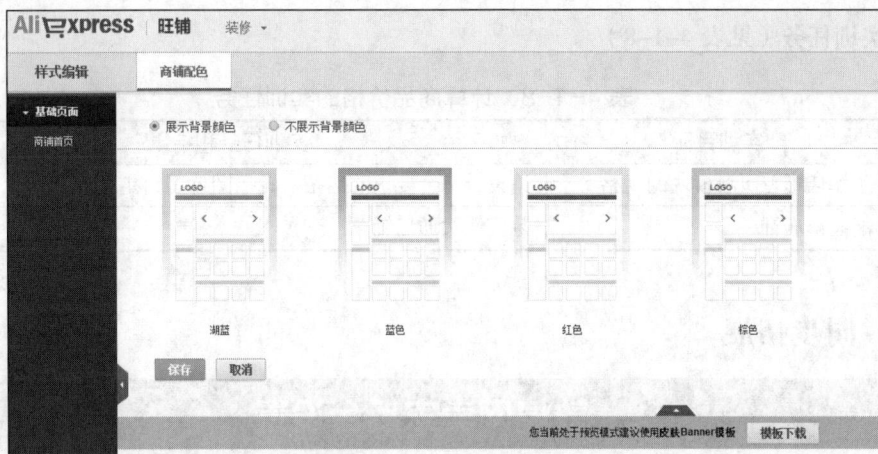

图 4-1-17　样式编辑界面

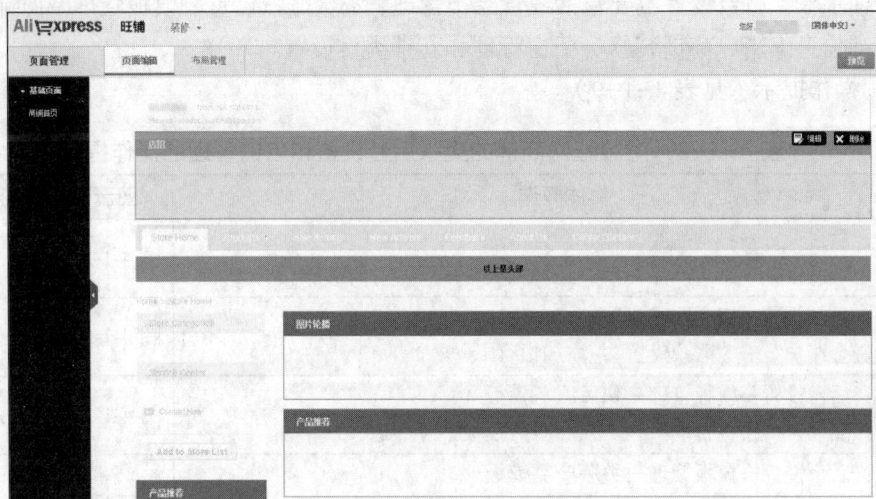

图 4-1-18　页面管理界面

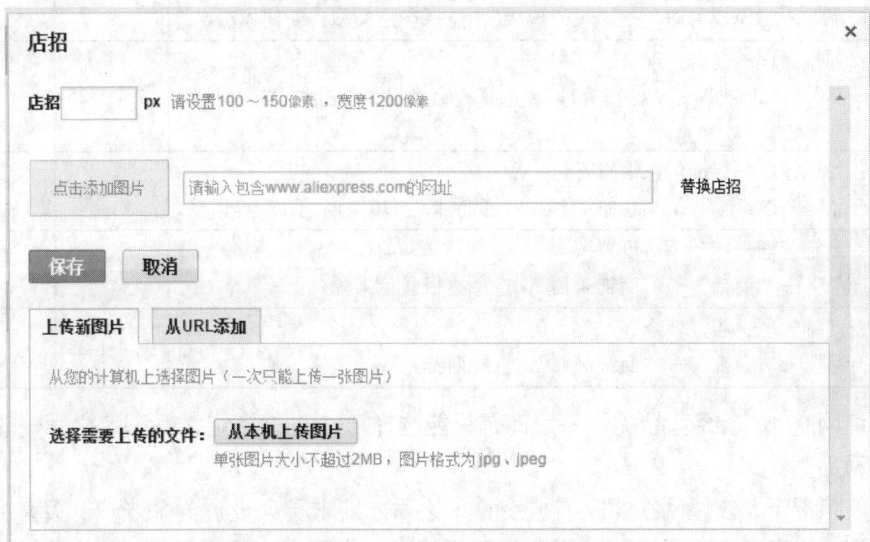

图 4-1-19　上传店招的界面

2. 实训任务（见表 4-1-8）

表 4-1-8　计算商品价格的实训任务

序号	实训目标	实训任务和结果
1	了解店铺首页各模块的规格	请设计符合要求的店招、轮播图片、自定义内容区
2	能装修店铺	装修速卖通店铺

四、同步拓展

敦煌网卖家后台设置

敦煌网平台和速卖通平台一样，开通商铺之后，卖家需要完成一系列的后台设置及商铺管理工作。后台设置主要包括经营品类管理、资金账户设置、模板管理。商铺管理包括商铺信息编辑、商铺装修、橱窗管理和商铺类目设置。

1. 操作提示（见表 4-1-9）

表 4-1-9　对敦煌网商铺的卖家后台设置和店铺管理的操作提示

具体操作	图示	完成情况
步骤一：后台设置—经营品类管理 登录敦煌网后台，单击"产品"—"经营品类管理"，选择相应的品类绑定	图 4-1-20	
步骤二：后台设置—资金账户设置 单击"资金账户"—"账户设置"，添加银行卡	图 4-1-21	
步骤三：后台设置—模板管理—售后服务模板 单击"产品"—"模板管理"—"售后服务模板"	图 4-1-22	
步骤四：后台设置—模板管理—关联产品模板 单击"产品"—"模板管理"—"关联产品模板"	图 4-1-23	
步骤五：后台设置—模板管理—尺码模板 单击"产品"—"模板管理"—"尺码模板"，选择产品类型，新建模板	图 4-1-24	
步骤六：商铺管理—橱窗管理 单击"产品"—"商铺"—"橱窗管理"，选择橱窗类目，单击"添加产品到当前橱窗"	图 4-1-25	
步骤七：商铺管理—店铺信息编辑 单击"产品"—"商铺"—"商铺信息"，开通商铺，并填写商铺介绍等信息	图 4-1-26	
步骤八：商铺管理—店铺类目设置 单击"产品"—"商铺"—"商铺类目"，选择类目显示来源	图 4-1-27	
步骤九：商铺管理—店铺装修 单击"产品"—"商铺"—"商铺装修"，选择商铺布局及风格	图 4-1-28	

敦煌网有 10 个经营品类，一家商铺只能选择 1 个进行绑定，且绑定之后一般不能更改经营品类。

一般情况下，敦煌网在卖家有成交订单之后才要求卖家设置资金账户。卖家可以添加提现用的人民币卡或美元卡。以人民币提现时，提现金额不得低于 15 美元，且第三方会收取提现金额的 1%作为兑换费用。

模板管理包括售后服务模板、运费模板、关联产品模板和尺码模板，其中运费模板将在其他项目中单独讲解。另外，3 种模板的设置与速卖通基本类似，且操作较为简单，卖家可以根据网站指引完成。

　　卖家开通商铺需要满足两个条件：一是商铺中的产品数量大于等于 10 个；二是至少将 8 个产品放入橱窗。敦煌网提供了 3 种橱窗，分别为新品橱窗、热销品橱窗和免邮商品橱窗，每个橱窗可以添加 8 个产品。

　　单击"开通商铺"，当商铺状态为"营业中"时，可以编辑商铺信息，包括商铺名称、商铺标志、商铺推广语、商铺介绍、经营信息、商铺横幅等，其中商铺名称即注册名，不得更改。商铺标志的图片尺寸为 100 像素×100 像素；商铺横幅的图片尺寸为 740 像素×250 像素，可以添加链接。

　　商铺类目是买家进入商铺之后，检索商品的重要依据。卖家可以选择平台默认展示类目，也可以选择按产品组来显示类目。若选择按产品组来显示，则需单击"管理产品组"超链接，可以为商铺产品添加一级产品组和二级产品组，并在刊登产品时，为产品选择相应的产品组。

　　商铺装修包括布局和风格的选择，敦煌网为卖家提供 5 种商铺布局、1 种店铺风格，增值用户将有更多选择。

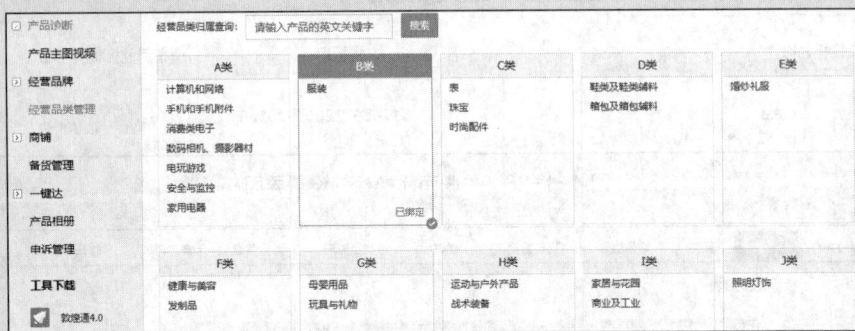

图 4-1-20　经营品类管理界面

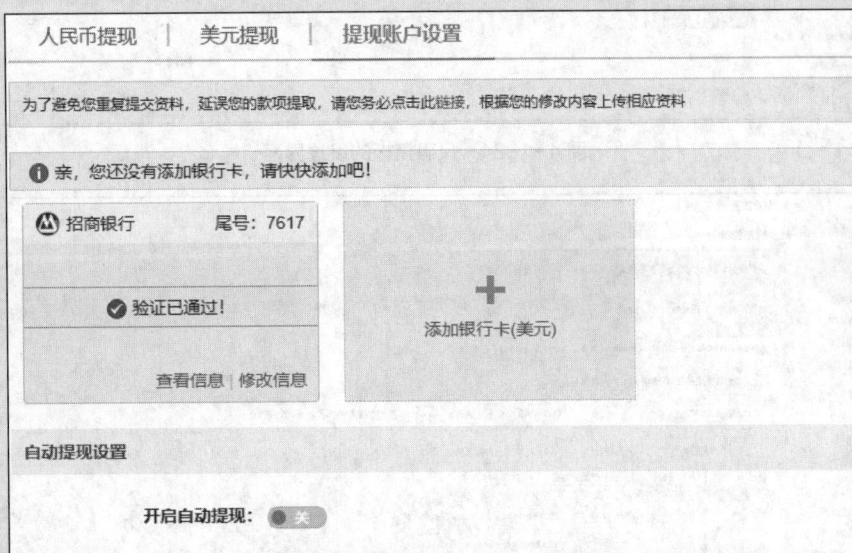

图 4-1-21　资金账户的设置界面

售后服务模板

温馨提示：售后服务承诺模板是一种新的管理售后服务的方式，创建一个售后服务模板并在您的产品中引用，可以大大提升买家下单的机率。

添加　删除　您已经添加 **2** 个模板 还可以添加 **18** 个　　　　　　　　请输入模板名称

☐ 模板名称	接受无理由退换货	描述不符&质量问题	使用此模板的产品数
默认模板	否	双方达成一致后部分/全额退款，买家保留货物	150
☐ 买家承担退货运费	否	退货退款	182

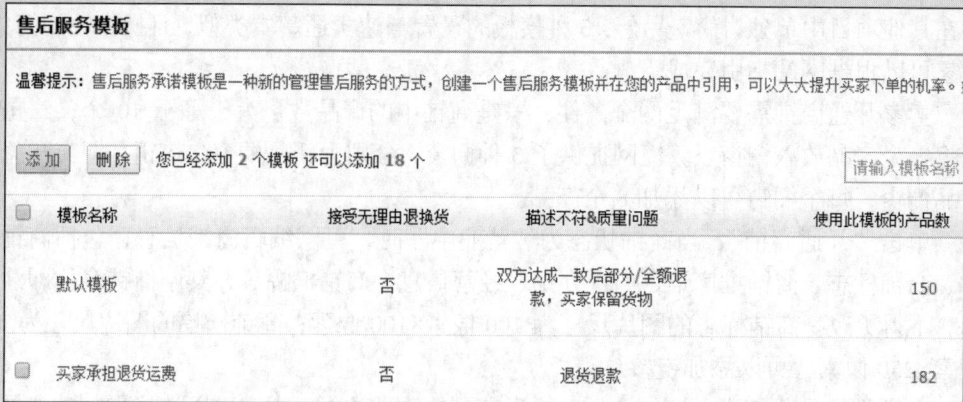

图 4-1-22　售后服务模板的设置界面

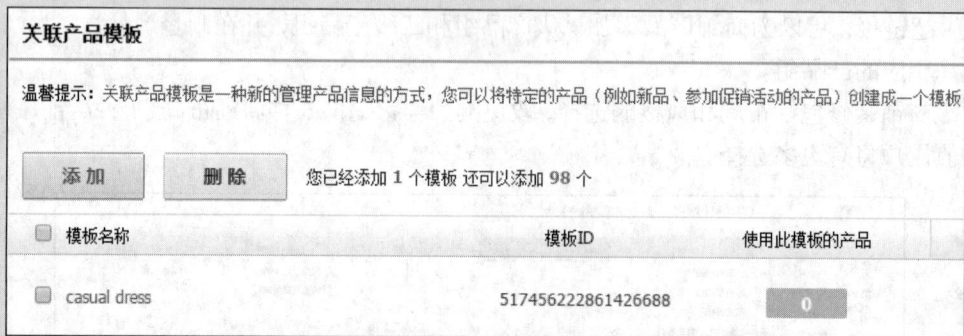

关联产品模板

温馨提示：关联产品模板是一种新的管理产品信息的方式，您可以将特定的产品（例如新品、参加促销活动的产品）创建成一个模板。

添加　　　　删除　　您已经添加 **1** 个模板 还可以添加 **98** 个

☐ 模板名称	模板ID	使用此模板的产品
☐ casual dress	517456222861426688	0

图 4-1-23　关联商品模板的设置界面

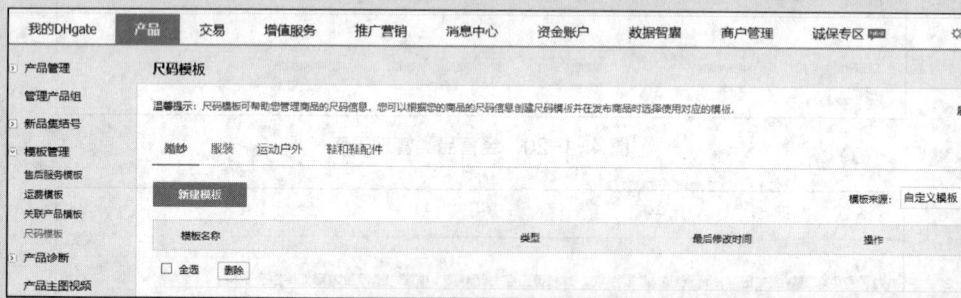

| 我的DHgate | 产品 | 交易 | 增值服务 | 推广营销 | 消息中心 | 资金账户 | 数据智囊 | 商户管理 | 诚保专区 |

产品管理　　　**尺码模板**
管理产品组
新品集结号　　温馨提示：尺码模板可帮助您管理商品的尺码信息。您可以根据您的商品的尺码信息创建尺码模板并在发布商品时选择使用对应的模板。
模板管理
售后服务模板　　婚纱　服装　运动户外　鞋和鞋配件
运费模板
关联产品模板　　新建模板　　　　　　　　　　　　　　　　　　　　　　　　模板来源：　自定义模板
尺码模板
产品诊断　　　　| 模板名称 | 类型 | 最后修改时间 | 操作 |
产品主图视频　 | ☐ 全选　删除 | | | |

图 4-1-24　尺码模板的设置界面

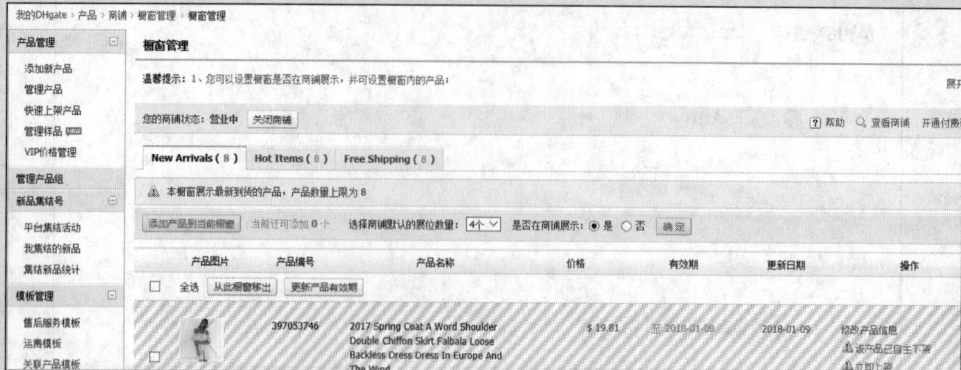

我的DHgate > 产品 > 商铺 > 橱窗管理 > 橱窗管理

产品管理
添加新产品　　**橱窗管理**
管理产品
快速上架产品　温馨提示：1、您可以设置橱窗是否在商铺展示，并可设置橱窗内的产品；
管理样品
VIP价格管理　您的商铺状态：营业中　关闭商铺　　　　　　　　　　　　　　　　? 帮助　查看商铺　开通付费

管理产品组
新品集结号　　New Arrivals（8）　Hot Items（8）　Free Shipping（8）
平台集结活动
批集结的商品　⚠ 本橱窗展示最新到货的产品，产品数量上限为 8
集结新品统计
模板管理　　　添加产品到当前橱窗　当前还可添加 0 个　选择网铺默认的摆位数量：4个 ∨　是否在商铺展示：● 是 ○ 否　确定
售后服务模板
运费模板　　　　| ☐ 全选　从此橱窗移出　更新产品有效期 | | | | | | |
关联产品模板　　| ☐ | 产品图片 | 产品编号 | 产品名称 | 价格 | 有效期 | 更新日期 | 操作 |
| ☐ | | 397053746 | 2017 Spring Coat A Word Shoulder Double Chiffon Skirt Falbala Loose Backless Dress Dress In Europe And The Wind | $ 19.81 | 至 2018-01-08 | 2018-01-09 | 修改产品信息 该产品已自主下架 立即上架 |

图 4-1-25　橱窗管理界面

跨境电子商务实务

您的商铺状态：营业中 关闭商铺   视频教程 ? 帮助 Q 查看商铺

信息状态说明 ● 审核未通过 ◎ 修改/待审核   预览 保存 保存并提交审核

我的推广

邀请海外买家： https://www.dhgate.▨▨▨▨▨▨▨▨▨▨▨▨▨▨▨▨▨ 复制

我的店铺推广： https://www.dhgate.▨▨▨▨▨▨▨▨▨▨▨▨▨ 复制
没有开通商铺的，默认产品列表链接

基本信息

商铺名称： ▨▨▨▨▨▨▨ 设置

商铺标志：图片大小支持200KB，图片尺寸为100x100 (商铺标志将会在移动端店铺首页展示，请务必上传)

Family Closet

上传

商铺推广语： Family Closet sells women's men's and kid's apparel.

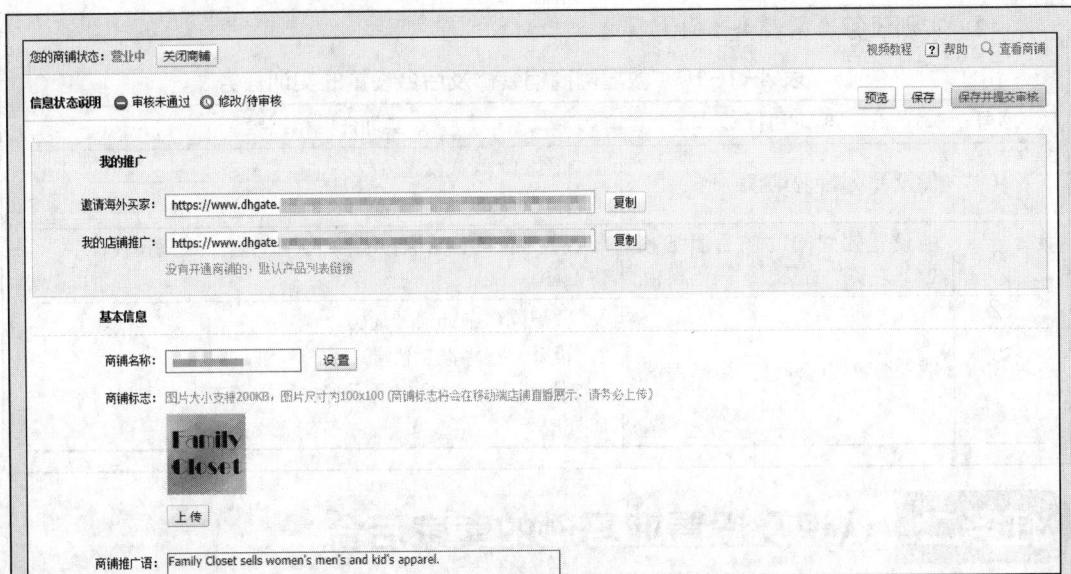

图 4-1-26 商铺信息界面

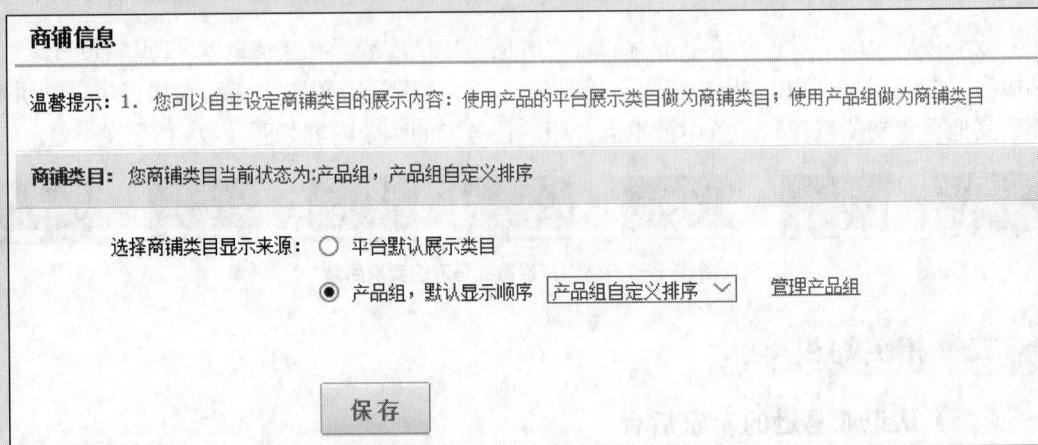

商铺信息

温馨提示：1. 您可以自主设定商铺类目的展示内容：使用产品的平台展示类目做为商铺类目；使用产品组做为商铺类目

商铺类目： 您商铺类目当前状态为：产品组，产品组自定义排序

选择商铺类目显示来源： ○ 平台默认展示类目

● 产品组，默认显示顺序 产品组自定义排序 ∨ 管理产品组

保 存

图 4-1-27 商铺类目界面

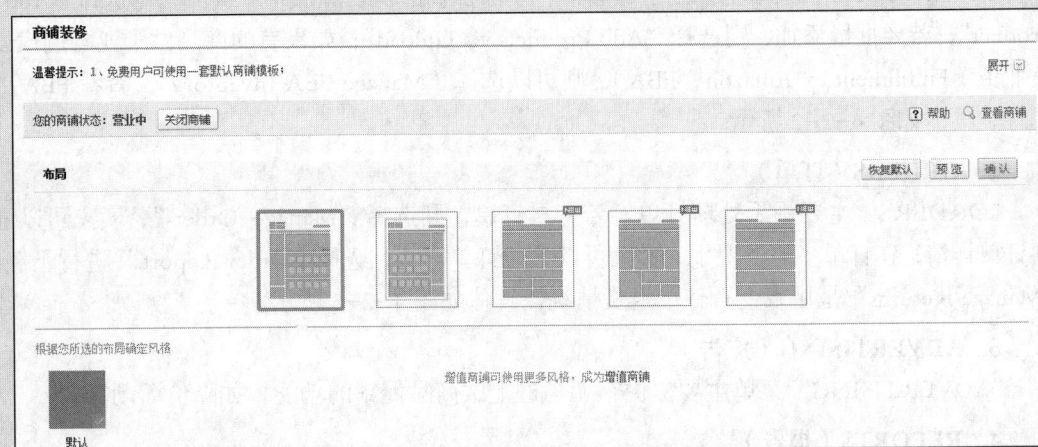

商铺装修

温馨提示：1、 免费用户可使用一套默认商铺模板；   展开 ⌄

您的商铺状态：营业中 关闭商铺   ? 帮助 Q 查看商铺

布局   恢复默认 预览 确认

根据您所选的布局确定风格

默认

增值商铺可使用更多风格，成为**增值商铺**

图 4-1-28 商铺装修界面

2. 实训任务（见表 4-1-10）

表 4-1-10　敦煌网商铺装修及后台设置的实训任务

序号	实训目标	实训任务和结果
1	能设置敦煌网资金账户	敦煌网资金账户设置流程：_____ 人民币提现的要求和收费标准：_____
2	能设置敦煌网的售后服务模板、关联产品模板、尺码模板	设置敦煌网的售后服务模板、关联模板、尺码模板，并提供截图
3	能开通敦煌网商铺并装修商铺	1. 敦煌网商铺如何开通？ 2. 设计商铺标准、横幅，编辑商铺信息 3. 提供装修后的商铺展示链接（需要在学习刊登产品之后完成）

任务二　认识及设置亚马逊的卖家后台

一、任务描述

亚马逊后台的"设置"菜单下有"账户信息""提醒设置""登录设置""退货设置""礼品服务""配送设置"和"用户权限"等功能。除了"配送设置"将在后续项目中详细讲解外，其他菜单功能将在本任务中被重点介绍。任务二的主要内容如图 4-2-1 所示。

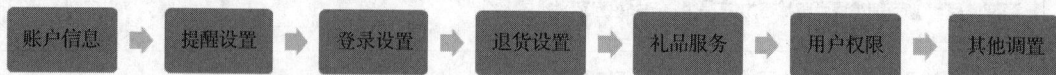

账户信息 ➡ 提醒设置 ➡ 登录设置 ➡ 退货设置 ➡ 礼品服务 ➡ 用户权限 ➡ 其他调置

图 4-2-1　认识及设置亚马逊的卖家后台

二、相关知识

（一）认识亚马逊的卖家后台

1. INVENTORY（库存）

"INVENTORY"菜单主要用于查看库存、添加商品。若添加单个商品，则选择"Add a Product"；若要批量添加，则选择"Add Products via Upload"；如果有的商品做了亚马逊代发货业务（Fulfillment by Amazon，FBA），则可以选择"Manage FBA Inventory"，查看 FBA 的库存，具体如图 4-2-2 所示。

2. ORDERS（订单）

"ORDERS"主要用于处理订单。若查看订单，则选择"Manage Orders"，卖家可以看到订单详情；在订单多的情况下，卖家可以下载订单详情，选择"Order Reports"进行下载；"Manage Returns"是用来查看订单退货情况，具体如图 4-2-3 所示。

3. ADVERTISING（广告）

"ADVERTISING"菜单主要提供在亚马逊上做商品促销的功能，如降价活动等。

4. REPORTS（报告）

"REPORTS"菜单主要用于提供一些报告的下载接口，有支付报告、商业报告等，具体如图 4-2-4 所示。

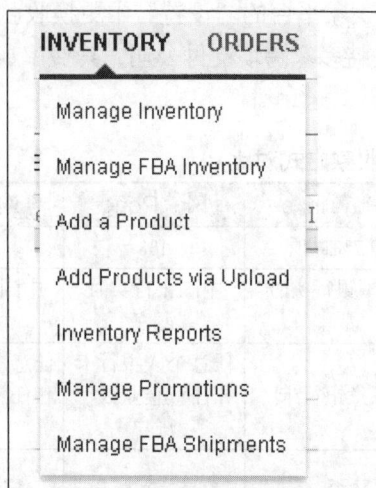

图 4-2-2 INVENTORY 菜单

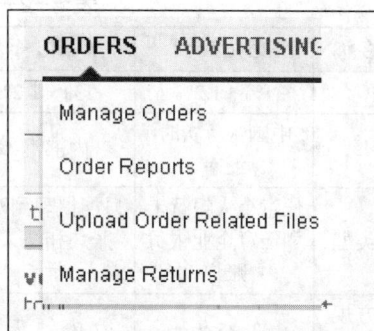

图 4-2-3 ORDERS 菜单

5. PERFORMANCE（绩效）

对"PERFORMANCE"菜单，卖家应每天查看，重点看"Feedback""A-to-Z Guarantee Claims""Performance Notifications"，分别是评论、投诉和通知，具体如图 4-2-5 所示。

6. 其他菜单

后台右上角有个"Messages"，用于提醒查看买家发来的邮件。"Messages"右边是"Help"，这个是帮助页面。卖家若想咨询亚马逊店铺的相关问题，则可以联系亚马逊客服。"Help"右边是"Settings"菜单，其用于设置账户、运费等信息，具体如图 4-2-6 所示。

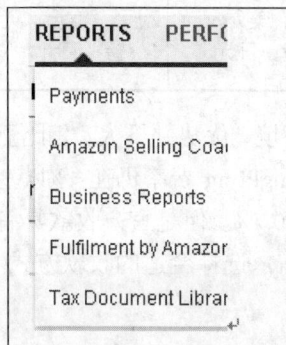

图 4-2-4 REPORTS 菜单

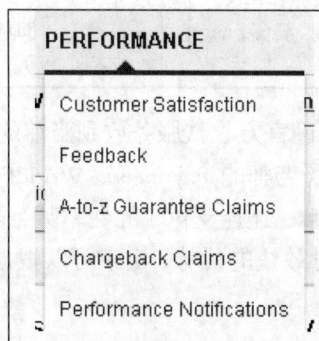

图 4-2-5 PERFORMANCE 菜单

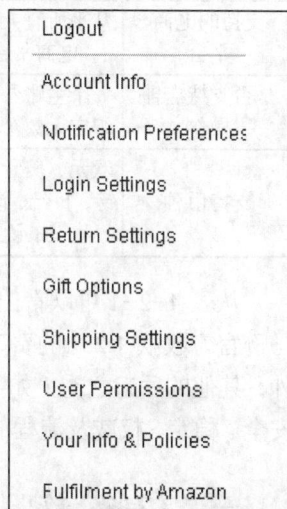

图 4-2-6 Settings 菜单

（二）亚马逊的收款方式

2018 年 6 月，亚马逊平台推出了"亚马逊全球收款"服务，卖家可使用本地货币接收全球付款，且账款将直接打入卖家的国内银行账户，最快 2 日即可到账。目前，该服务支持 9

个站点，统一费率为 1.25%。

"亚马逊全球收款"服务上线后，卖家可以在卖家平台的"设置"中更换收款信息，这时，需选择销售国并添加国内银行账户。亚马逊支持多家跨境支付公司，其费率、增值服务等对比情况如表 4-2-1 所示。

表 4-2-1　跨境收款方式对比

收款工具名称	Payoneer	WorldFirst	iPayLinks	PingPong	连连支付
官方费率	1%～1.2%	1%～1.2%	0.7%封顶	1%	0.7%
结算汇率	中国银行实时汇率	内部汇率	中国银行实时汇率	中国银行实时汇率	中国银行实时汇率
提现银行类型	任意个人银行卡和任意企业银行账户	只能提现到对公账户和法人银行卡	任意银行卡	任意个人银行卡和任意企业银行账户	任意个人银行卡和任意企业银行账户
亚马逊官方规定的入账时间	3～5 天	3～5 天	3～5 天	3～5 天	3～5 天
实际资金入账时间	2～4 天	3～5 天	1～2 天	2～4 天	3～5 天
提现到国内银行所需时间	最快当日，最迟次日	最快当日，最迟次日	支持 7×24 小时提现，1 小时内到账	最快当日，最迟次日	最快当日，最迟次日
公司总部	美国	英国	上海	杭州	杭州
增值服务	代缴增值税税款、提前结算、各账户之间可以相互转账	代缴增值税税款、可收 VC 店铺的资金	代缴增值税税款、提前结算贷款	代缴增值税税款、贷款、代理出口退税	无
支持的电商平台	几乎所有大跨境电商平台	几乎所有大跨境电商平台	亚马逊、eBay	Wish、Newegg、亚马逊	亚马逊
是否支持店铺操作	一个主账号可以绑定无数个店铺	一个主账号可以绑定无数个店铺	一个主账号可以绑定无数个店铺	一个主账号可以绑定 10 个店铺	一个主账号可以绑定 10 个店铺
支持币种	欧元、美元、英镑、日元、澳元、加元	欧元、美元、英镑、日元、澳元、加元	欧元、美元、日元、澳元（即将支持英镑）	欧元、美元、英镑、日元	欧元、美元、英镑、日元

从表 4-2-1 可以看出，亚马逊官方收款服务放到当前的市场环境，优势并不大。相比亚马逊官方收款 1.25%的费率，除了老牌的 Payoneer、WorldFirst、PingPong 费率仍在 1%以上外，其他的后起之秀（如 iPayLinks、连连支付）的费率甚至降到了 0.7%。但是官方收款具有安全、稳定、权威及流程简单、时效快的优势，卖家可以根据实际需求选择合适的收款方式。

三、任务实施

（一）账户信息设置

1. 操作提示

在"Account Info"（账户信息）内，卖家可以修改销售计划（Selling Plan），如将专业卖家修改为个人卖家。账户信息还显示了卖家信息，卖家可以单击"Edit"按钮更改客服邮箱、电话等信息，如图 4-2-7 所示。另外，在账户信息内，卖家也可对企业地址、企业名称、商品状态等信息进行修改，如图 4-2-8 所示。

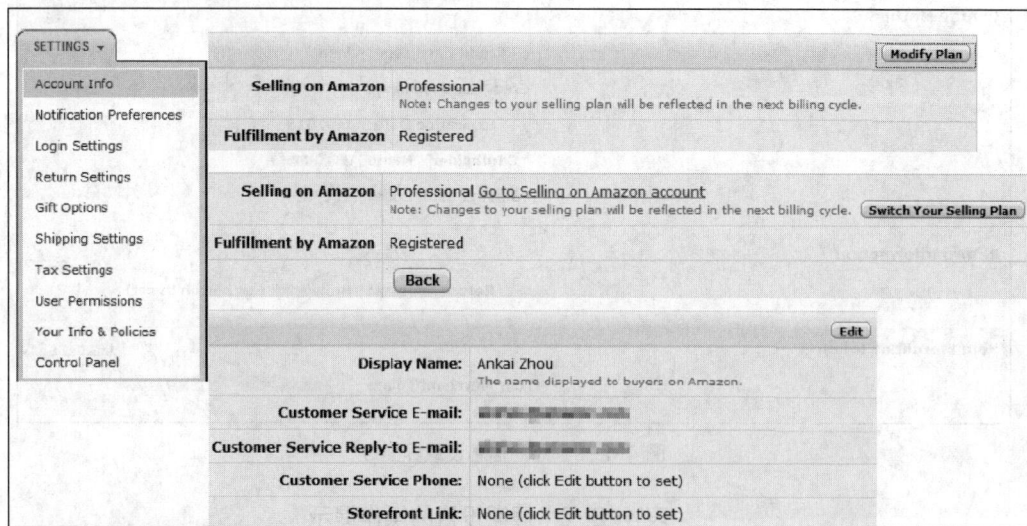

图 4-2-7　账户信息设置界面 1

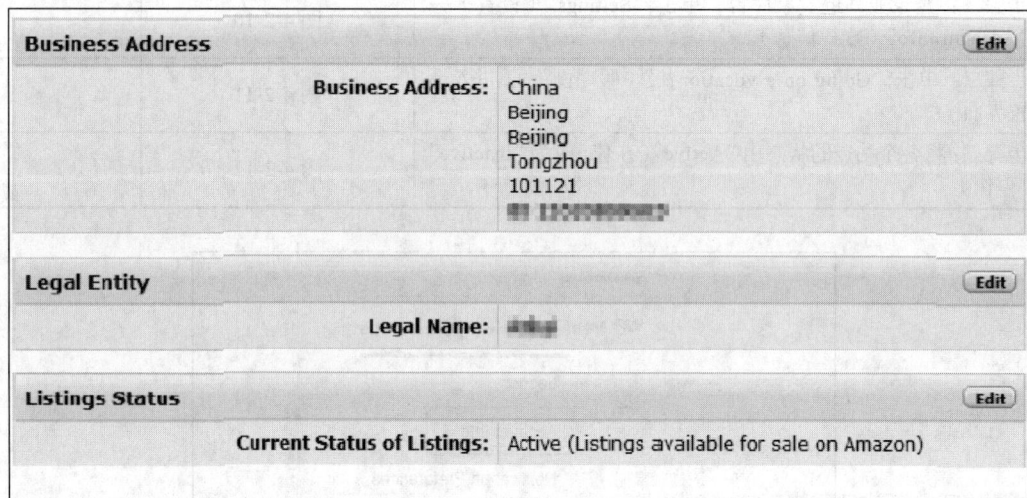

图 4-2-8　账户信息设置界面 2

"Deposit Method" 包括收款银行账号。在卖家输入银行账号信息后，亚马逊会每隔 14 天给账户转账一次。"Charge Method" 包括信用卡信息，卖家填写在此处的信用卡被用来支付亚马逊平台使用费用。如果在收取月使用费的时候，卖家的账号有销售余额，则亚马逊会从销售余额中扣除平台费；如果没有余额，则从信用卡中扣除。"Return Information" 包括退货地址，卖家可通过单击 "Edit" 按钮对地址进行修改。"Your Merchant Token" 是用来跟第三方软件进行对接使用的，该信息非常重要，请注意保密，具体如图 4-2-9 所示。

账户信息中的假期设置是指当卖家暂时不想卖东西或者外出度假的时候可以设置的功能。如果有人帮卖家处理账号运营的一系列问题，如解答咨询、处理系统消息、发货、退换货处理等就可以不用开启假期设置，但不设置会导致绩效指标不合格，严重时可能会被封号。假期设置的具体操作提示如表 4-2-2 所示。

图 4-2-9　账户信息设置界面 3

表 4-2-2　假期设置的操作提示

具体操作	图示	完成情况
步骤一：登录亚马逊卖家后台，单击"Settings"（设置）—"Account Info"（账户信息）	图 4-2-10	
步骤二：单击"Going on a vocation？"（假期设置），进入设置界面	图 4-2-11	
步骤三：将各个站点的状态由"Active"（在售）改为"Inactive"（停售）	图 4-2-12	

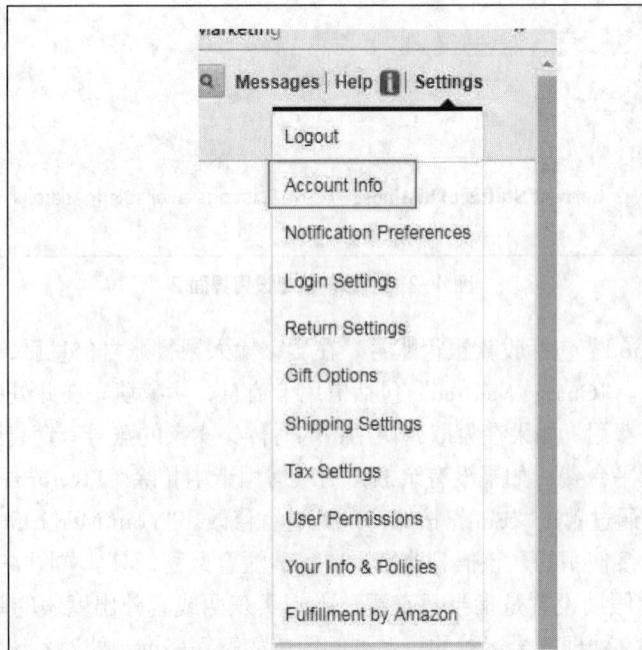

图 4-2-10　亚马逊账户设置菜单

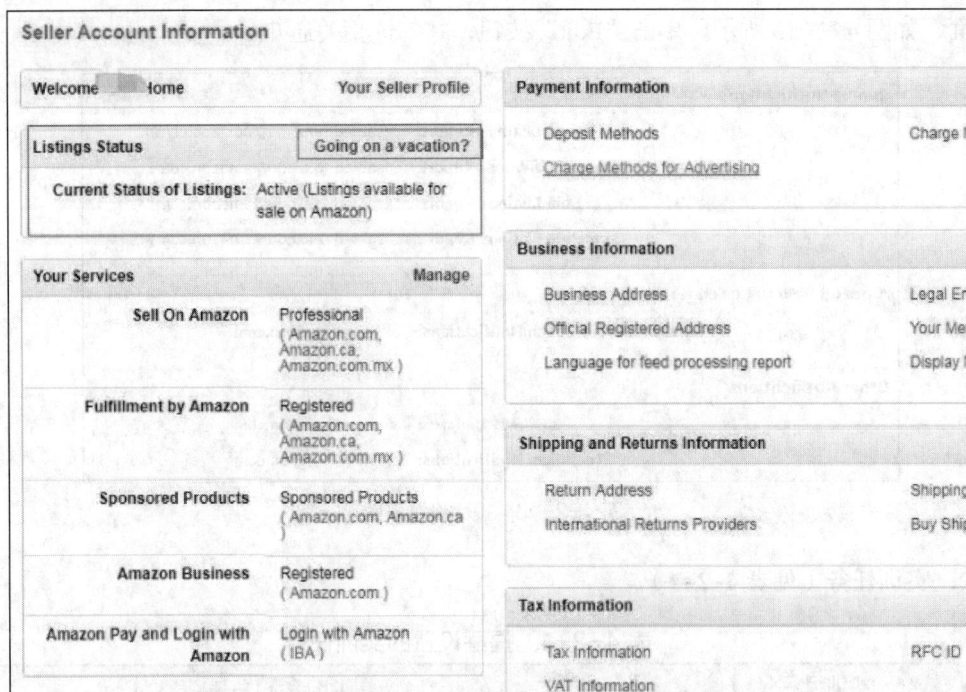

图 4-2-11　假期设置界面 1

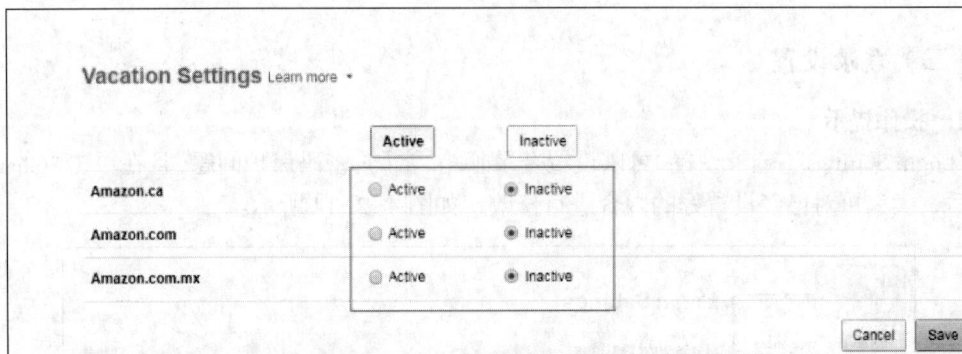

图 4-2-12　假期设置界面 2

2. 实训任务（见表 4-2-3）

表 4-2-3　账户信息设置的实训任务

实训目标	实训任务和结果
了解在亚马逊平台上设置账户信息的方法	对账户信息，卖家可以设置或修改的信息有：_____ _____

（二）提醒设置

1. 操作提示

"Notification Preferences"（提醒设置）是卖家用来设置接收订单通知、退货和索赔通知、商品通知、报告、出价通知、账户通知、紧急通知等的地方。卖家可以选择短信渠道或邮件渠道接收这些通知。具体操作为：单击"Settings"—"Notification Preferences"，进入提醒设置界面，如图 4-2-13 所示。单击"Edit"按钮，并勾选相关通知。

图 4-2-13 提醒设置界面

2. 实训任务（见表 4-2-4）

表 4-2-4 提醒设置的实训任务

实训目标	实训任务和结果
了解亚马逊平台的提醒设置功能	完成亚马逊后台的提醒设置，提供设置截图

（三）登录设置

1. 操作提示

"Login Settings"（登录设置）可以设置登录邮箱、密码、密码保护问题，且在单击"Change"按钮后，卖家可对已经设置好的内容进行修改，如图 4-2-14 所示。

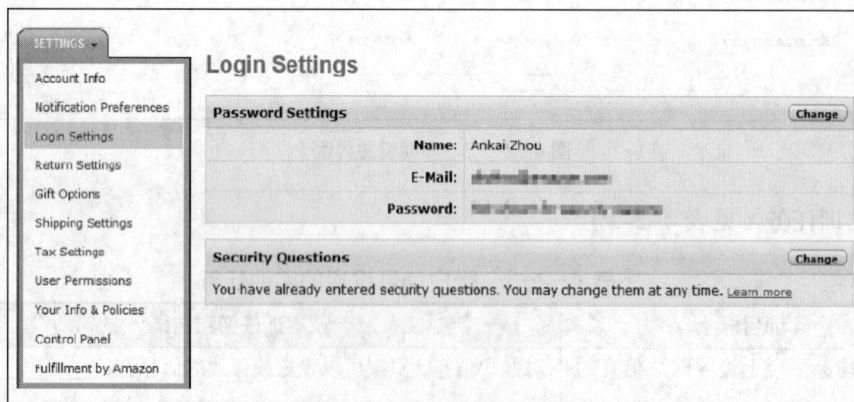

图 4-2-14 登录设置界面

2. 实训任务（见表 4-2-5）

表 4-2-5 登录设置的实训任务

实训目标	实训任务和结果
了解亚马逊平台的登录设置功能	完成对亚马逊卖家后台的登录设置，提供设置截图

（四）退货设置

1. 操作提示

"Return Settings"（退货设置）可以填写退货地址，如图 4-2-15 所示。这里需要注意的是，退货地址只能是商品被出售时所在的国家或地区。例如美国站，则退货地址只能填美国的地址。如果没有美国地址，卖家要么使用亚马逊 FBA 服务，要么有自己的海外仓。

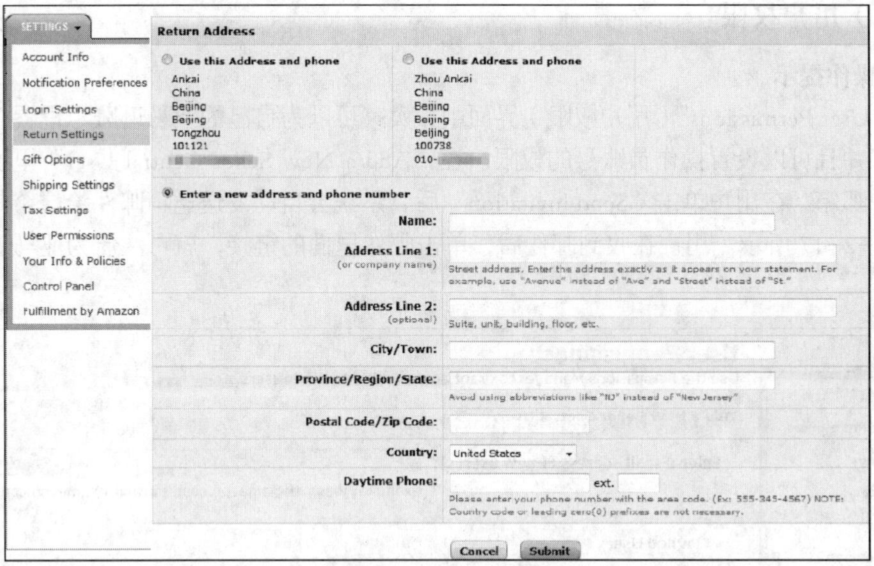

图 4-2-15　退货设置界面

2. 实训任务（见表 4-2-6）

表 4-2-6　退货设置的实训任务

实训目标	实训任务和结果
了解亚马逊平台的退货设置功能	完成亚马逊后台的退货设置，提供设置截图

（五）礼品服务

1. 操作提示

"Gift Options"（礼品服务）可以设置是否提供礼品打包服务，如图 4-2-16 所示。

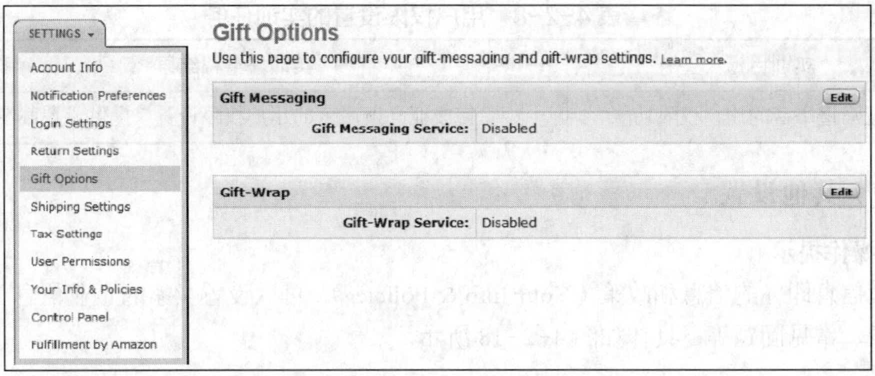

图 4-2-16　礼品服务的界面

2. 实训任务（见表 4-2-7）

表 4-2-7　礼品服务实训任务

实训目标	实训任务和结果
了解亚马逊平台的礼品服务功能	完成亚马逊后台的礼品服务设置，提供设置截图

（六）用户权限

1. 操作提示

在"User Permissions"（用户权限）界面中，卖家可以为自己的亚马逊账号设置多个操作员账号，并且可以设置操作员账号的权限。在"Add a New Seller Central User"里填入要添加的用户邮箱。在用户单击"Send invitation"后，系统会自动发送邀请邮件给这个邮箱，具体如图 4-2-17 所示。用户在收到邮件后，单击邮件里面的链接，就可注册为亚马逊卖家操作员账号。

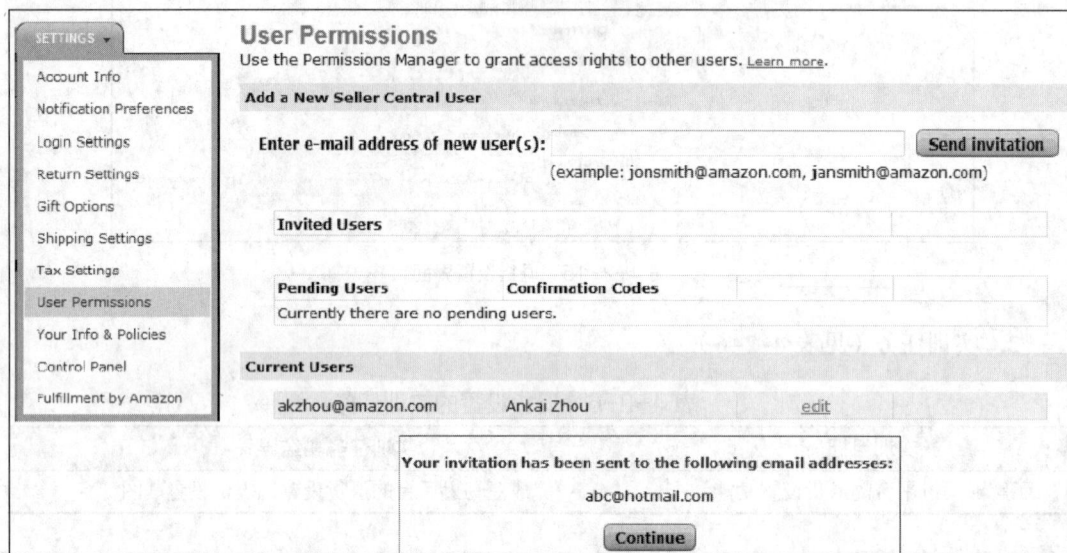

图 4-2-17　用户权限的设置界面

2. 实训任务（见表 4-2-8）

表 4-2-8　用户权限设置的实训任务

实训目标	实训任务和结果
了解亚马逊平台的用户权限功能	完成亚马逊后台的用户权限设置，提供设置截图

（七）其他设置

1. 操作提示

其他信息即你的信息和政策（Your Info & Policies），可以设置卖家的企业信息、Logo、隐私政策、常见问题等，具体如图 4-2-18 所示。

跨境电子商务实务

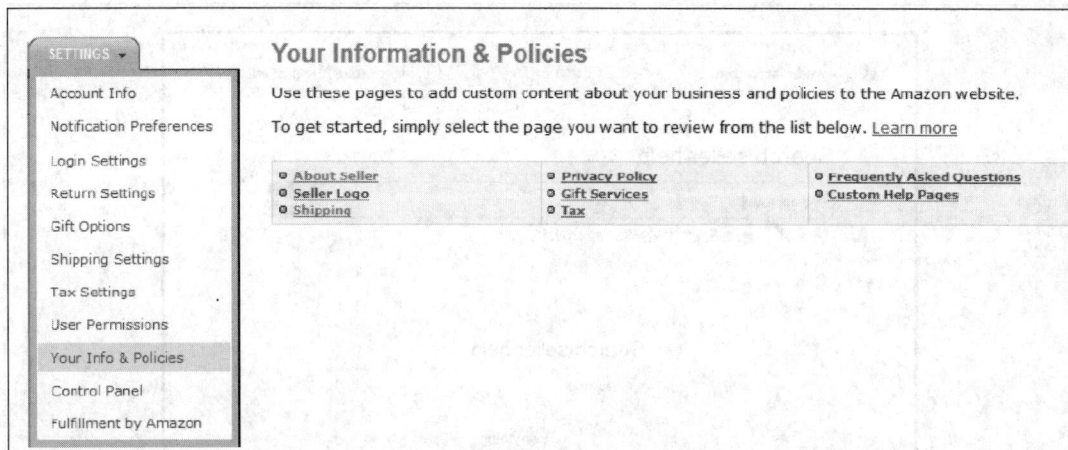

图 4-2-18　其他信息的设置界面

2. 实训任务（见表 4-2-9）

表 4-2-9　其他设置的实训任务

实训目标	实训任务和结果
了解亚马逊平台的其他设置功能	完成亚马逊的其他设置，提供设置截图

四、同步拓展

亚马逊分类审核

为了保证亚马逊对卖家的服务质量，亚马逊官方规定了卖家在添加以下分类的商品时必须经过亚马逊官方的允许。这就是我们所说的 Categories Requiring Approval，也就是分类审核。简单来说，亚马逊分类审核就是为了卖家的亚马逊销售账号能拥有限制类目商品的销售权而进行的一项单独的审核。

（一）哪些类目需要通过分类审核才能在亚马逊上销售

（1）Automotive Parts：汽车零部件。

（2）Clothing，Accessories & Luggage：服饰、饰品、行李箱。

（3）Collectible Books：收藏书籍。

（4）Industrial & Scientific：工业类商品、科学类商品。

（5）Motorcycle & ATV：摩托车、沙滩车。

（6）Shoes，Handbags & Sunglasses：鞋类、手提包、太阳镜。

（7）Sports Collectibles：体育用品。

（8）Toys & Games（Holidayseason only）：玩具和游戏（假期内需要审核）。

（9）Watches：手表。

（二）亚马逊分类审核的入口

进入亚马逊分类审核的入口的操作如图 4-2-19 所示。

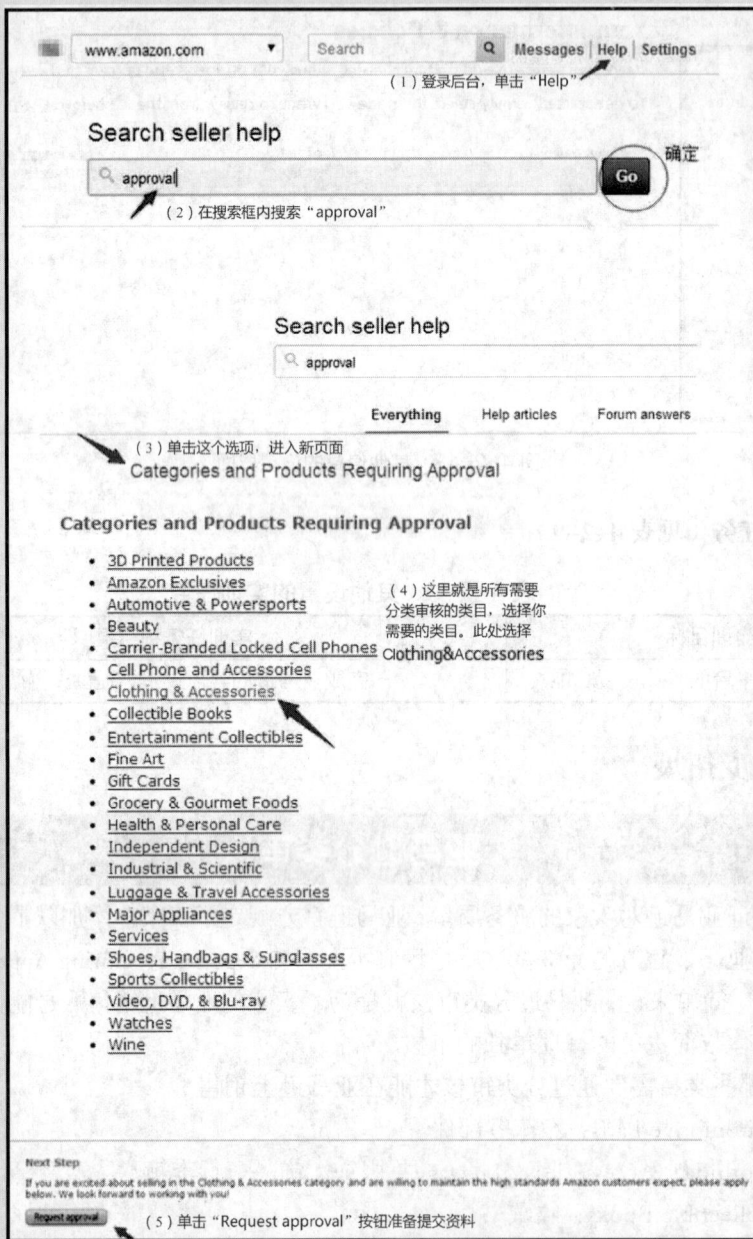

图 4-2-19　分类审核入口

（三）亚马逊分类审核需提供什么资料

（1）商品的 UPC（Universal Product Code，商品通用条码）或者 EAN（European Article Number，欧洲商品编码）。

（2）商品图片必须是白色背景，提交审核的表格最好能提供公司网站的地址。表格提交上去以后，亚马逊的工作人员会审核信息，然后会通过邮件联系卖家，卖家注意查收联系邮箱。

（资料来源：雨果网）

任务三　认识及设置 Wish 的商户平台

一、任务描述

Wish 的商户平台设置主要包括账户设置、配送设置、付款设置、子账户设置和品牌授权设置等，其中配送设置将在后续项目重点讲解。通过任务三的学习，读者应可以帮助公司的 Wish 店铺完成以下工作任务，如图 4-3-1 所示。

账户设置 ➡ 付款设置 ➡ 子账户设置 ➡ 品牌授权

图 4-3-1　Wish 商户平台的设置工作

二、相关知识

（一）Wish 的商户平台界面

卖家在登录 Wish 商户平台后，可以看到初始的商户 Wish 后台界面如图 4-3-2 所示。后期系统会根据店铺的经营情况配置更多的模块。菜单导航栏包括首页、产品、订单、客户问题、业绩、违规和系统信息 7 个菜单选项，涵盖了商户运营所需要使用的所有功能，主要是为商户的商品管理、订单处理、业绩数据查看、售后服务提供指引。

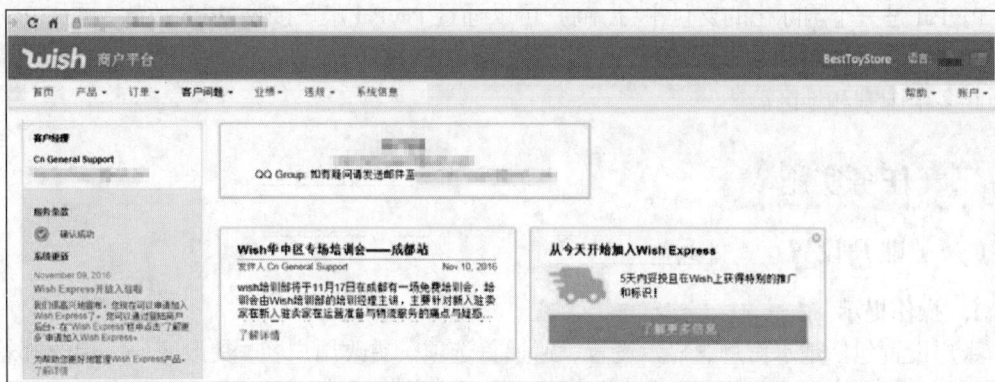

图 4-3-2　Wish 商户平台界面

图 4-3-2 右上角显示的分别是店铺名、中英文切换，以及帮助、账户的快捷菜单导航。商户平台界面还提供了客户经理和联系方式。所有商户都有对应的客户经理，遇到问题时可以写邮件给客户经理进行咨询。

（二）Wish 平台的付款方式

Wish 平台可以设置的付款方式有联动支付（UMPAY）、易联支付（PayEco）、Payoneer、PingPong 金融、Bill.com 和 PayPal。

1. 联动支付（UMPAY）

"联动支付-直达中国账户"，是指商户直接填写中国的银行账户信息和个人信息，就可以进行收款，手续费详见后台实时更新。这种交付方式不要求商户注册 UMPAY 账户，其支持 15 个外币币种，不受国家外汇管理局年度结算总额度 5 万美元的限制，资金到账速度快，不需要中间账户，结算资金直达商户的收款账户。

2. 易联支付（PayEco）

在易联支付方式下，商户直接填写中国的银行账户信息，就可以进行收款。使用易联支付时，商户需要提供详细的开户行名称，若找不到，则可以致电相关银行询问确认。

3. Payoneer

Payoneer 是一个接受国际支付及收款的金融机构，卖家可以通过 Payoneer 账户接收 Wish 放款，再从 Payoneer 账户提现到自己的银行账户。Payoneer 具有低成本、高效益的优势，相关款项 1～3 个工作日就可以提现到个人银行账户。此外，用户可以免费使用美元托收银行账户和欧元托收银行账户。

4. PingPong 金融

PingPong 金融是多平台跨境收款服务供应商，卖家可以通过 PingPong 账户接收 Wish 放款，再从 PingPong 账户提现到自己在中国的银行账户。利用 PingPong 金融进行跨境收款全部费用 1%封顶，无汇损和隐性费用，1 个工作日即可提现到账。

5. Bill.com

Bill.com 是一个处理支付、收款，以及管理现金流的平台。这里是指卖家填写个人信息和地址信息之后，就可以接收来自 Bill.com 的 Wish 放款纸质支票，手续费为 1.49 美元。

6. PayPal

PayPal 是一个国际化的支付平台。商户可以通过 PayPal 账户接收 Wish 放款，再从 PayPal 账户提现到自己在中国的银行账户，手续费为 1%。PayPal 的优势在于适用范围广，能覆盖全球 200 多个国家和地区。

三、任务实施

（一）账户设置

1. 操作提示

账户设置包括基本信息、显示设置、速递首选项、更改用户名、更改密码、更改邮箱、更改电话号码、两步验证、新设备、邮箱首选项、假期模式和 API 设置，如表 4-3-1 所示。

表 4-3-1　账户设置的操作提示

具体操作	图示	完成情况
步骤一：选择"账户"—"设置"菜单，验证密码，进行基本信息的设置	图 4-3-3	
步骤二：单击"基本信息"选项卡，然后修改基本信息，单击"更新"按钮	图 4-3-4	
步骤三：单击"显示设置"选项卡，上传店铺照片，单击"Update"（更新）按钮	图 4-3-5	
步骤四：单击"速递首选项"选项卡，选择优选支持使用的物流速递服务商，单击"更新首选项"按钮	图 4-3-6	

具体操作	图示	完成情况
步骤五：单击"更改用户名""更改密码""更改邮箱""更改电话号码"等选项卡，可以修改相应信息	图 4-3-7	
步骤六：单击"两步验证（短信）"—"建立"，输入手机验证码，单击"启用两步验证"	图 4-3-8	
步骤七：单击"新设备"选项卡，查看或删除曾经登录过商户后台的设备	图 4-3-9	
步骤八：单击"邮箱首选项"选项卡，勾选或取消勾选需要发送邮件通知的情况，单击"更新"按钮	图 4-3-10	
步骤九：单击"假期模式"—"打开"，系统提示假期模式已开启	图 4-3-11	
步骤十：单击"API 设置"选项卡，添加或解除第三方应用的授权	图 4-3-12	

基本信息是指卖家注册开店的基本信息，包括商户账号、客户经理、用户名、邮箱、收入分成、名字和姓氏。目前，基本信息只允许修改名字和姓氏。

显示设置包括店铺名称和店铺照片。目前，只能对店铺照片进行更改，店铺名称是在注册时填写的，无法修改。

速递首选项是对 Wish 优先支持使用的物流速递服务商进行线上发货的配置，目前包括 WishPost（Wish邮）、中邮速递、Yanwen（燕文物流）。如果卖家有合适的物流服务商进行线下发货，那么可以直接选择退出此功能即可。

两步验证是指卖家在进行登录账户、异地登录、付款设置、配送设置等关键操作的时候，通过增加再次发送手机验证码的环节，来校验当前关键操作的安全性，从而降低账户被盗的风险。

邮件首选项是指对商户平台各种关键操作行为产生通知的配置管理。通知类型包括订单、支付、商品管理、售后服务、付款、知识产权等。对于不想要的通知类型，可以取消勾选。

假期模式是为卖家的店铺设置的一键休假模式。在假期模式生效期间，店铺所有商品不进行销售。启用假期模式，需提前 72 小时开启该功能。如果卖家想在假期模式期间，Wish Express 海外仓的商品依然正常销售，则可以单击"打开仅 Wish Express 配送模式"按钮。

应用程序编程接口（Application Programming Interface，API）设置是指对通过 API 接入 Wish 商户平台的第三方应用授权进行管理，包括解除、创建、更新、删除。第三方应用一般是指 ERP 系统、分销平台系统、物流服务商系统等，主要用于对 Wish 商户平台的商品、订单、客户问题等进行辅助处理。

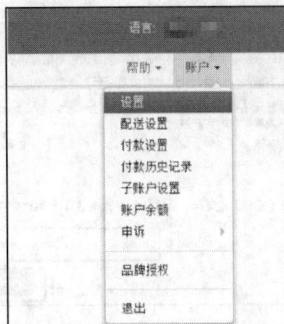

图 4-3-3 Wish 商户平台的"账户"菜单

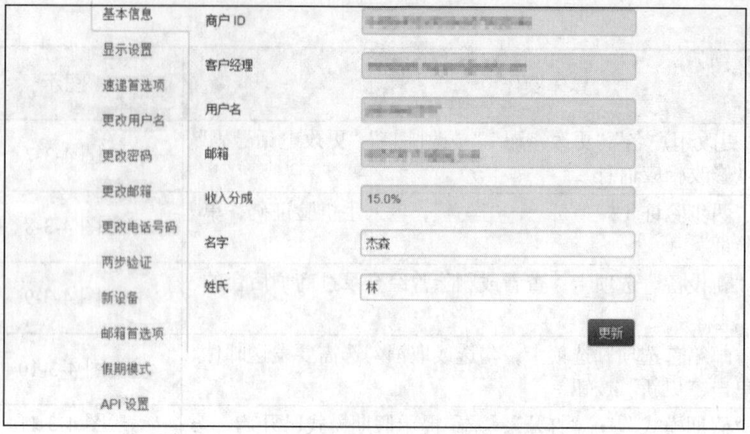

图 4-3-4　基本信息的设置界面

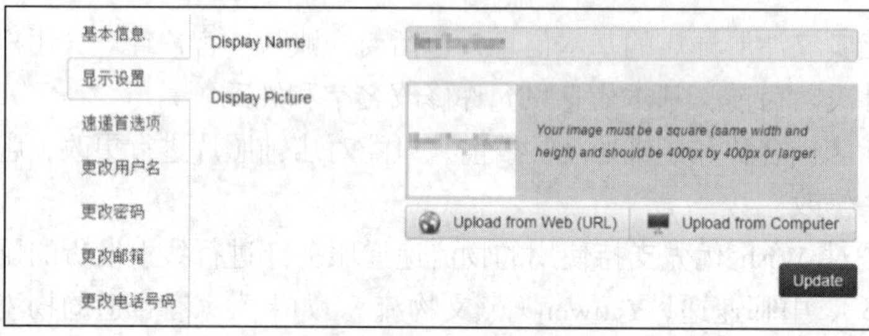

图 4-3-5　显示设置界面

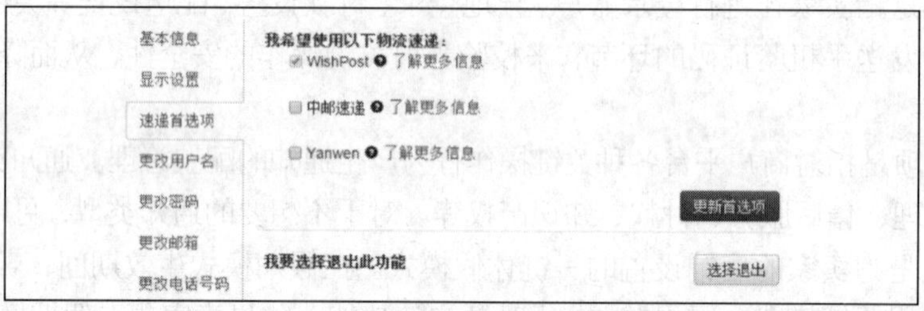

图 4-3-6　速递首选项的设置界面

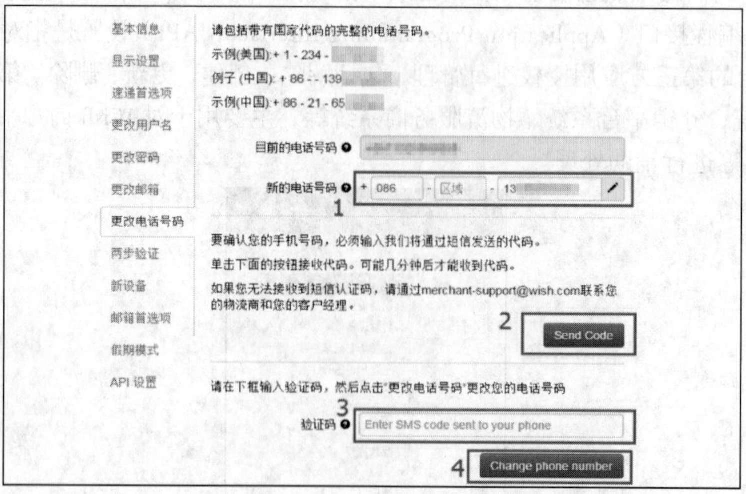

图 4-3-7　更改电话号码

基本信息

显示设置

速递首选项

更改用户名

更改密码

更改邮箱

更改电话号码

两步验证

两步验证(短信)

两步验证添加了一个额外保护您账户的手段当您需要登录到一个新的设备上通过每次发送一个验证码到您的手机来进行登录。如果某人偷取了您的密码,这也不足以来登录您的账户。

点击此处更改您的手机号以完成两步验证.

建立

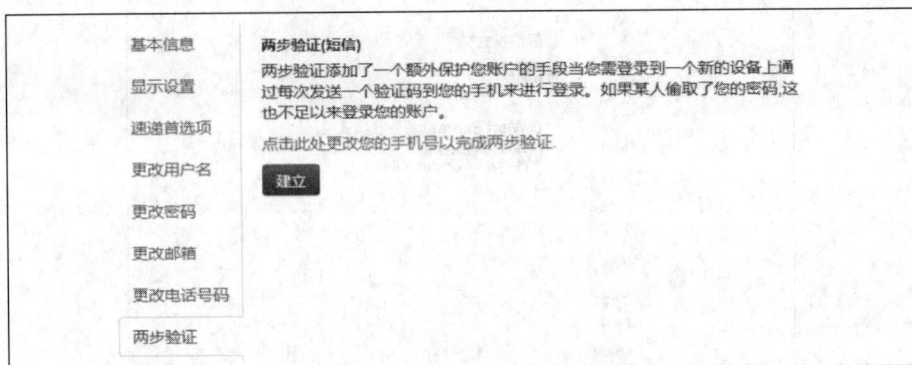

图 4-3-8　两步验证的设置界面

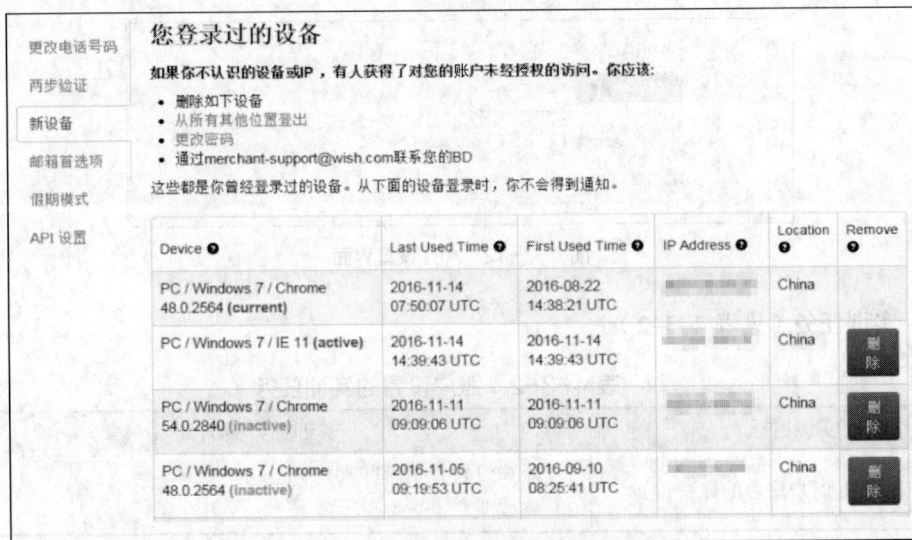

更改电话号码

两步验证

新设备

邮箱首选项

假期模式

API 设置

您登录过的设备

如果你不认识的设备或IP，有人获得了对您的账户未经授权的访问。你应该:

- 删除如下设备
- 从所有其他位置登出
- 更改密码
- 通过merchant-support@wish.com联系您的BD

这些都是你曾经登录过的设备。从下面的设备登录时，你不会得到通知。

Device ❓	Last Used Time ❓	First Used Time ❓	IP Address ❓	Location ❓	Remove ❓
PC / Windows 7 / Chrome 48.0.2564 (current)	2016-11-14 07:50:07 UTC	2016-08-22 14:38:21 UTC		China	
PC / Windows 7 / IE 11 (active)	2016-11-14 14:39:43 UTC	2016-11-14 14:39:43 UTC		China	删除
PC / Windows 7 / Chrome 54.0.2840 (inactive)	2016-11-11 09:09:06 UTC	2016-11-11 09:09:06 UTC		China	删除
PC / Windows 7 / Chrome 48.0.2564 (inactive)	2016-11-05 09:19:53 UTC	2016-09-10 08:25:41 UTC		China	删除

图 4-3-9　新设备的设置界面

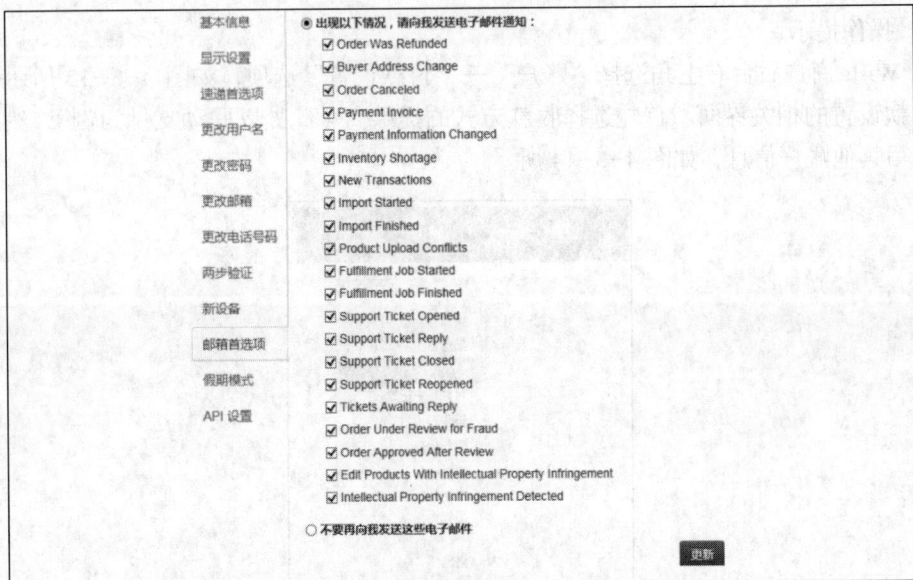

基本信息

显示设置

速递首选项

更改用户名

更改密码

更改邮箱

更改电话号码

两步验证

新设备

邮箱首选项

假期模式

API 设置

⦿ **出现以下情况，请向我发送电子邮件通知：**

☑ Order Was Refunded
☑ Buyer Address Change
☑ Order Canceled
☑ Payment Invoice
☑ Payment Information Changed
☑ Inventory Shortage
☑ New Transactions
☑ Import Started
☑ Import Finished
☑ Product Upload Conflicts
☑ Fulfillment Job Started
☑ Fulfillment Job Finished
☑ Support Ticket Opened
☑ Support Ticket Reply
☑ Support Ticket Closed
☑ Support Ticket Reopened
☑ Tickets Awaiting Reply
☑ Order Under Review for Fraud
☑ Order Approved After Review
☑ Edit Products With Intellectual Property Infringement
☑ Intellectual Property Infringement Detected

○ **不要再向我发送这些电子邮件**

更新

图 4-3-10　邮箱首选项的设置界面

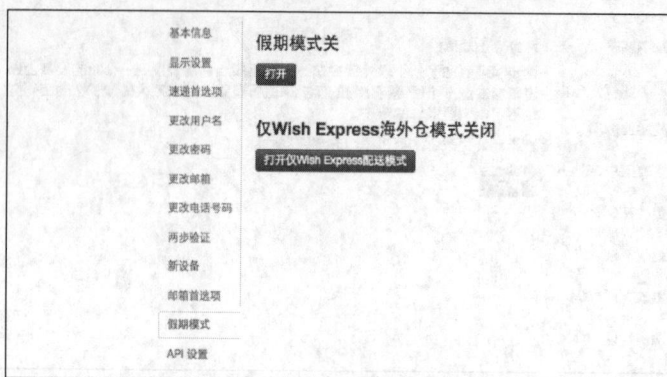

图 4-3-11　假期模式设置界面

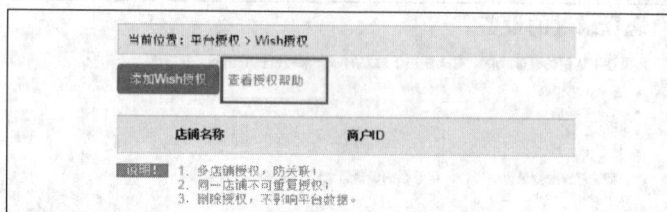

图 4-3-12　API 设置界面

2. 实训任务（见表 4-3-2）

表 4-3-2　账户设置的实训任务

实训目标	实训任务和结果
能完成 Wish 商户后台的账户设置	1. 账户设置包括哪些功能？ 2. 完成账户设置

（二）付款设置

1. 操作提示

在 Wish 商户后台右上角选择"账户"—"付款设置"选项，如图 4-3-13 所示，可以进入付款设置的相关界面。首先选择收款方式的提供商（此处以联动支付为例），然后根据提示填写其他账户信息，如图 4-3-14 所示。

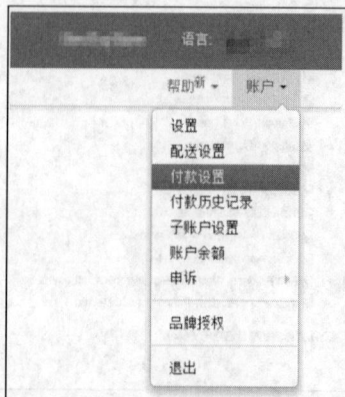

图 4-3-13　付款设置菜单

图 4-3-14　联动支付的设置界面

2. 实训任务（见表4-3-3）

表 4-3-3　付款设置的实训任务

实训目标	实训任务和结果
能完成 Wish 商户后台的付款设置	1. Wish 平台支持哪些付款方式？ 2. 完成付款设置

（三）子账户设置

1. 操作提示

　　子账户设置是指商户可以创建多个子账号以供团队成员使用，并对子账号的权限进行管理，以此保证账户的重要信息不被随意篡改。单击"创建一个新的子账户"，填写账户信息，然后单击"创建"按钮，即可创建一个新的子账户，如图 4-3-15 所示。

图 4-3-15　创建一个新的子账户界面

2. 实训任务（见表4-3-4）

表4-3-4　子账户设置的实训任务

实训目标	实训任务和结果
能完成 Wish 商户后台的子账户设置	1. 请为你的团队成员设置子账号，记录账号。 子账号1：＿＿＿＿＿＿＿＿＿＿＿ 子账号2：＿＿＿＿＿＿＿＿＿＿＿ 子账号3：＿＿＿＿＿＿＿＿＿＿＿ 2. 登录子账号，查看其权限与主账户有何不同

（四）品牌授权

1. 操作提示

Wish 平台始终注重对知识产权的保护。为了维护自身利益，卖家应该及时上传品牌授权。品牌授权可以用于商品被判侵权时的申诉。品牌授权的入口为"账户"—"品牌授权"菜单，如图4-3-16所示。商户可以填写品牌名称、有效期、所有者姓名等信息，并上传知识产权文件。

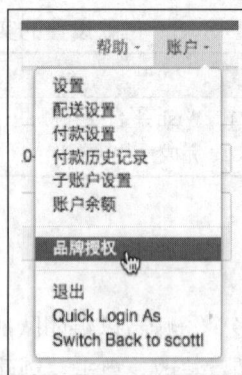

图4-3-16　品牌授权菜单

2. 实训任务（见表4-3-5）

表4-3-5　品牌授权的实训任务

实训目标	实训任务和结果
能完成 Wish 商户平台的品牌授权设置	完成品牌授权设置

四、同步拓展

Wish 店铺授权的方法

　　卖家将 Wish 店铺授权到 ERP 上，可以使店铺管理更方便、更高效。ERP 上的功能比 Wish 平台更丰富，有更多批量操作服务，而且可以将多个账号授权到一个 ERP 上，在同一计算机、同一 IP 下操作，还不会关联账号。下面以"店小秘"为例，介绍 Wish 店铺的授权方法。

1. 授权前须知

（1）一个店铺只能授权给一个店小秘账号。

（2）一个店小秘可以授权多个 Wish 账号。

（3）更新店铺密码，一定要重新授权。

（4）店小秘在任何网络、计算机上登录授权、处理订单不会关联，可以放心使用。

（5）授权店铺必须要授权 Wish 的主账号，且需在 Wish 店铺常用的计算机上授权。

2. 授权流程

（1）登录店小秘进入授权页

在未授权任何店铺的情况下，登录后从首页单击相应的 Logo 图标进入 Wish 授权，如图 4-3-17 所示。

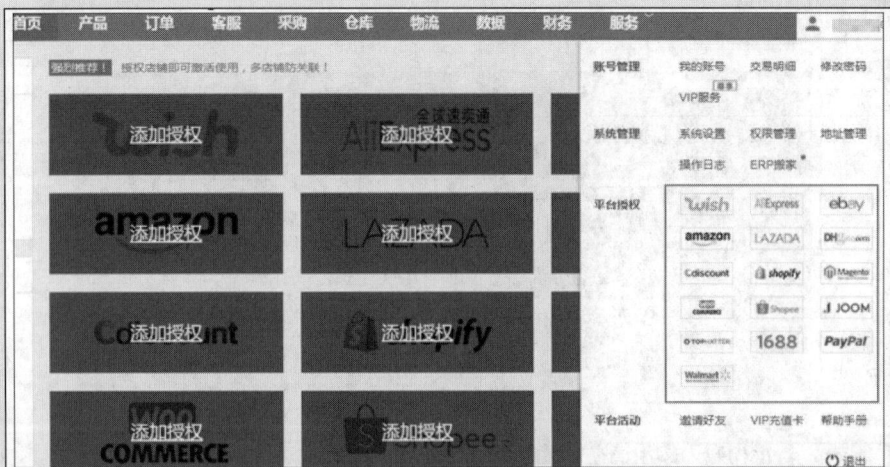

图 4-3-17 店小秘授权页 1

（2）在授权页添加授权，并填写店铺名称提交

单击"添加 Wish 授权"按钮，填写一个店铺名称并单击"授权"按钮，如图 4-3-18 所示。店铺名称仅用于在店小秘上的显示，和平台的名称无关，可自定义填写，但不允许和该店小秘账号已授权过的其他店铺重名。

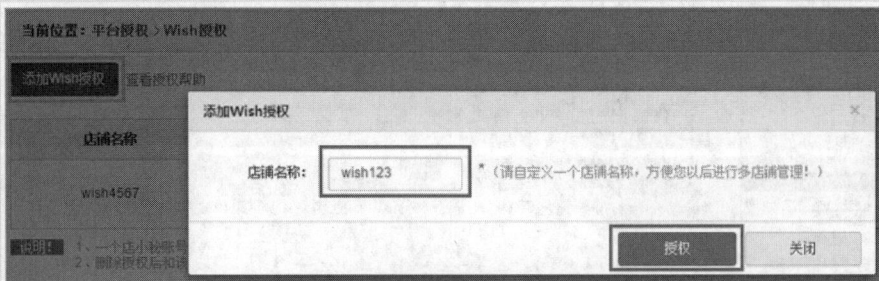

图 4-3-18 店小秘授权页 2

（3）登录授权账号确认授权

提交授权后，在新页面打开 Wish 平台，登录要授权的 Wish 账号，将跳转至图 4-3-19 所示的页面，然后单击"Accept"按钮。

图 4-3-19 店小秘授权页 3

（4）确认授权成功

确认后，页面将提示授权成功，这时在授权页单击"授权成功"，即可完成授权，如图 4-3-20 所示。

wish授权成功!请在wish授权页面点击"授权成功"完成授权！

9 秒后，该页面自动关闭……立即关闭

图 4-3-20 店小秘授权页 4

（5）同步订单

完成以上操作，便代表授权成功，然后单击"订单"—"订单处理"，可以对订单进行手动处理，如图 4-3-21 所示。

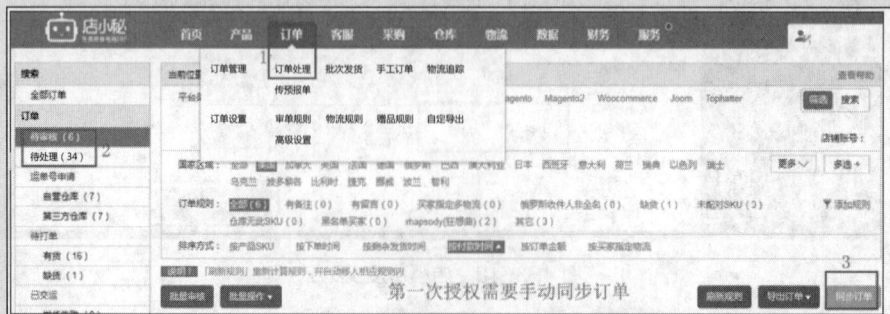

第一次授权需要手动同步订单

图 4-3-21 店小秘授权页 5

（资料来源：店小秘官网）

项目五
物流管理

项目情境导入

在跨境电子商务中，物流扮演着重要角色，它是连接境内卖家和境外买家的通道。本项目所讲的物流管理主要包括三个方面：一是认识和选择物流方式；二是在跨境电子商务平台设置相应的运费模板；三是在商品成交之后，卖家根据订单信息，完成打包与发货。由此可见，在跨境电子商务经营的前期、中期和后期，物流管理都是至关重要的话题。

跨境电子商务卖家可以从以下四个方面来综合考虑选择什么样的物流方式。

第一是考虑物流配送区域。不同物流渠道在不同配送区域的优势不同，尤其是专线物流，一般只可以配送到一个或几个国家（或地区）。例如，如果主要目标客户为俄罗斯买家，则卖家可以考虑选择俄速通这一物流方式。

第二是考虑物流配送时效。一般商业快递的配送时间比专线物流快，专线物流比邮政物流快，若卖家对配送时间要求很高，且要求配送时效具有稳定性，也可以在当地建立海外仓。另外，物流的清关能力也会影响配送时效。

第三是考虑货物自身特点。例如，货物是否带电、是否是粉末、重量多少等都会影响卖家对物流方式的选择。建议卖家在跨境电子商务选品的时候就要考虑到货物配送的难易程度，不要选择禁止邮寄的商品。

第四是考虑物流成本。物流成本是跨境电子商务运营成本中的重要组成部分，降低物流成本可以增加企业盈利或是降低商品价格，让其更具价格优势。

此外还需要考虑物流公司的服务能力，例如物流信息是否可追踪，以及丢包率、破损率的高低等。

项目学习目标

能力目标	1. 能选择跨境电子商务平台支持的物流方式 2. 能设置跨境电子商务平台的运费模板或配送方式 3. 能配送跨境电子商务平台的订单
知识目标	1. 了解邮政物流、商业快递、专线物流等跨境电子商务物流方式 2. 了解跨境电子商务平台支持的物流方式 3. 了解跨境电子商务平台的物流规则 4. 了解商品物流费用的计算方法 5. 了解海外仓的相关知识

任务一　管理速卖通物流

一、任务描述

目前，速卖通面向全球 200 多个国家或地区的消费者，每天数以千计的包裹通过速卖通以各种物流方式发往世界各地。快捷安全的物流配送模式是卖家将商品尽早送达客户手里的重要保障。通过任务一的学习，读者应能完成图 5-1-1 所示的工作任务。

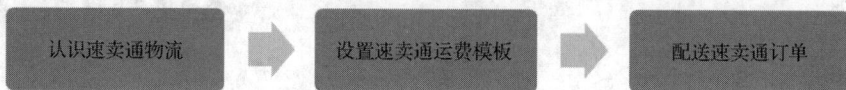

认识速卖通物流　➡　设置速卖通运费模板　➡　配送速卖通订单

图 5-1-1　管理速卖通物流

二、相关知识

（一）一般物流方式

邮政物流、商业快递和专线物流是适用于大多数跨境电子商务平台的一般物流类型。下面简单介绍这三种物流类型下的主要物流产品。

1. 邮政物流

邮政物流是指各国邮政部门所属的物流系统，具有成本低、清关能力强、覆盖范围广的优势。

（1）EMS 国际快递

EMS 国际快递是一项由中国邮政速递物流与各国（或地区）邮政合作开办的中国与其他国家（或地区）间寄递特快专递邮件的服务。EMS 最大的优势是在各国（或地区）邮政、海关、航空等部门均享有优先处理权。

EMS 国际快递的投递时间通常为 3～8 个工作日（不包括清关时间），其资费标准、体积和重量限制、禁寄商品等可以登录 EMS 的官方网站，在"服务指南"版块查看。

（2）ePacket

ePacket 即国际 e 邮宝，是中国邮政为适应国际电子商务寄递市场的需要，为中国电商卖家量身定做的一款经济型国际邮递业务。虽然 ePacket 的配送范围没有 EMS 国际快递广，但是也基本覆盖了主要的跨境电子商务目标市场国家（或地区），且其价格比 EMS 国际快递优惠，因此深受跨境电子商务卖家的青睐。但是，ePacket 有单件邮件重量不得大于 2 千克的限制。

（3）中国邮政航空小包（China Post Air Mail）

中国邮政航空小包又称"中国邮政小包""邮政小包""航空小包"，是指单件邮件重量不超过 2 千克，外包装的长宽高之和不超过 90 厘米，最长边不超过 60 厘米，通过邮政空邮服务寄往国外（或地区）的小包裹。中国邮政小包分为中国邮政平常小包（平邮）和挂号小包。一般卖家都会选择支付 8 元挂号费，以便跟踪和查询包裹状态。

2. 商业快递

商业快递主要包括 DHL、FedEX、UPS、TNT 四种，统称"四大商业快递"，它们的特点主要为速度快、服务质量高、专业、高效，但相对邮政物流中的快递价格较高，适用于货值比较高、买家要求比较高的商品及运输。

四大商业快递在计算运费时，重量依据以实际重量和体积重量二者中较大者为准。以 DHL 为例，体积重量计算公式为"长×宽×高÷5 000"，如果该计算结果比实际重量大，则以体积重量来计算运费。

3. 专线物流

专线物流是针对某个跨境电子商务热门路线特别设计的国际物流服务，时效性强，方便快捷，区域针对性也较强，并具有比一般快递更为优化的计重方式，能为小货件的寄送节约大量成本。专线物流提供全程网上追踪服务，但清关能力较弱。常用的专线物流有：俄速通（Ruston）、燕文专线、中东专线等。

（二）部分物流商品运费计算

卖家可以前往各大物流服务提供商的官方网站查看其资费标准，也可以向当地的物流服务提供商或货代索要资费表。一般情况下，运费和配送目的地、包裹重量（体积）、物流折扣等信息相关。下面以中国邮政小包、ePacket 和 DHL 为例，计算包裹运费。

1. 计算中国邮政小包的运费

中国邮政小包的资费表将全球 200 多个国家（地区）分成了 10 个区，如表 5-1-1 所示。卖家首先需要确定配送目的地属于第几区，在表格中找到相应的单位价格。例如，配送到美国（第 5 区）的单位价格为 90.5 元/千克。计算公式如下：

中国邮政挂号小包运费=重量×单位价格×折扣率+挂号费

注意：中国邮政小包的最低收费为 50 克（即首重为 50 克）。如果包裹轻于 50 克，则按 50 克计算。公式中的重量单位为千克；若没有获得折扣，则折扣率为 1；挂号费为 8 元/票。

表 5-1-1　中国邮政小包挂号资费表

区域	单位运费（元/千克）	备注
第 1 区	62	
第 2 区	71.5	
第 3 区	81	
第 4 区	85	
第 5 区	90.5	挂号费：8 元/票
第 6 区	105	限重：2 千克
第 7 区	110	
第 8 区	120	
第 9 区	147.5	
第 10 区	176	

2. 计算 ePacket 的运费

中国邮政速通物流的官网有 ePacket 的资费表。ePacket 的资费表详细列明了各配送目的地的单位价格，一般每单都会收取处理费，而且对 eBay 的包裹有促销价格。卖家在选择单位运价时要注意区分。另外，与中国邮政小包的资费表不同，这里的重量单位为克。ePacket 的运费计算公式为：

ePacket 运费=单位运价×重量×折扣率+处理费

例如，一个重 1.3 千克的速卖通包裹，选择 ePacket 寄到美国，货代给予了 9 折优惠，则其运费为 98.92 元（0.076×1 300×0.9+10）。

3. 计算 DHL 运费

DHL 的资费表同样分区，在相同区内重量每增加 0.5 千克，单位运价有所增加，部分运价如表 5-1-2 所示。和中国邮政小包的运费计算方式相似，卖家首先需要查询配送目的地所属的区，如美国属于 6 区。其次确定重量，这里的重量可能是实际重量，也可能是体积重量，以两者中数据大的为计费依据。例如，一个包裹的长宽高分别为 45 厘米、30 厘米、30 厘米，包裹重 2 550 克，寄到美国，DHL 运费折扣为 4 折。计算体积重量为 8.1 千克（45×30×30÷5 000），大于实际重量 2.55 千克，因此使用体积重量为计费依据，即 8.1 千克。由于不足 500 克按 500 克计费，因此按 8.5 千克计算。查询运价和折扣率：美国属于 6 区，8.5 千克对应的运价为 2 003 元，最终运费为 2 003×0.4=801.2 元。

表 5-1-2　DHL 部分运价表

重量（千克）	4 区	5 区	6 区	7 区	8 区
0.5	315 元	316 元	322 元	414 元	530 元
……					
8.5	1 411 元	1 796 元	2 003 元	2 158 元	2 672 元
9	1 479 元	1 883 元	2 107 元	2 262 元	2 798 元

（三）速卖通物流规则

速卖通平台的物流方式分为以下几种。

（1）经济类物流：特点是物流运费成本低，但目的地的包裹妥投信息不可查询。该类物流方式适用于运送货值低、重量轻的商品，经济类物流仅允许使用线上发货。

（2）简易类物流：提供邮政简易挂号服务，可查询包含妥投或买家签收在内的关键环节物流追踪信息。

（3）标准类物流：提供邮政挂号服务和专线类服务，全程物流追踪信息可查询。

（4）快速类物流：提供商业快递和邮政提供的快递服务，时效快，全程物流追踪信息可查询，适合高货值的商品使用。

（5）海外仓物流：已备货到海外仓的货物所使用的海外本地物流服务。

卖家可自主选择发货采用的物流服务，包括但不限于菜鸟平台的线上物流服务商、菜鸟无忧物流或其他的线下物流方式。但向部分国家（或地区）发货时，平台有特殊规定的，卖家应按照相关规定进行，具体如表 5-1-3 所示。

表 5-1-3　速卖通平台的物流规则

收货地区	订单实际支付金额	物流服务等级							
		经济类		简易类		标准类		快速类	
		线下发货	线上发货	线下发货	线上发货	线下发货	线上发货	线下发货	线上发货
俄罗斯	>5 美元	不可用	不可用	不可用	不可用	可用	可用	可用	可用
	≤5 美元且 >2 美元	不可用	不可用	不可用	可用	可用	可用	可用	可用
	≤2 美元	不可用	不可用	不可用	可用	可用	可用	可用	可用

收货地区	订单实际支付金额	物流服务等级							
		经济类		简易类		标准类		快速类	
		线下发货	线上发货	线下发货	线上发货	线下发货	线上发货	线下发货	线上发货
西班牙	>5美元	不可用	不可用	不可用	不可用	AliExpress无忧物流-标准可用，其他不可用，特殊类目除外		可用	可用
	>2美元且≤5美元	不可用	不可用	不可用	可用	可用	可用	可用	可用
	≤2美元	不可用	中外运-西邮经济小包可用，其他不可用	不可用	可用	可用	可用	可用	可用
美国	>5美元	不可用	不可用	—	—	e邮宝、AliExpress无忧物流-标准可用，其他不可用，特殊类目除外		可用	可用
	≤5美元	不可用	可用	—	—	可用	可用	可用	可用
法国、荷兰、智利	>5美元	不可用	不可用	—	—	AliExpress无忧物流-标准可用，其他不可用，特殊类目除外		可用	可用
	≤5美元	不可用	可用	—	—	可用	可用	可用	可用
乌克兰	>5美元	不可用	不可用	—	不可用	可用	可用	可用	可用
	≤5美元	不可用	不可用	—	可用	可用	可用	可用	可用
巴西、白俄罗斯	所有订单	不可用	不可用	—	—	可用	可用	可用	可用
其他国家（地区）	>5美元	不可用	不可用	—	—	可用	可用	可用	可用
	≤5美元	不可用	可用	—	—	可用	可用	可用	可用

三、任务实施

（一）认识速卖通物流

1. 操作提示

认识速卖通物流是指要了解速卖通平台支持哪些物流方式，以及这些物流方式的特点和资费情况，同时要根据自己店铺包裹的特点选择合适的物流方式，具体操作如表5-1-4所示。

表5-1-4 认识速卖通物流

具体操作	图示	完成情况
步骤一：登录速卖通卖家后台，单击"产品管理"—"运费模板"—"物流方案列表"，熟悉物流方案	图5-1-2	
步骤二：登录速卖通卖家后台，单击"产品管理"—"运费模板"—"物流方案选择"，查询物流方案	图5-1-3	
步骤三：选择"收货地""货物类型"，填写包裹信息，查询具体物流方案	无	

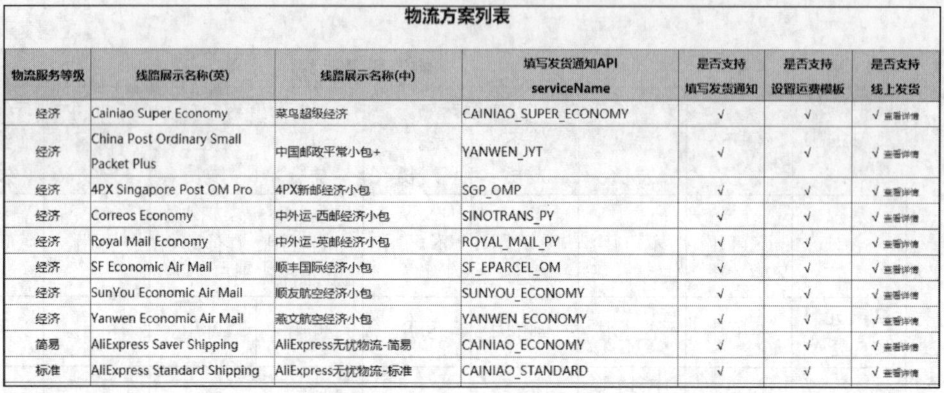

物流方案列表

物流服务等级	线路展示名称(英)	线路展示名称(中)	填写发货通知API serviceName	是否支持填写发货通知	是否支持设置运费模板	是否支持线上发货
经济	Cainiao Super Economy	菜鸟超级经济	CAINIAO_SUPER_ECONOMY	√	√	√ 查看详情
经济	China Post Ordinary Small Packet Plus	中国邮政平常小包+	YANWEN_JYT	√	√	√ 查看详情
经济	4PX Singapore Post OM Pro	4PX新邮经济小包	SGP_OMP	√	√	√ 查看详情
经济	Correos Economy	中外运-西邮经济小包	SINOTRANS_PY	√	√	√ 查看详情
经济	Royal Mail Economy	中外运-英邮经济小包	ROYAL_MAIL_PY	√	√	√ 查看详情
经济	SF Economic Air Mail	顺丰国际经济小包	SF_EPARCEL_OM	√	√	√ 查看详情
经济	SunYou Economic Air Mail	顺友航空经济小包	SUNYOU_ECONOMY	√	√	√ 查看详情
经济	Yanwen Economic Air Mail	燕文航空经济小包	YANWEN_ECONOMY	√	√	√ 查看详情
简易	AliExpress Saver Shipping	AliExpress无忧物流-简易	CAINIAO_ECONOMY	√	√	√ 查看详情
标准	AliExpress Standard Shipping	AliExpress无忧物流-标准	CAINIAO_STANDARD	√	√	√ 查看详情

图 5-1-2　物流方案列表

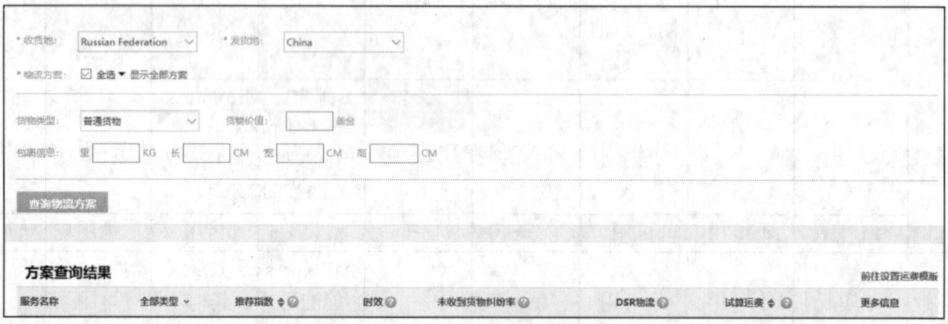

图 5-1-3　查询物流方案

2. 实训任务（见表 5-1-5）

表 5-1-5　认识速卖通物流的实训任务

序号	实训目标	实训任务和结果
1	认识速卖通平台支持的物流方案	选择速卖通平台支持的 3～5 种物流方式，详细了解其特点（含配送范围、体积重量限制、资费等）
2	能根据包裹特点选择适合的物流方案	1. 主营服装的店铺，其包裹一般可以选择哪些物流方式配送？ 2. 主营手机的店铺，其包裹一般可以选择的物流方式有______

（二）设置速卖通运费模板

速卖通运费模板中有新手运费模板。卖家可以通过单击新手模板名称查看相关元素，如果符合自己的需要，则可以直接使用新手运费模板。如果有特殊需求，则可以自定义运费模板，具体操作如表 5-1-6 所示。

1. 操作提示

表 5-1-6　设置速卖通运费模板的操作提示

具体操作	图示	完成情况
步骤一：登录速卖通后台，单击“产品管理”—“运费模板”—“新增运费模板”	图 5-1-4	
步骤二：输入运费模板名称	图 5-1-5	

具体操作	图示	完成情况
步骤三：找到已设置的模板名称，并进行"编辑"	图 5-1-6	
步骤四：选择"物流类型"，以 e 邮宝为例，单击"标准类物流"，勾选"ePacket"复选框	图 5-1-7	
步骤五：单击"自定义运费"，在每个州后面，单击"显示全部"，选择配送国家（或地区）	图 5-1-8	
步骤六：选择并设置发货类型，一般为"卖家承担运费"，单击"确认添加"按钮	图 5-1-8	
步骤七：若买家不在设定的运送国家或地区内，则选中"不发货"，单击"保存"按钮	图 5-1-9	
步骤八：单击"自定义运达时间"，勾选国家或地区，设置承诺运达时间，单击"确认添加"—"保存"按钮	图 5-1-10	

步骤二中的运费模板名称可根据自己的需求自行命名，如 Women Cloth Shipping。输入运费模板名称时，请注意只能输入英文字母或常用字符，不能输入特殊字符，然后单击"保存"按钮。

在步骤四中，卖家可以选择的物流方式有经济类物流、简易类物流、标准类物流、快速类物流、其他物流。下面以标准类物流下面的 e 邮宝为例，讲解运费模板设置。

在步骤五中，具体选择哪些国家和地区，卖家可以登录物流公司官网进行查询。

步骤六中的发货类型有标准运费、自定义运费和卖家承担运费三种。一般选择卖家承担运费，即包邮，然后将运费成本直接纳入商品价格中。如果选择标准运费，则可以同时设置折扣率；如果选择自定义运费，则可以设置首重运费和续重运费。

在步骤八中，卖家一般针对不同配送国家或地区有不同的承诺运达时间，可以单击"添加一个运达时间组合"来设置。承诺运达时间是从卖家填写运单号开始到货物妥投为止，填写上限为 60 天。承诺运达时间将在商品详情页面展示，对于承诺时间短的卖家会获得更多的买家信赖，得到更多的订单。如果货物在承诺运达时间未到达，买家提起超时赔付纠纷且买卖双方沟通后无法达成协议，则货款将全部退给买家。

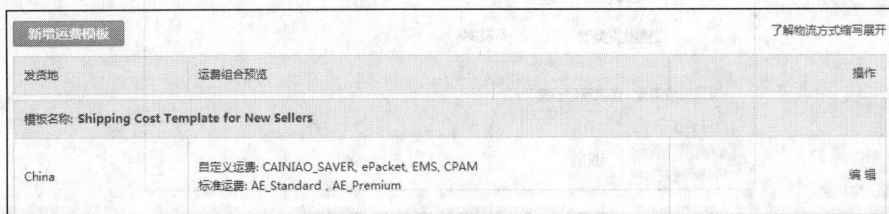

图 5-1-4 新增运费模板的界面

图 5-1-5 输入运费模板名称的界面

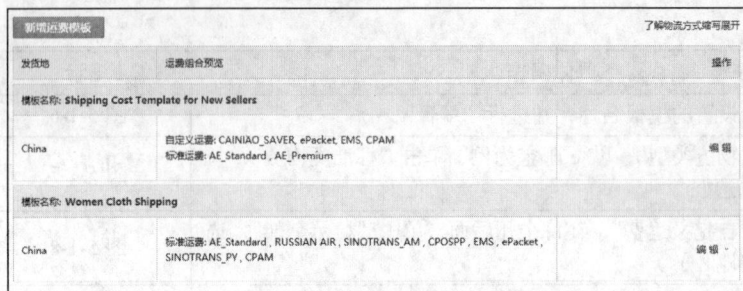

图 5-1-6　运费模板的待编辑界面

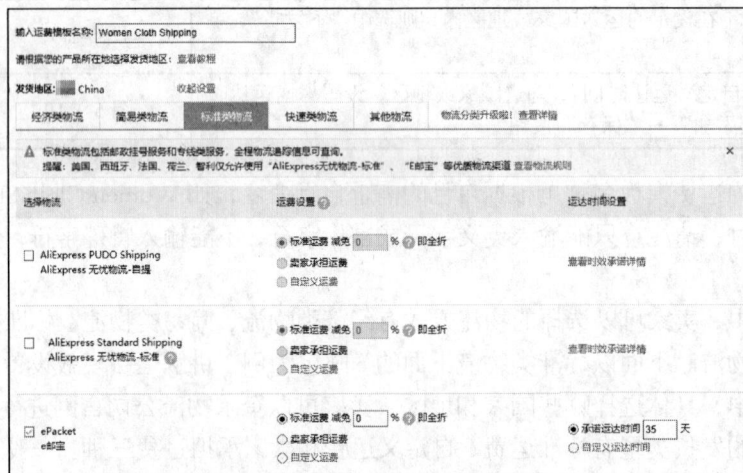

图 5-1-7　选择物流类型的界面

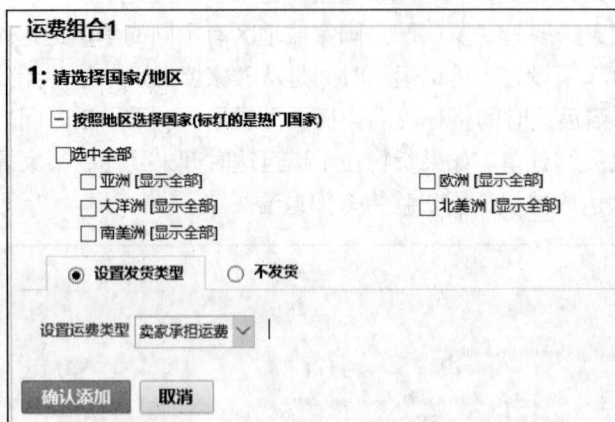

图 5-1-8　发货信息的设置界面 1

图 5-1-9　发货信息的设置界面 2

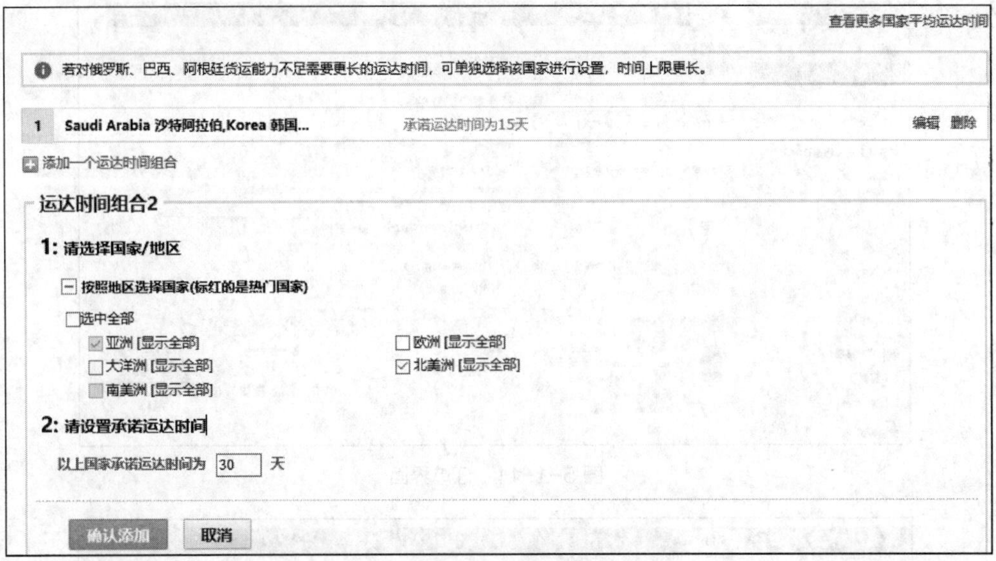

图 5-1-10   运达时间的设置界面

2. 实训任务（见表 5-1-7）

表 5-1-7   设置速卖通运费模板的实训任务

实训目标	实训任务和结果
能设置速卖通运费模板	请为自己的店铺设置一个运费模板，要求至少包含 3 种物流方式并提供运费模板截图

（三）配送速卖通订单

速卖通平台发货分为线下发货、线上发货、AliExpress 无忧物流。线下物流是指卖家自行联系物流公司，然后将物流单号填到平台上。线上发货是指卖家直接在速卖通后台在线选择物流方案，物流商上门揽收（或卖家自寄至物流商仓库），发货到境外，卖家可在线支付运费并在线发起物流维权。AliExpress 无忧物流则更为简便，卖家无须选择发货渠道，而由菜鸟智能分单系统选择最优物流方案，且卖家无须跟进后续的物流纠纷、物流商索赔等。下面以在线发货为例，讲解订单配送流程，具体操作如表 5-1-8 所示。

1. 操作提示

表 5-1-8   配送速卖通订单的操作提示

具体操作	图示	完成情况
步骤一：登录速卖通卖家后台，单击"交易"—"所有订单"—"等待您发货"—"线上发货"	图 5-1-11	
步骤二：选择物流方案	图 5-1-12	
步骤三：创建物流订单	图 5-1-13	
步骤四：打印发货标签，并贴在包裹外，将包裹交给物流商	图 5-1-14	
步骤五：系统分配物流单号后，单击"填写发货通知"按钮，选择物流服务名称并填写货运跟踪号，接着单击"提交"按钮	图 5-1-15	
步骤六：包裹入库后，卖家可以主动支付运费（人民币或美元）	图 5-1-16	

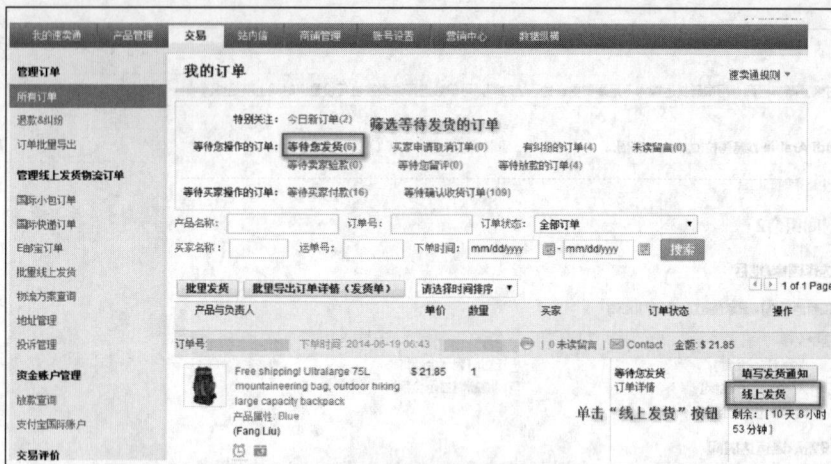

图 5-1-11 订单界面

图 5-1-12 选择物流方案界面

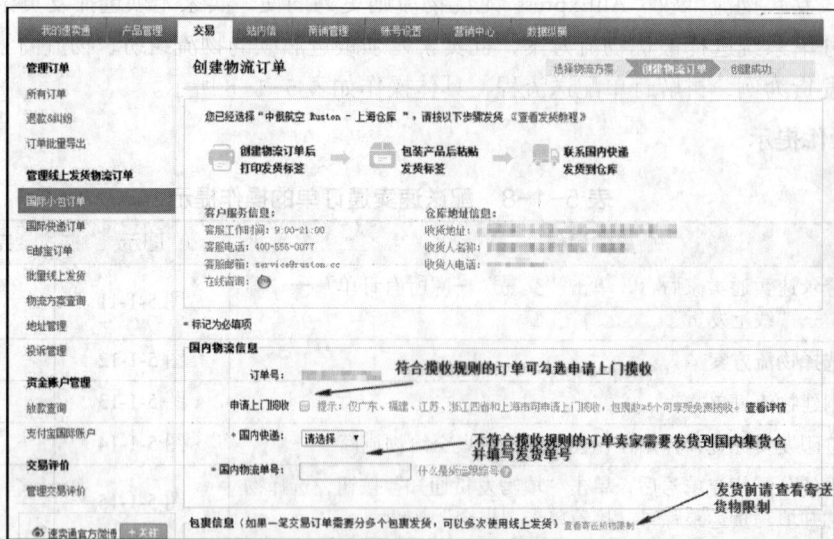

图 5-1-13 创建物流订单界面

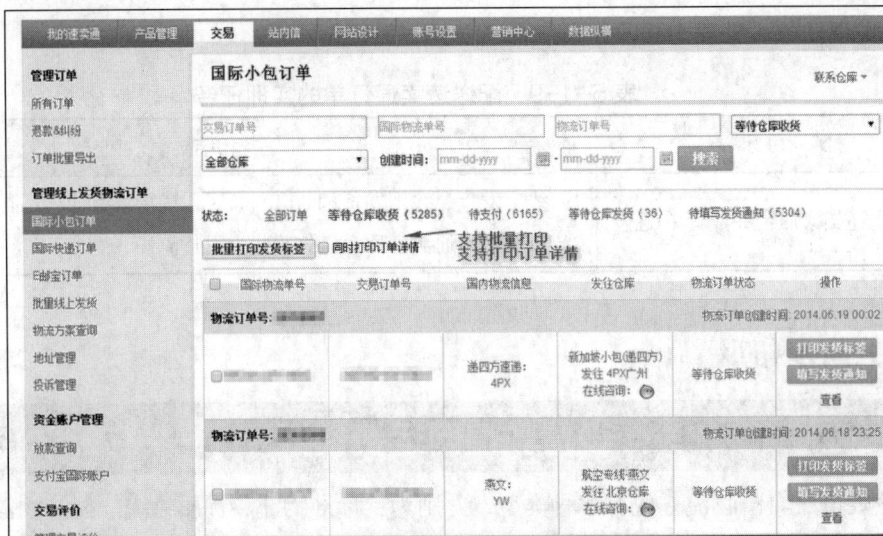

图 5-1-14 打印发货标签界面

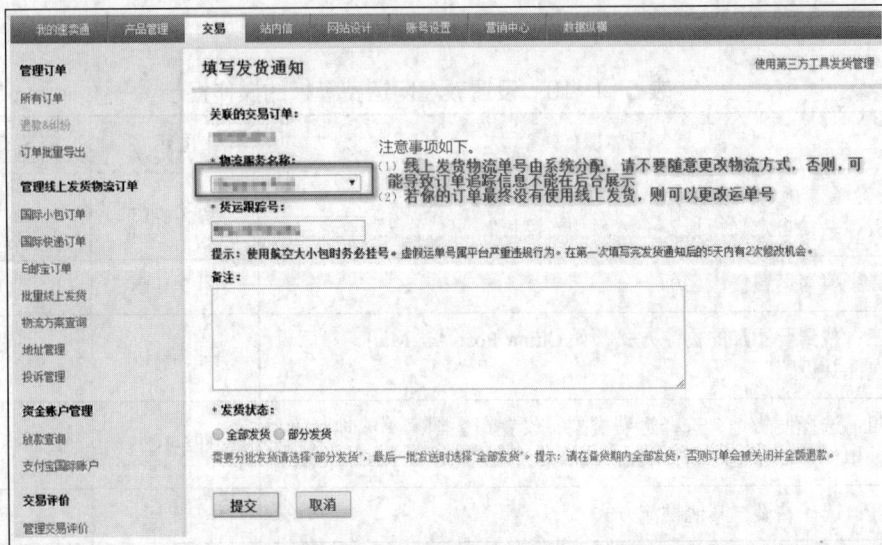

图 5-1-15 填写发货通知界面

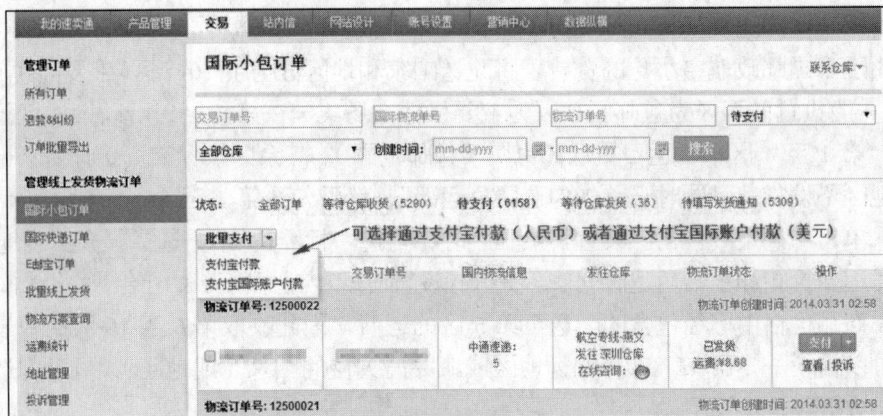

图 5-1-16 支付运费界面

2. 实训任务（见表 5-1-9）

表 5-1-9　配送速卖通订单的实训任务

实训目标	实训任务和结果
能在速卖通卖家后台完成订单配送	1. 线上发货、线下发货和 AliExpress 无忧物流有什么不同？ 2. 登录速卖通卖家后台，体验线上发货流程

四、同步拓展

设置敦煌网运费模板

敦煌网平台的物流方式有 4 种类型，分别为：标准物流、优质物流、经济物流、海外物流。以下以中国邮政航空小包为例，讲解在敦煌网平台上进行运费模板设置的方法，具体操作如表 5-1-10 所示。

1. 操作提示

表 5-1-10　设置敦煌网运费模板的操作提示

具体操作	图示	完成情况
步骤一：登录敦煌网卖家后台，单击"产品"—"模板管理"—"运费模板"—"自定义模板"—"添加新模板"	图 5-1-17	
步骤二：填写运费模板名称	图 5-1-18	
步骤三：找到要添加的物流方式，如 China Post Air Mail，然后单击"选择并设置"	图 5-1-19	
步骤四：选择发货地，选择运费类型，设置销售国家（或地区）、运费折扣、承诺运达时间，单击"确定"按钮	图 5-1-20	
步骤五：选择并设置其他物流方式	无	
步骤六：单击"保存运费模板"按钮	图 5-1-21	

步骤二中的运费模板名称支持中英文，如"服装运费模板"。

由于中国邮政航空小包的资费表将配送国家和地区分为了 10 个区（俄罗斯也在第 5 区），一般设置前五区为包邮区（因为主要目标市场美国在第 5 区，所以第 5 区设置为包邮；第 1 至 4 区单位运费更低，也属于包邮范围），其余区按标准资费计费，部分国家或地区不发货。设置时，首先勾选"免运费"，然后勾选第 1 至 5 区，输入承诺运达时间，单击"确定"按钮。设置其余几区时，勾选"标准运费"，选择国家（或地区），并填写运费折扣和承诺运达时间。运费折扣设置时既要考虑物流公司给予的折扣，又要考虑在商品价格中已经包含的配送至第 5 区的运费，因此收取第 6 至 10 区的包裹运费时，可以给予一定折扣。部分偏远地区或海关清关慢的国家（或地区），可以勾选"不发货"进行设置。

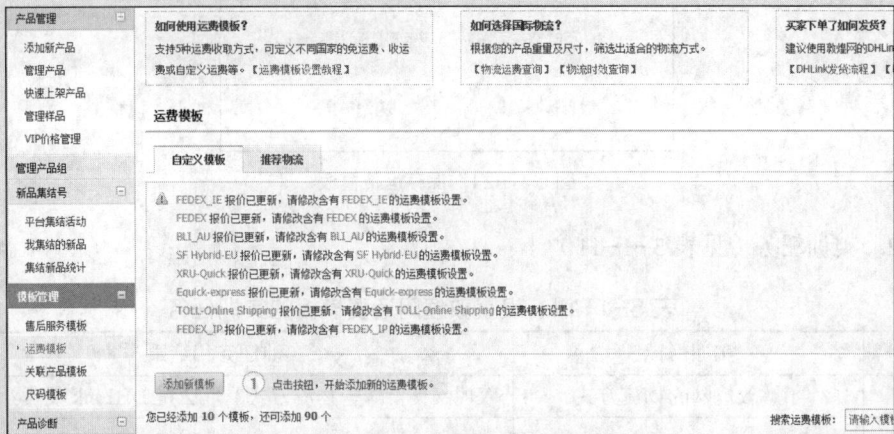

图 5-1-17　敦煌网的卖家后台

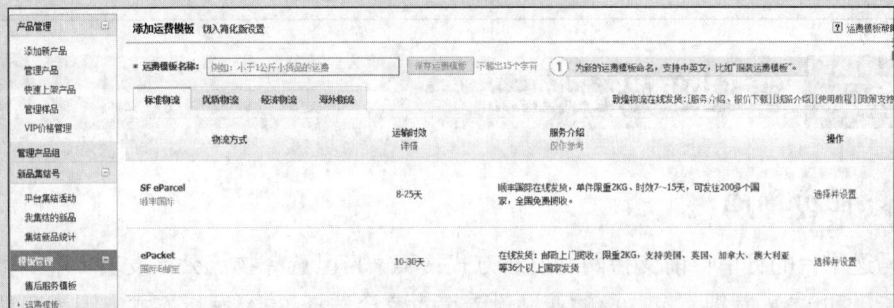

图 5-1-18　填写运费模板名称的界面

图 5-1-19　选择物流方式的界面

图 5-1-20　设置物流方式的界面

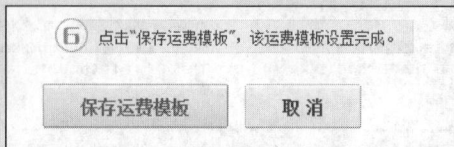

图 5-1-21 保存运费模板

2. 实训任务（见表 5-1-11）

表 5-1-11 设置敦煌网运费模板的实训任务

序号	实训目标	实训任务和结果
1	了解敦煌网的物流方式	敦煌网支持哪些物流方式？什么是 DHLink 发货？
2	能设置敦煌网运费模板	请为自己的店铺设置一个运费模板，要求至少包含 3 种物流方式并提供运费模板截图

任务二 管理亚马逊物流

一、任务描述

亚马逊平台的订单目前支持两种发货方式：卖家自己选择物流公司发货（中国直发，也称自发货）和 FBA 发货。有 70% 的亚马逊跨境卖家会选择 FBA 发货方式，因为亚马逊平台对选择 FBA 发货的商品有政策倾斜，可以增加曝光度。通过任务二的学习，读者可以完成管理亚马逊物流的任务。本任务的内容如图 5-2-1 所示。

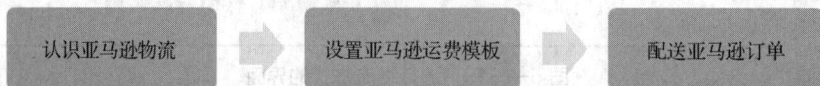

图 5-2-1 管理亚马逊物流

二、相关知识

（一）FBA 介绍

FBA 的全称是 Fulfillment By Amazon，是由亚马逊提供的包括仓储、拣货打包、派送、收款、客服与退货处理的一条龙式物流服务。卖家若采用 FBA 配送方式，则需要知道以下内容。

1. FBA 的优势

（1）使用 FBA 的商品全部有购物车，且能够在亚马逊提高 Listing 排名，提高买家信任度，进而提升转化率。

（2）配送时效快，一般买家购买 FBA 的商品，可以隔天收货。

（3）亚马逊专业客服 7×24 小时帮忙处理售前咨询和售后问题。

（4）亚马逊有权处理由于物流派送问题产生的中差评（包括派送时效、包裹挤压破损等由 FBA 引起的问题）。

（5）对于标准尺寸内、单价超过300美元的商品免除所有FBA的物流费。

2. FBA的劣势

（1）除大型重货外，一般来说，使用FBA的费用要比从境内发货高。

（2）灵活性差，FBA只能用英文邮件和客户沟通，回复不及时。

（3）对前期工作要求较高，标签扫码出问题会影响货物入库，甚至入不了库。

（二）FBA仓储费

自2018年4月1日起，亚马逊仓储费进行了调整，主要包含以下部分。

1. 每月库存存储费

自2018年4月1日起，标准尺寸和超大尺寸商品的月度库存存储费为：1月至9月，标准尺寸物品\$0.69/立方英尺，超大件\$0.48/立方英尺；10月至12月，标准尺寸物品\$2.40/立方英尺，超大件\$1.20/立方英尺。注意，1立方英尺=28 316.8立方厘米。

2. 长期存储费

自2018年9月15日起，长期存储费将进行调整，评估日期将从每半年一次改为每月一次。亚马逊物流将在每月15日进行库存清点。在亚马逊运营中心的存放时间处于181~365天的库存将接受每立方英尺3.45美元的长期仓储费评估。对于截至库存清点日，在运营中心的存放时间超过365天的商品，亚马逊会按每立方英尺6.90美元的标准评估长期仓储费。

3. 最低长期存储费

在2018年8月15日，亚马逊将为已在履约中心存放365天或更长时间的物品引入每单位每月最低0.50美元的收费，并将收取适用的总长期仓储费或最低长期仓储费中的较大者。

此外，针对有专业销售计划的卖家，从2018年7月1日开始，亚马逊对库存绩效指数低于350的卖家的存储通道实施限制。维护350或更高指数分数的卖家将拥有无限制的标准尺寸和超大尺寸物品存储空间（每月存储费用和长期存储费用仍然适用）。

三、任务实施

（一）认识亚马逊物流

1. 操作提示

亚马逊物流有其优势和劣势，不是所有商品都适合使用FBA服务。亚马逊卖家中心有FBA成本计算器，如图5-2-2所示，卖家可以用它计算各种商品的FBA费用，以此判断自己的商品是否适合使用FBA服务。亚马逊的FBA成本计算器可以帮助计算FBA服务不同功能的成本，包括订单、挑选货物打包、运费和处理以及储存商品。

第一步：在亚马逊平台上找到自己的商品。

第二步：在FBA计算器上输入商品成本、运输成本以及每一件商品的总成本。

第三步：单击"Calculate"（计算）按钮，FBA计算器会根据输入的数据计算成本明细，这样卖家会对FBA的储存内容有个大致的概念。

另外，如果卖家有自行配送的商品，则可以在计算器的左侧输入这些花费，如商品成本、亚马逊订单履行价格、包装费和运费等。通过这些数字，卖家可以比较成本，以决定是自己选择物流公司发货（自发货）还是使用亚马逊FBA服务。

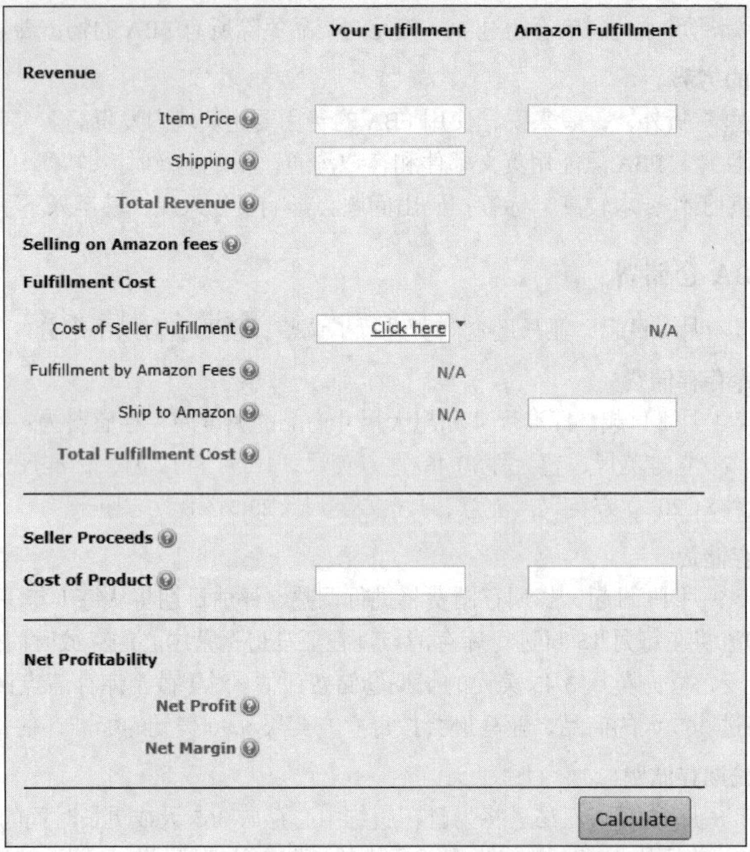

图 5-2-2　FAB 成本计算器

2. 实训任务（见表 5-2-1）

表 5-2-1　认识亚马逊物流的实训任务

序号	实训目标	实训任务和结果
1	认识亚马逊物流和自发货的区别	请对比自发货和 FBA 两种不同模式的优劣势以及清关模式
2	能根据商品特点判断是否应该选择亚马逊FBA服务	请从费用角度考虑，什么样的商品不适合选择FBA 模式

（二）设置亚马逊运费模板

1. 操作提示（见表 5-2-2）

表 5-2-2　设置亚马逊运费模板的操作提示

具体操作	图示	完成情况
步骤一：登录亚马逊卖家后台，单击 "Settings" — "Shipping Settings"	图 5-2-3	
步骤二：选择发货地址	图 5-2-4	
步骤三：选择运费方式	图 5-2-5	
步骤四：以 Price Banded（以订单金额决定运费）为例，设置免运费，勾选运送到的国家（或地区）及运送服务	图 5-2-6、图 5-2-7	
步骤五：设置运达时间	图 5-2-8	

步骤三中的运费方式分两种：Price Banded（以订单总金额来决定运费）和 Per Item/Weight-Based（以物品的件数或者重量决定运费）。第一种方式设置的时候较简单，首先设置订单区间，然后设置该区间的运费。例如，图 5-2-6 设置的是：订单金额为 0~10 美元的，运费为 2 美元；订单金额为 10.01~50 美元的，运费为 5 美元；订单金额为 50.01 美元以上的，运费为 10 美元。第二种方式又分为按件数收费和按重量收费。一般是每票收取固定费用，然后每件或每磅收取单位费用。

所针对的国家或地区有预计送达时间的，选择能提供的服务时效，系统的时效是默认设置，不可以改变。

如果要对所运送的区域设置全部免运费，就把所有的区域都设置为"0 to UP"，且 Shipment Rate 都为 0。

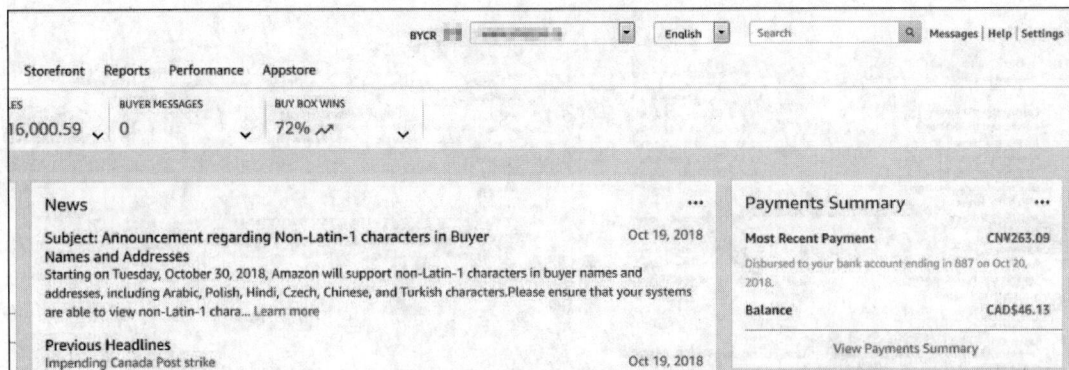

图 5-2-3　亚马逊的卖家后台

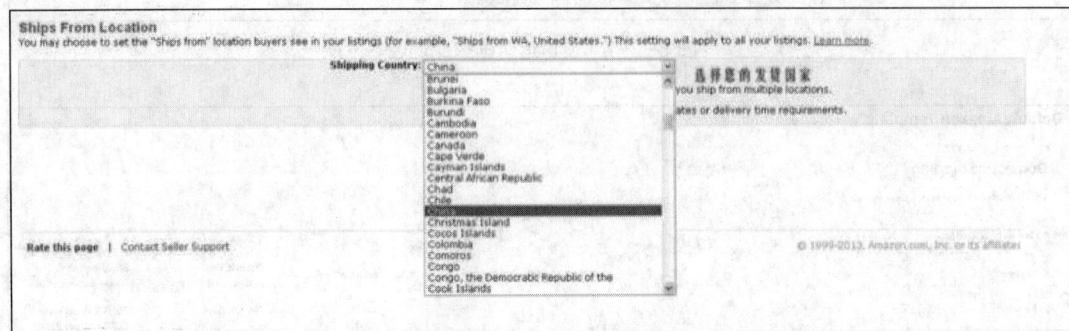

图 5-2-4　选择发货地址

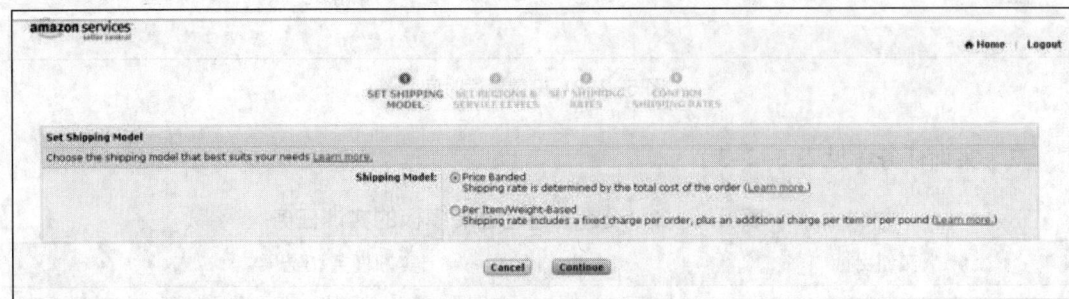

图 5-2-5　选择运费方式

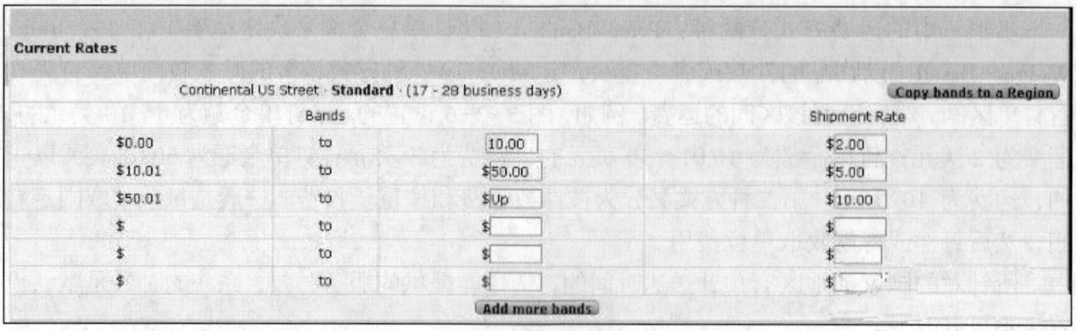

图 5-2-6 以订单总金额来决定运费

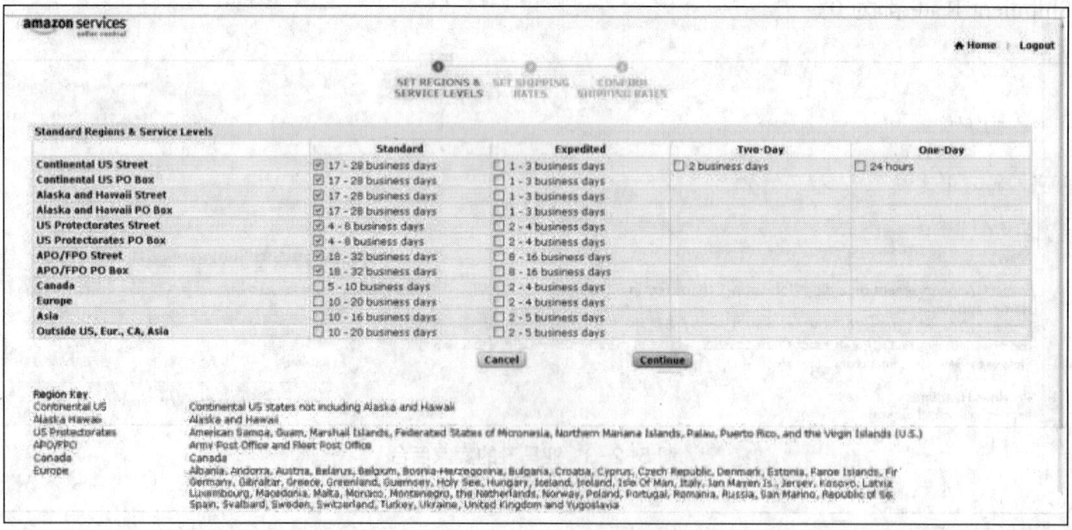

图 5-2-7 设置运达国家或地区

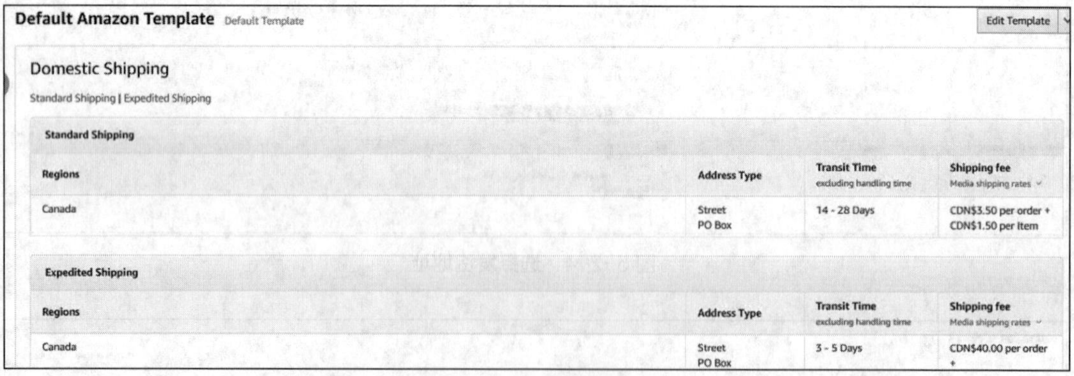

图 5-2-8 设置运达时间

2. 实训任务（见表 5-2-3）

表 5-2-3 设置亚马逊运费模板的实训任务

实训目标	实训任务和结果
能设置亚马逊运费模板	请为自己的店铺设置一个运费模板，要求美国地区包邮并提供运费模板截图

（三）配送亚马逊订单

亚马逊订单发货流程主要分为自发货和 FBA。这两种方式的流程不尽相同，具体介绍如下。

（1）自发货流程：在亚马逊的卖家后台操作订单—打包发货—投递包裹—客户收货。

（2）FBA 流程：卖家将备货发送至亚马逊仓库—操作订单—亚马逊发货—向客户派送货品。

1. 操作提示（见表 5-2-4）

表 5-2-4　配送亚马逊订单的操作提示

具体操作	图示	完成情况
步骤一：登录亚马逊的卖家后台，选择"ORDERS"—"Manage Orders"菜单	图 5-2-9	
步骤二：可以利用搜索框筛选出需要处理的订单	图 5-2-10	
步骤三：选择订单状态为"Unshipped"的订单	无	
步骤四：单击"Confirm shipment"按钮	图 5-2-11	
步骤五：选择 Carrier（物流公司），填写 Tracking ID（运单号），单击"Confirm shipment"按钮	图 5-2-12	

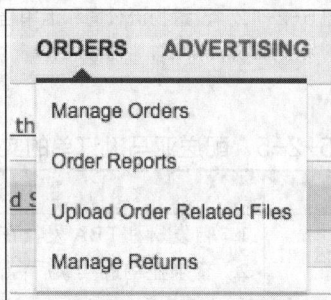

图 5-2-9　ORDERS 菜单栏

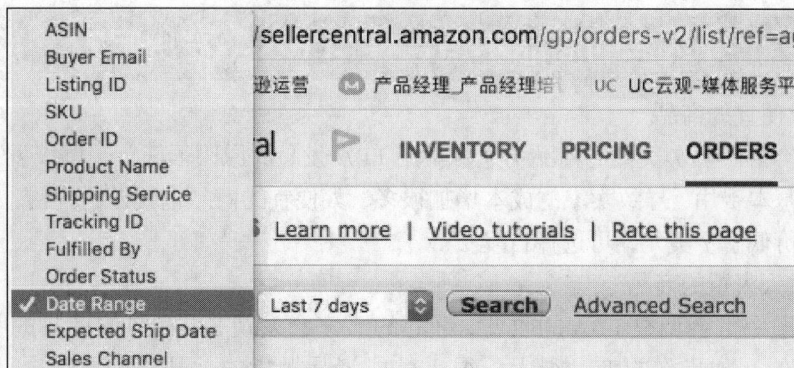

图 5-2-10　筛选订单

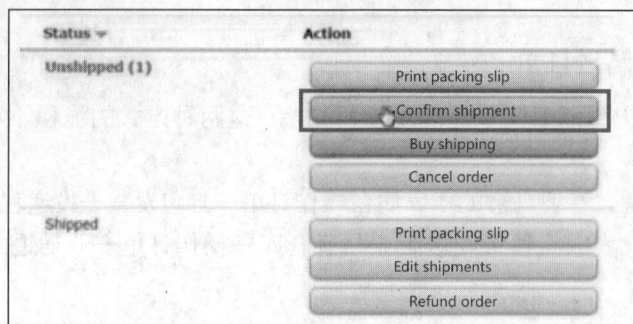

图 5-2-11　确认发货信息

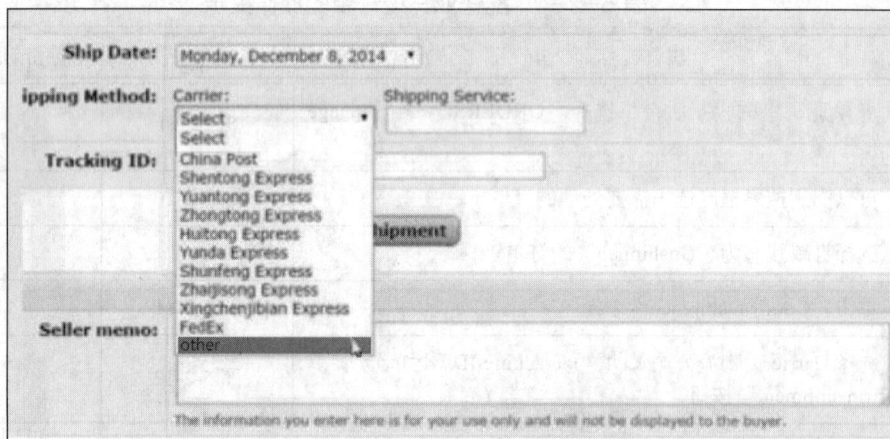

图 5-2-12　设置物流公司和运单号

2. 实训任务（见表 5-2-5）

表 5-2-5　配送亚马逊订单的实训任务

实训目标	实训任务和结果
能在亚马逊卖家后台完成订单配送	1. 自发货和 FBA 发货在流程上有什么区别？ 2. 登录亚马逊卖家后台，体验发货流程

四、同步拓展

什么样的商品不适合使用 FBA 发货呢？

1. 太便宜的商品

零售价格低于 7 美元的商品不适合使用 FBA 发货。原因很简单，FBA 对每笔交易都会收取基本费用，导致卖家的成本增加很多，太便宜的商品也就无利可图。如果你的商品零售价低于 7 美元，可选择自发货。

2. 太大太重的商品

亚马逊经常会调整 FBA 的收费，细心的卖家会发现，大和重的商品的收费是在不断增加的。如果你的商品很大、很重，或者是抛货的，那么就不适合使用 FBA 发货。

3. 功能性特别强的商品

你发货之后，是由亚马逊来完成售后的。在这种情况下，功能性很强的商品的退货率会很高。

4. 冷门商品

FBA 是有仓储费的，虽然不高，但是日积月累也是笔不小的支出。卖家需要注意，如果一些商品存储时间已经超过 6 个月，那么亚马逊就会加收十倍的仓储费。

5. 季节性太强的商品

季节性、节日性商品不建议使用 FBA 发货，这是因为使用 FBA 发货基本是靠销售量预测，如果一个商品季节性太强，则会很难预测销量。

6. 明令禁止的危险品

某些商品可以在亚马逊销售，但是不能使用 FBA 发货。以下是亚马逊物流禁运的商品。

① 任何无法以合法方式在所有美国管辖区内销售和分发的商品。

② 酒精饮料（包括无醇啤酒）。

③ 孔明灯或水灯。

④ 汽车轮胎。

⑤ 礼品卡、礼券和其他储值工具。

⑥ 具有未授权的营销材料（如宣传册、价格标签和其他非亚马逊贴纸）的商品。

⑦ 尺寸超过 144 英寸×96 英寸×96 英寸或重量超过 150 磅的商品。（注意：1 英寸= 2.54 厘米，1 磅=453.592 37 克。）

⑧ 需要准备但尚未根据亚马逊物流包装和准备要求准备好的商品。

⑨ 包装松动的电池。

⑩ 存在残损或缺陷的商品。

⑪ 在发货前未向亚马逊正确注册标签或标签与所注册的商品不符的商品。

⑫ 不符合亚马逊与卖家之间任何协议的商品。

⑬ 非法复制、复印或制造的商品。

⑭ 被亚马逊确定为不适宜销售的商品。

综合起来，并不是所有的商品都适合使用 FBA 发货。对于不适合的商品，可以选择自发货、海外仓发货。

（资料来源：雨果网）

任务三　管理 Wish 物流

一、任务描述

Wish 上的订单通过各种物流方式发往世界各地，货物基本都是 2 千克以下的小包。Wish 注重货物的配送数据，配送数据表现越好，商品就可以得到越多的曝光和推送机会；反之，配送数据差，则卖家会面临"暂停交易"的风险。读者在任务三中主要学习如何管理 Wish 物流，具体内容如图 5-3-1 所示。

图 5-3-1　管理 Wish 物流

二、相关知识

（一）Wish 物流

Wish 邮原是中国邮政和 Wish 共同推出的一款 Wish 商户专属的物流产品。升级后的 Wish 邮可以为 Wish 商户提供下单、揽收、配送、跟踪查询等跨境物流服务。太平洋时间 2018 年 10 月 22 日 17 时起，Wish 政策规定从中国直发的订单必须使用 Wish 邮配送。如果使用了除 Wish 邮以外的物流服务商配送商品将被处以每个违规订单 10 美元的罚款。

FBW-CN（Fulfillment By Wish，Wish 代发货业务）是一项由 Wish 提供给中国商户的仓储发货服务，商户可以将热销产品存放在此仓库中，Wish 将会负责履行订单（捡货、打包及配送）。商户使用 FBW-CN，因仓储、物流等原因造成的用户退款，平台将进行赔付，平台同时会给予商户更多运营方面的支持。商户使用 FBW-CN 配套的物流发货，可以享受最长 45 天的物流费用账期，这样就可以帮助商户解决部分资金周转问题。

（二）海外仓介绍

当前跨境电子商务国际物流发展的新趋势就是海外仓模式。海外仓是指建立在海外的仓储设施。在跨境贸易电子商务中，海外仓是指国内企业将商品通过大宗运输的形式运往目标市场，在当地建立仓库、储存商品，然后再根据当地的销售订单，第一时间做出响应，及时从当地仓库直接进行分拣、包装和配送。

实际上，海外仓将会成为电商时代物流业发展的必然趋势。

第一，海外仓的头程将零散的国际小包转化成大宗运输，会大大降低物流成本。

第二，海外仓能将传统的国际派送转化为当地派送，确保商品更快速、更安全、更准确地送达消费者手中，完善消费者跨境贸易购物体验。

第三，海外仓的退货处理流程高效、便捷，适应当地消费者的购物习惯，让消费者在购物时更加放心，能够解决国际间退换货问题。

第四，海外仓与传统仓储物流相结合可以规避外贸风险，避免因节假日等特殊原因造成的物流短板，从而提高我国电商的海外竞争力，真正帮助电商提供本土服务，适应当地消费者的消费习惯。

海外仓储费用的计算公式如下：

海外仓储费用=头程费用+仓储及处理费+本地配送费用

头程费用是指货物从中国到海外仓产生的运费；仓储及处理费是指客户货物存储在海外仓和处理当地配送时产生的费用；本地配送费用是指对商品进行配送产生的本地快递费用。

三、任务实施

（一）认识 Wish 物流

1. 操作提示（见表 5-3-1）

表 5-3-1　认识 Wish 物流的操作提示

具体操作	图示	是/否完成
步骤一：打开 WishPost 网站，单击"常见问题"，找到《Wish 邮资费表、各产品介绍》，查看 Wish 邮支持的物流产品及资费标准	图 5-3-2	
步骤二：注册 WishPost 账户	图 5-3-3	
步骤三：绑定 Wish 商户账号	图 5-3-4	

图 5-3-2　Wish 邮产品介绍界面

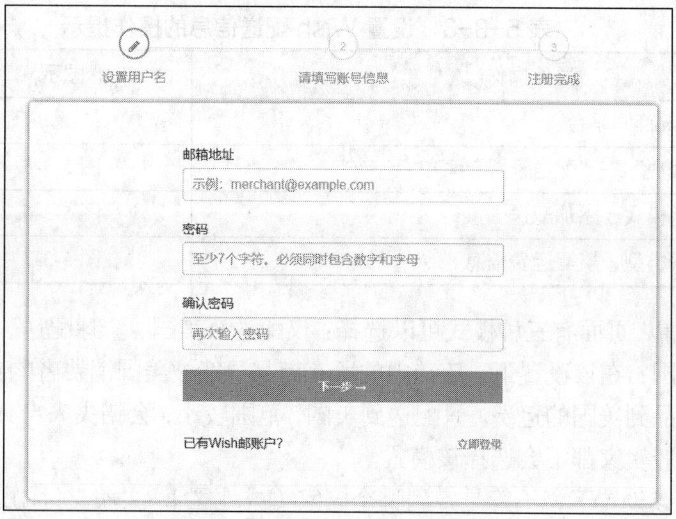

图 5-3-3　WishPost 的注册界面

图 5-3-4 绑定 Wish 商户

2. 实训任务（见表 5-3-2）

表 5-3-2　认识 Wish 物流的实训任务

实训目标	实训任务和结果
认识 WishPost	1. WishPost 支持哪些物流商品，分别有什么特点？ 2. 注册 WishPost，并绑定 Wish 商户账号

（二）设置 Wish 配送信息

1. 操作提示（见表 5-3-3）

表 5-3-3　设置 Wish 配送信息的操作提示

具体操作	图示	是/否完成
步骤一：登录 Wish 商户平台	无	
步骤二：选择"账户"—"配送设置"菜单	图 5-3-5	
步骤三：选择配送模式，添加配送国家	图 5-3-6	
步骤四：选择运费类型，填写运费信息	图 5-3-7	

在"配送设置"页面有三种模式可以选择：仅配送至美国、全球配送、配送至选定国家。

仅配送至美国：在该设置下，店铺内的所有商品只能被美国消费者购买，刊登商品时设置的运费为该商品到美国的运费。只配送到美国，范围较小，会错失来自其他国家（或地区）的订单，因此一般卖家都不会选择该模式。

全球配送：该设置下，不管是寄到哪个国家（或地区），买家支付的运费都是上传商品设置的运费。全球配送的优点是曝光高，缺点是面对一些偏远、物流不稳定的国家（或地区），卖家可能会被高昂的运费及运输时效慢等问题困扰。

配送至选定国家：在该设置下，有两种模式可以选择，分别为使用商品配送费（Use Product Shipping Price）和设定默认运费（Set Default Shipping Price）。选择配送到指定的国家，单击"添加"按钮，可以填写相应需要配送的国家，单击"更新"按钮即可完成设置。

步骤四中的运费类型有两种：设定默认运费和使用产品配送费。

设定默认运费：可以设置到每个国家的商品运费。这时，同一国家下单的买家支付的任何商品的运费都是相同的费用，而不是上传商品时候发布的运费。比如，到美国的默认运费是 3 美元，到丹麦是 4 美元，则店铺所有商品到美国都为 3 美元，所有商品到丹麦都是 4 美元。

使用产品配送费：指到该国的产品运费就是上传产品的时候发布的运费。例如，到法国，产品 A 的运费是 2 美元，产品 B 的运费是 3 美元，按照各个产品收取不同运费。

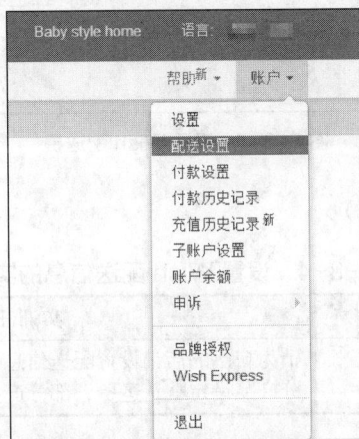

图 5-3-5　Wish 账户菜单

图 5-3-6　设置 Wish 配送国家

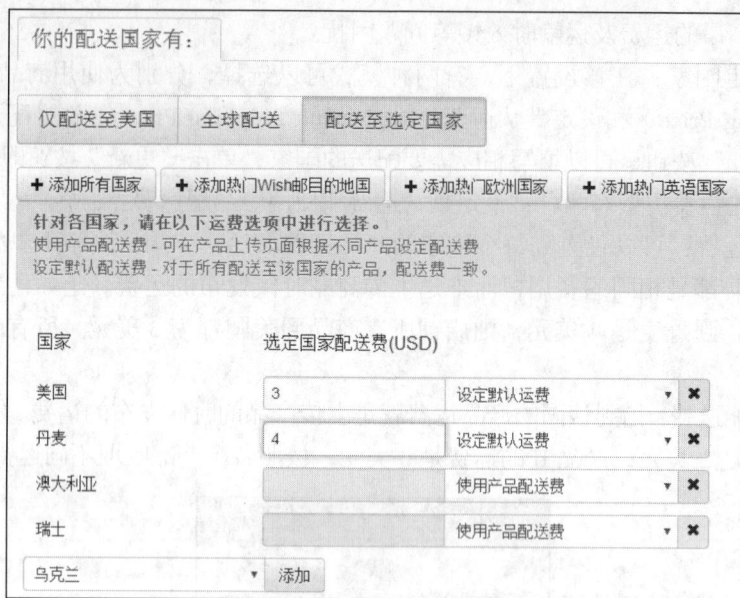

图 5-3-7　设置 Wish 配送费

2. 实训任务（见表 5-3-4）

表 5-3-4　设置 Wish 配送信息的实训任务

实训目标	实训任务和结果
能设置 Wish 配送信息	请为自己的店铺设置配送信息，要求：配送到热门英语国家，部分产品设定默认运费，部分产品使用产品配送费，提供截图

（三）配送 Wish 订单

1. 操作提示

Wish 后台产生订单后，卖家需要登录 Wish 邮创建物流订单，获取物流跟踪单号后，再回到 Wish 后台填写物流跟踪单号，具体流程如图 5-3-8 所示。Wish 邮平台创建物流订单的流程如表 5-3-5 所示。

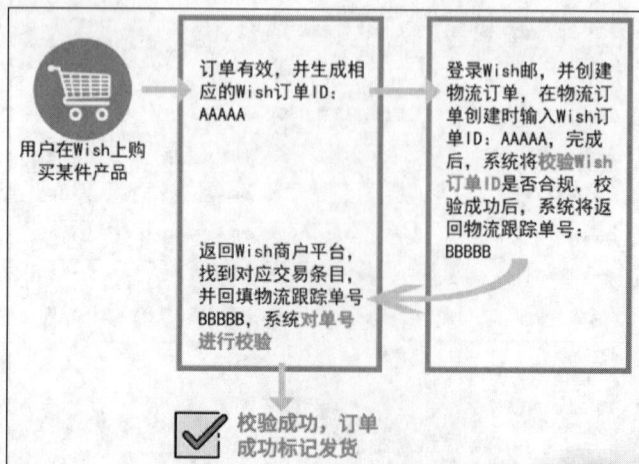

图 5-3-8　Wish 订单配送流程

表 5-3-5　配送 Wish 订单操作提示

具体操作	图示	是/否完成
步骤一：登录 Wish 商户平台	无	
步骤二：选择"订单"—"未处理"菜单，打开未处理订单列表页面，获取订单号（订单 ID）	图 5-3-9、图 5-3-10	
步骤三：登录 Wish 邮平台，单击"订单详情"—"创建订单"	图 5-3-11	
步骤四：填写 Wish 订单信息	图 5-3-12	
步骤五：填写包裹信息	图 5-3-13	
步骤六：选择物流渠道	图 5-3-14	
步骤七：填写发件人信息	图 5-3-15	
步骤八：填写收件人信息	图 5-3-16	
步骤九：物流订单生成，获得物流跟踪单号	图 5-3-17	
步骤十：单击"下载标签"按钮，打印物流面单，联系物流供应商发货	图 5-3-17	
步骤十一：返回 Wish 商户平台，输入物流跟踪单号，将订单标记为"已配送"	无	

步骤四中的 Wish 订单信息主要是 Wish 订单号，具体可以在 Wish 商户平台获取。

步骤五中的包裹信息包括包裹类型、产品原产国、产品详细品名（以英文输入产品具体品名）、产品数量、重量、申报价值、用户定义等。

步骤六中先选择收件人所在的国家或地区，然后单击"选择渠道"按钮，选择 Wish 邮支持的物流商品，系统会自动估算运费。

步骤七中的发件人信息需要用英文填写，揽收地址信息先用中文填写，再用英语填写。

步骤八中的收件人信息需要用英文填写，如果收件国（或地区）语言为非英文，还需要用当地语言填写收件人信息，否则包裹可能无法投递。

图 5-3-9　订单菜单

图 5-3-10　未处理订单列表

图 5-3-11　Wish 邮后台界面

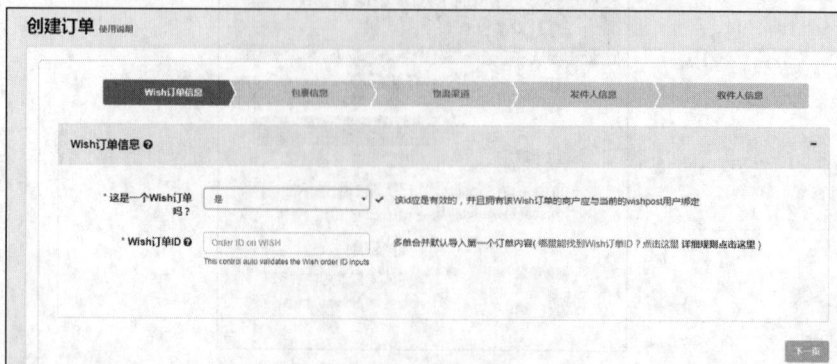

图 5-3-12　填写 Wish 订单信息界面

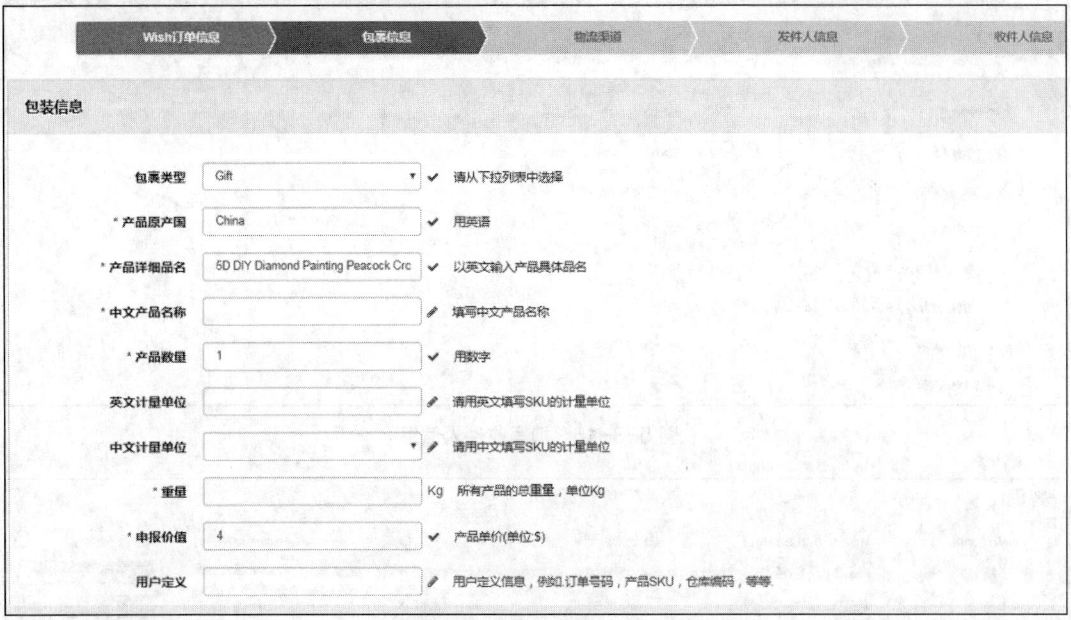

图 5-3-13 填写包裹信息

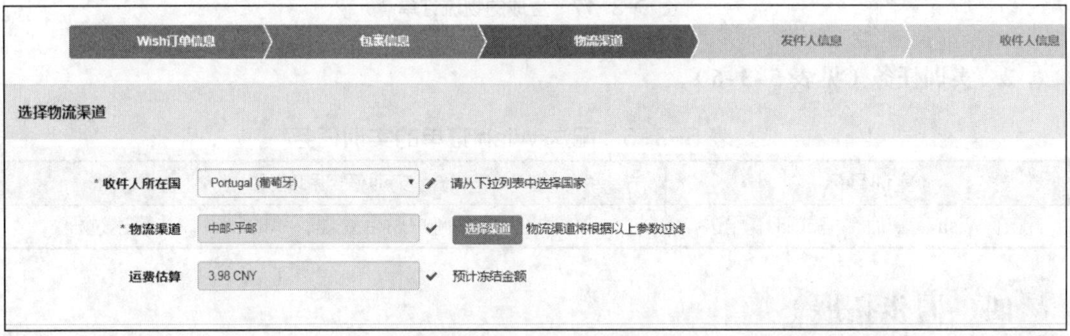

图 5-3-14 选择物流渠道

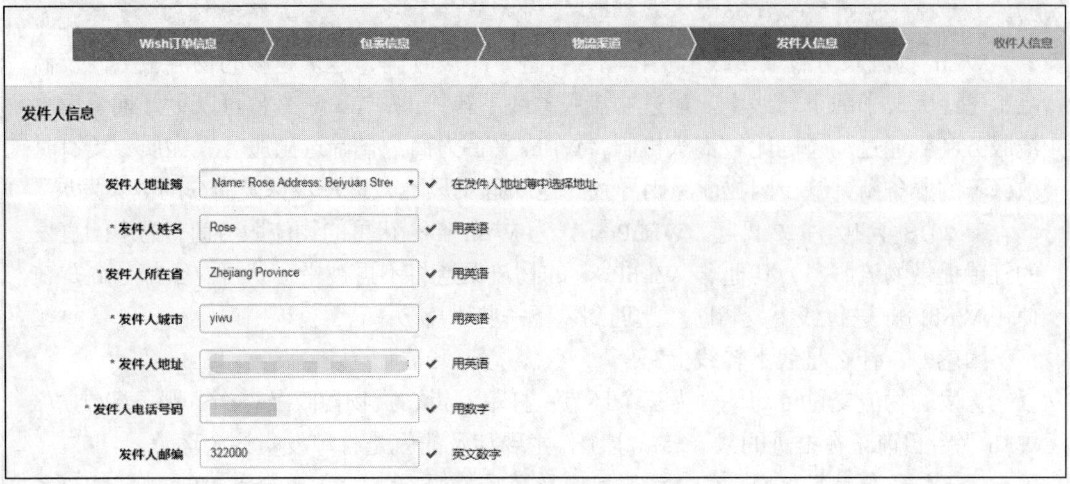

图 5-3-15 填写发件人信息

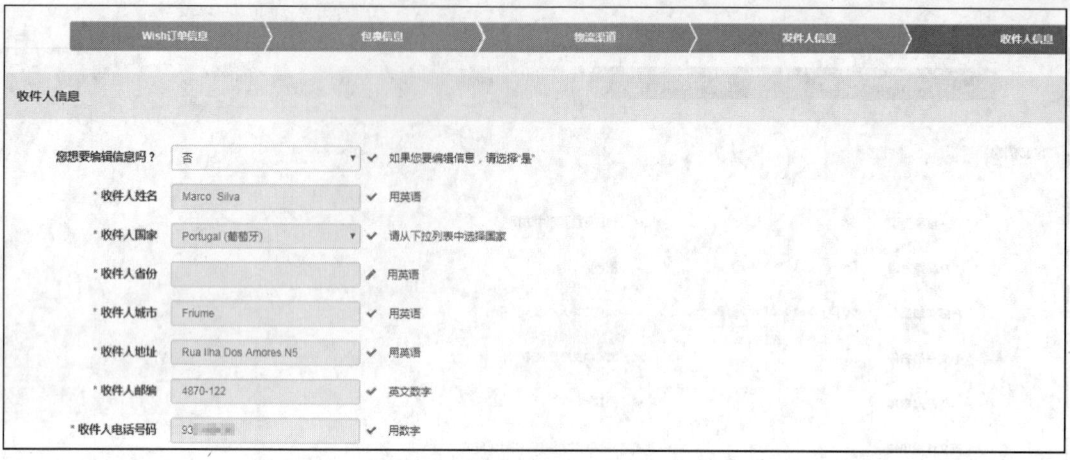

图 5-3-16　填写收件人信息

图 5-3-17　生成的物流订单

2. 实训任务（见表 5-3-6）

表 5-3-6　配送 Wish 订单的实训任务

实训目标	实训任务和结果
能在 Wish 商户后台完成订单配送	请体验在 Wish 商户后台处理订单的步骤，并简述过程

四、同步拓展

Wish 物流新政解读

Wish 物流服务线下转线上工作已经推进了一段时间，越来越多的物流服务商及商品都已经完成了线下转线上。通过物流服务线下转线上，Wish 平台可以更好地管理物流服务商。通过动态的比较淘汰机制，Wish 平台为商户们筛选出服务更优质、更有时效保障的服务商，减少因物流原因导致的退款退货风险，进一步保障商户的健康发展。

自 2018 年 10 月 22 日起，WishPost 作为 Wish 唯一认可的物流服务商，为中国直发的订单提供物流服务，其他非 WishPost 的物流渠道将不再被平台认可。少部分商户在使用 WishPost 进行线上发货时，遭遇到以下一些困惑。

困惑一：什么是线下转线上？

直发的物流交付可简单分为三个环节：打单发货、货物揽收及寄送、服务费结算。Wish 平台目前正在推进的线下转线上工作主要涉及的就是打单发货这个环节。

线下转线上就是将原有的物流服务商及商品（如 ePacket）整合到 WishPost 物流系统中，商户使用该物流服务商或商品进行发货，不再需要通过物流服务商的系统或货代进行操作，只需要登录 Wish 邮官网或 ERP（Enterprise Resource Planning，企业资源计划）系统选择合适的 WishPost 物流服务（如 WishPost-EUB）进行打单发货。

目前，货物揽收及寄送服务仍与之前相同，由商户与物流服务商沟通解决。

服务费结算是否需要通过 Wish 邮进行，则需要视情况而定。目前 Wish 邮已经开通了线上结算服务，包括云途、燕文、4PX、CNE、UBI 等在内的部分物流服务商的费用结算均需通过 Wish 官方物流（即 Wish 邮）线上结算服务进行服务费结算。

困惑二：Wish 物流上线后，卖家如何更快速地选择适合的物流商品呢？

越来越多的物流商品完成了线下转线上，使用线上发货。卖家该如何快速选择适合自己的物流商品呢？卖家可以借助 Wish 邮平台的物流咨询工具来帮助自己进行决策。卖家登录"物流咨询工具"页面后，只需要输入目的地、商品属性等基本信息，系统将展示所有符合需求的物流商品，供卖家参考。

（资料来源：雨果网）

项目六
刊登商品信息

项目情境导入

跨境电子商务交易具有虚拟性，消费者无法直观地看到商品，只能通过网上的商品信息来决定是否购买，因此商品信息刊登的质量显得尤为重要。商品信息刊登主要分为两个阶段：第一阶段是商品信息整理，第二阶段是商品信息发布。网上刊登的商品信息主要包括商品标题、图片、展示页、价格、包装、售后服务、可供选择的物流方式等。

如何提高商品信息刊登的质量呢？首先，商品信息要符合跨境电子商务平台规范和要求。不同的跨境电子商务平台对商品信息的要求不同，例如速卖通、亚马逊和Wish平台对商品标题的长度、图片的像素和价格的组成等要求都不相同。因此，在商品信息整理阶段一定要先了解所选的跨境电子商务平台对信息的规范化要求。其次，商品信息优化要从提高曝光量和转化率的角度出发。商品信息的好坏不能单纯地从其本身的质量来看，一个语法精准的标题不一定能够促成消费者浏览商品，一张制作精美的图片也不一定能够激起消费者的购买欲望。曝光量和转化率才是判断商品信息质量好坏的标准，因此卖家要从消费者的偏好出发，并适当借助数据分析工具来提高商品信息的质量。另外，卖家还需要熟悉跨境电子商务平台的商品发布流程和排序规则。熟悉商品发布流程和排序规则不仅可以提高发布商品的效率，还可以有针对性地优化商品信息，以提高商品排序，从而达到提高曝光量的目的。

项目学习目标

能力目标	1. 能在速卖通平台上刊登商品信息 2. 能在亚马逊平台上刊登商品信息 3. 能在 Wish 平台上刊登商品信息
知识目标	1. 了解速卖通标题的撰写方法 2. 了解跨境电子商务商品定价的方法 3. 了解各大跨境电子商务平台的商品图片要求 4. 了解详情页包含的信息 5. 了解 SKU 的含义和设置方法

一、任务描述

不同类型的速卖通店铺，可以刊登的商品数量不同。选择"标准销售计划"的店铺，在线商品数量上限为 3 000 个；选择"基础销售计划"的店铺，在线商品数量上限为 300 个；特殊类目（Special Category）下的每个类目在线商品的数量上限为 5 个。

在刊登商品之前，首先需要完成店铺后台设置、运费模板设置，还需要完善商品信息表。通过任务一的学习，读者应可以在速卖通店铺中完成相关工作任务。工作任务如图 6-1-1 所示。

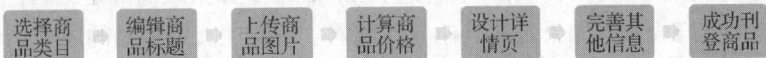

选择商品类目 ➡ 编辑商品标题 ➡ 上传商品图片 ➡ 计算商品价格 ➡ 设计详情页 ➡ 完善其他信息 ➡ 成功刊登商品

图 6-1-1　在速卖通店铺中刊登商品信息的工作任务

二、相关知识

（一）速卖通商品标题的编辑方法

标题是便于买家搜索到商品并吸引买家点击进入商品详情页的首要因素。好的标题和关键词能为商品带来更多的点击和更高的转化率，因此编辑商品标题十分重要。

一般采用"三段法"来制作标题，即"核心词+属性词+流量词"的方法。

核心词是指行业热门词，一般也是直接表明商品"是什么"的词语。这类词的选取可以参考跨境电子商务平台上的类目名称以及行业大卖家的标题。核心词应该放到最前面，保证相关性。例如，图 6-1-2 所示的商品，其核心词可以是 girl dress。

图 6-1-2　商品图片

属性词是描述商品的词，一般从商品自身角度出发来挖掘词汇，如从颜色、长度、材质、功能、款式等方面。图 6-1-2 所示的商品，其属性词可以是 floral、above knee、cotton、one-piece 等。

流量词是能带来店铺流量的词，一般是中词、小词或长尾关键词，也可以是精准的词。所谓长尾关键词是指网站上非目标关键词但可以带来搜索流量的关键词，其特征是比较长，往往是由 2～3 个词组成的，甚至是短语。流量词可以从数据纵横的热搜词中挖掘。例如，图 6-1-2 所示的商品，其流量词可以是 summer style 等。

在速卖通平台上，商品标题最长可输入 128 个字符，且核心关键词要出现在前 35 个字符中。标题中不能出现与实际商品属性无关的词，标题尽量不用符号分隔。为了美观，可以将每个单词的首字母大写。例如，图 6-1-2 所示的商品，其商品标题可以为：Baby Girls Dress Summer Style Cotton Floral Dresses for Children Clothing Girl Princess One-piece Above Knee Dress。

（二）速卖通商品的定价方法

速卖通商品一般采用成本导向定价法，即从成本角度出发来制订商品价格。在该方法下，商品价格主要受到成本、费用、利润和平台佣金的影响。

1. 成本

商品的成本是指卖家为拿到商品所需要付出的成本。如果该商品是由自己工厂生产的，则商品的成本为生产成本；如果是从其他工厂或网上采购的，则商品的成本为含有境内运费的采购成本。

2. 费用

商品的费用包括运费、营销费用、包装费用等，其中最主要的是国际运费。在实际操作中，国际运费可以用邮寄到主要目标国家（或地区）的运费来计算。速卖通平台一般用邮寄到俄罗斯的国际运费来计算，因为该平台上的俄罗斯买家占比最大。

3. 利润

这里的利润是指预期销售利润。预期利润率应该根据商品的定位来设定，如果商品是引流款，一般其预期利润率为 5% 左右；如果商品是利润款，则其预期利润率可以为 15%～40%，具体根据市场竞争情况而定。

4. 平台佣金

平台佣金是平台收取的服务费，一般按照卖家订单销售额的一定百分比收取佣金。速卖通平台对不同的经营类目收取不同的佣金。

综上所述，根据成本导向定价法，速卖通商品的包邮价格公式为：

包邮价格=（成本+费用）÷（1-预期利润率）÷（1-佣金率）÷汇率

（三）商品详情页内容

商品的详情页质量直接关系到转化率。在详情页中，卖家可以编辑文字、插入图片、插入模块或者编辑源代码。详情页内容一般包含商品功能属性、商品细节图片、支付物流、售后服务、企业实力等。此外，还可以添加表 6-1-1 所示的内容。

表 6-1-1　详情页的内容及示例

详情页内容	示例
测量方法或衡量标准	

跨境电子商务实务

续表

详情页内容	示例
包装图	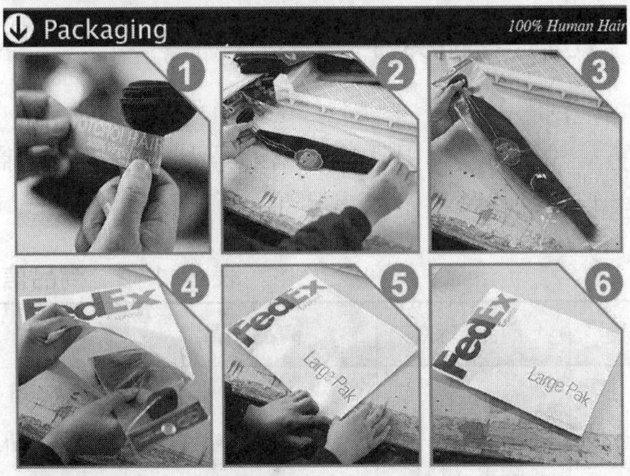
商品护理图	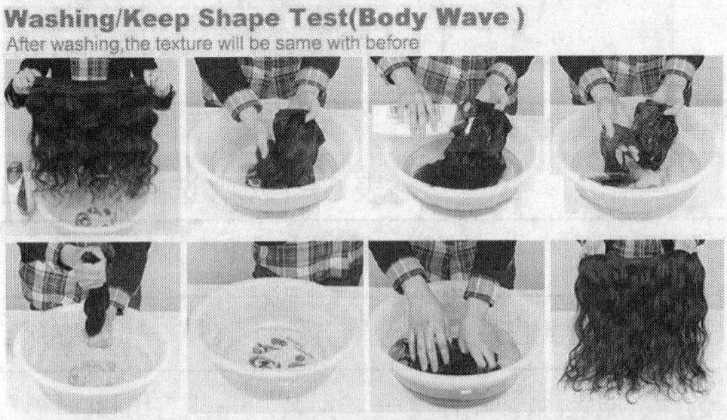
对常见的买家问题的解答	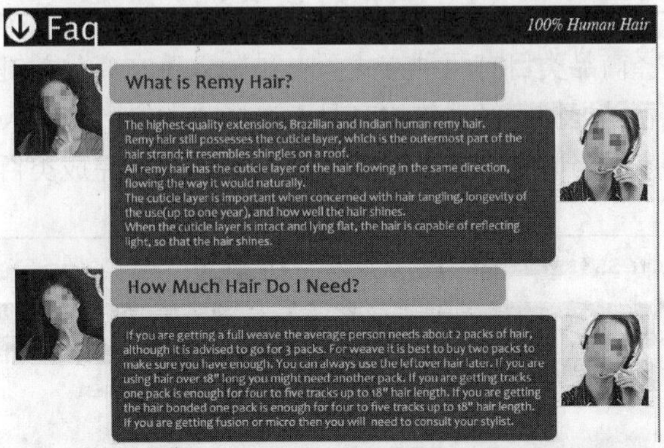
物流图	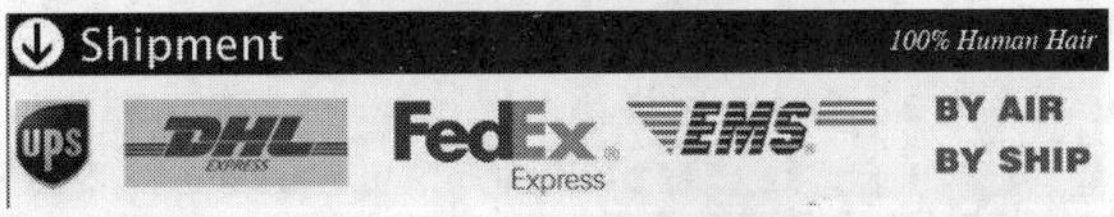
自主营销或关联营销	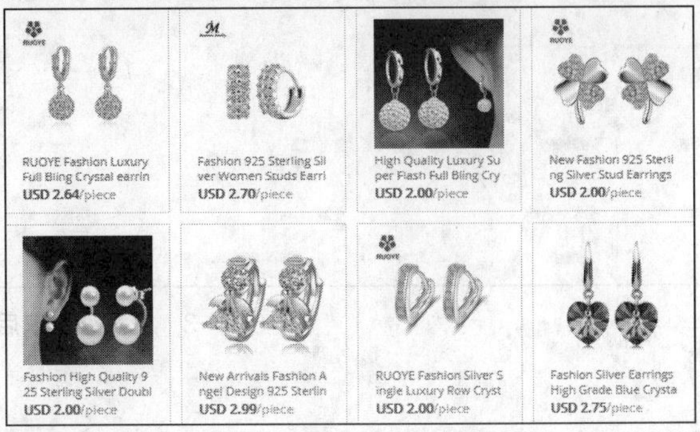

三、任务实施

（一）选择商品类目

1. 操作提示

任务一的所有操作提示均根据编号为"01001"的商品信息表（见表 6-1-2）完成。"选择商品类目"的操作提示如表 6-1-3 所示。

表 6-1-2　商品信息表

商品编号	商品名称	商品图片	商品属性	成本价
01001	女式条纹衬衫		颜色：黑色/白色/藏蓝色 尺寸：S/M/L/XL 材质：涤纶、棉 商品毛重：0.22kg	26 元

表 6-1-3　选择商品类目的操作提示

具体操作	图示	完成情况
步骤一：登录速卖通卖家后台，选择"产品管理"—"发布产品"菜单	图 6-1-3	
步骤二：选择"服装/服饰配件"—"女装"—"雪纺衫/衬衫"商品类目	图 6-1-4	

选择商品类目有两种方式：一是输入英文商品关键词；二是直接选择商品类目。此外，卖家还可以根据已经上传的商品，选择"类似产品导入"。如果商品类目的字体颜色为灰色，说明卖家无当前类目商品的发布权限，需要先完成类目准入申请。

图 6-1-3　速卖通卖家后台

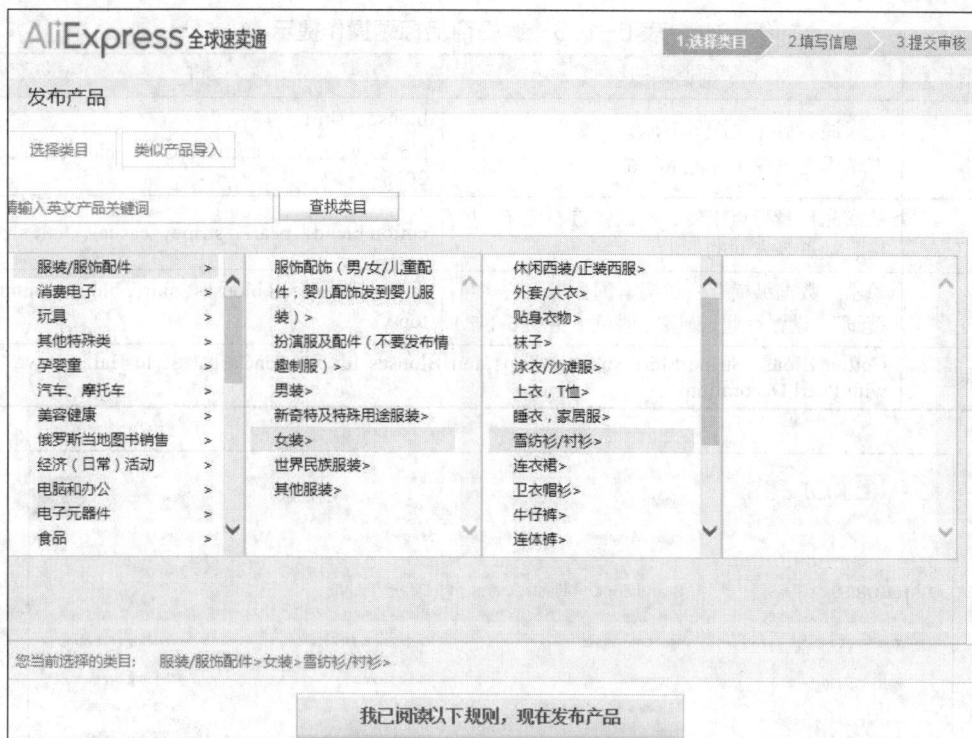

图 6-1-4 选择商品类目界面

2. 实训任务

请根据编号为"01002"的商品信息表（见表 6-1-4）或者自己团队整理的商品信息表，完成"选择商品类目"及其他实训任务（见表 6-1-5）。

表 6-1-4 女童连衣裙商品信息表

商品编号	商品名称	商品图片	商品属性	成本价
01002	女童花朵棉质连衣裙		品牌：BXCR 颜色：蓝色/黄色 尺寸：110/120/130/140cm 材质：棉 商品毛重：0.27kg	35 元

表 6-1-5 选择商品类目实训任务

实训目标	实训任务和结果
了解速卖通的商品类目	刊登该商品的信息时，你选择的一级、二级、三级类目分别为：_____

（二）编辑商品标题

1. 操作提示

根据"三段法"来编辑商品"01001"的标题，首选需要挖掘商品相关的核心词、属性词和流量词，然后组合这些词汇，并将每个单词的首字母改成大写，且标题尽量用满 128 个字符。具体操作如表 6-1-6 所示。

表 6-1-6　编辑商品标题操作提示

词性	词语来源	词汇
核心词	速卖通类目（见图 6-1-5）；搜索界面推荐（见图 6-1-6）	blouse，shirt blouse women, womens tops and blouses, blouses 2018
属性词	从商品自身特点出发，挖掘材质、装饰、风格、袖长等方面的词汇	cotton blend，pearl，stripe，casual，half sleeve
流量词	单击"数据纵横"—"搜索词分析"—"热搜词"，设置行业、国家、时间（见图 6-1-7）	womens tops and blouses, skirt, blouse, summer top
标题	Cotton Blouse Stripe Shirt Summer Tops and Blouses for WomenCasual Style Half Sleeve Top with Pearl Decoration	

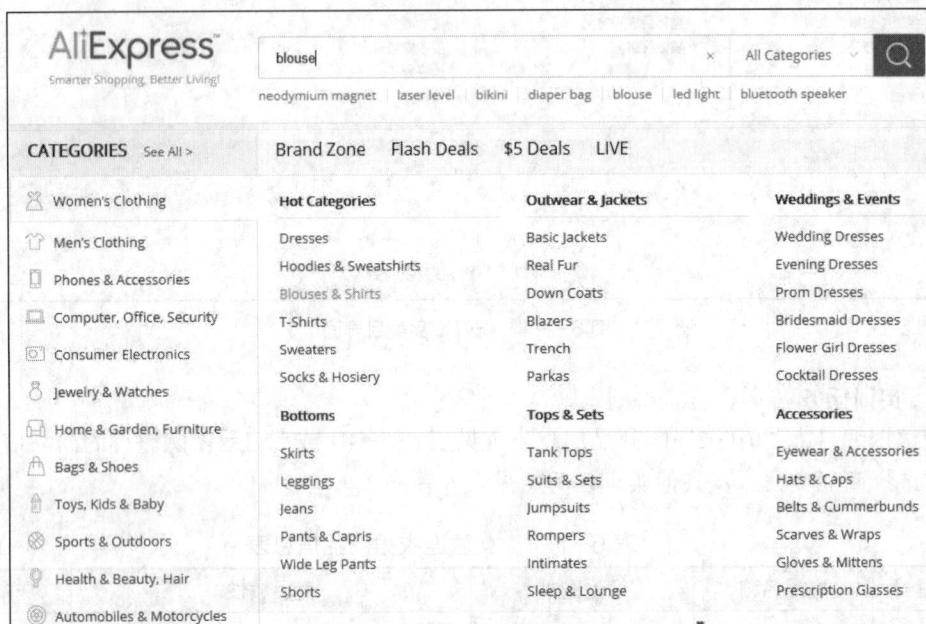

图 6-1-5　速卖通类目

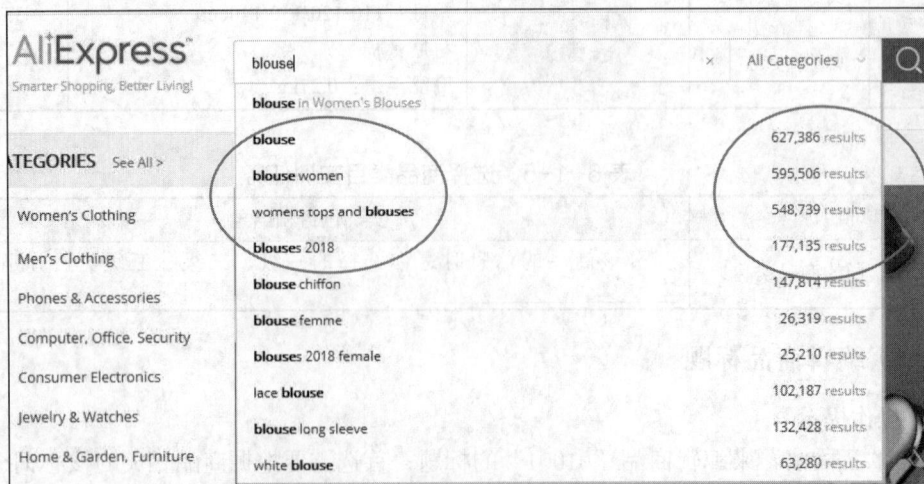

图 6-1-6　速卖通搜索界面

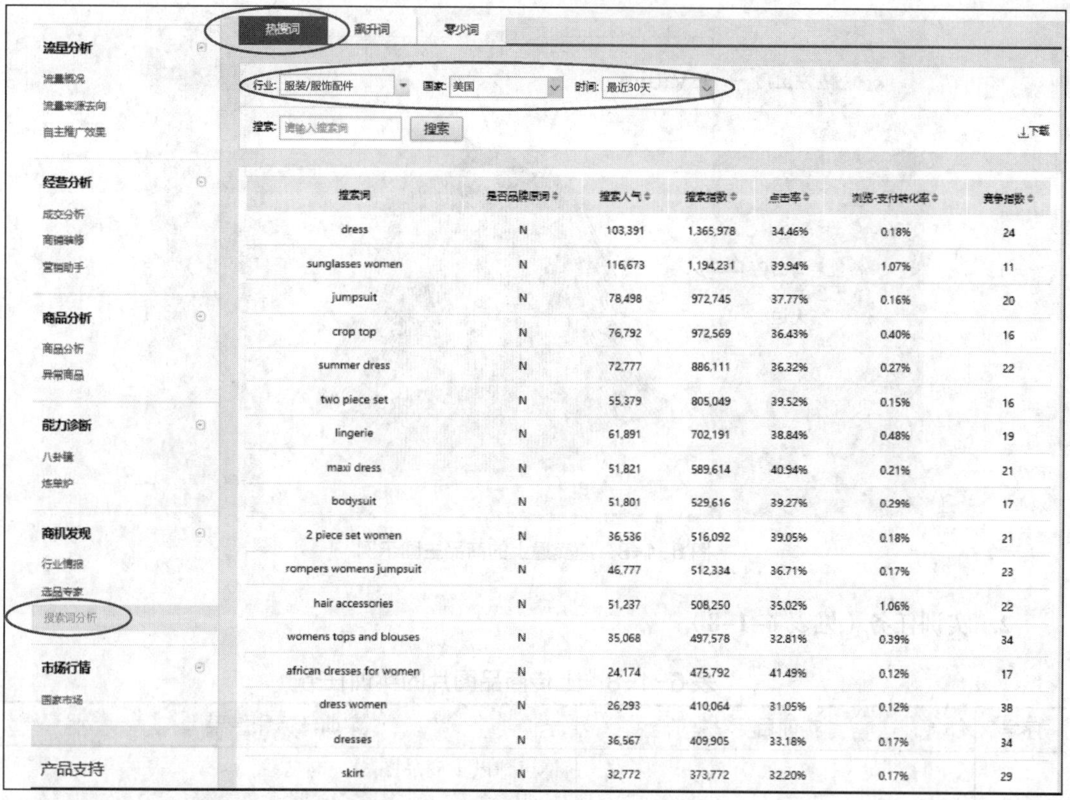

搜索词	是否品牌原词	搜索人气	搜索指数	点击率	浏览-支付转化率	竞争指数
dress	N	103,391	1,365,978	34.46%	0.18%	24
sunglasses women	N	116,673	1,194,231	39.94%	1.07%	11
jumpsuit	N	78,498	972,745	37.77%	0.16%	20
crop top	N	76,792	972,569	36.43%	0.40%	16
summer dress	N	72,777	886,111	36.32%	0.27%	22
two piece set	N	55,379	805,049	39.52%	0.15%	16
lingerie	N	61,891	702,191	38.84%	0.48%	19
maxi dress	N	51,821	589,614	40.94%	0.21%	21
bodysuit	N	51,801	529,616	39.27%	0.29%	17
2 piece set women	N	36,536	516,092	39.05%	0.18%	21
rompers womens jumpsuit	N	46,777	512,334	36.71%	0.17%	23
hair accessories	N	51,237	508,250	35.02%	1.06%	22
womens tops and blouses	N	35,068	497,578	32.81%	0.39%	34
african dresses for women	N	24,174	475,792	41.49%	0.12%	17
dress women	N	26,293	410,064	31.05%	0.12%	38
dresses	N	36,567	409,905	33.18%	0.17%	34
skirt	N	32,772	373,772	32.20%	0.17%	29

图 6-1-7　数据纵横的热搜词界面

2. 实训任务

请根据表 6-1-2 的信息，为“01002”商品编辑一个标题，具体任务如表 6-1-7 所示。

表 6-1-7　编辑商品标题实训任务

序号	实训目标	实训任务和结果
1	了解关键词的来源	适合该商品的核心词：______ 适合该商品的属性词：______ 适合该商品的流量词：______
2	了解速卖通商品标题的组成	商品标题：______

（三）上传商品图片

1. 操作提示

速卖通平台对商品图片的要求：图片格式为 JPEG，文件大小在 5MB 以内；图片像素大小建议为 800 像素 × 800 像素；横向和纵向比例建议在 1∶1～1∶1.3；图片中的商品主体占比建议大于 70%；背景为白色或纯色且风格统一；如果有 Logo，则建议将 Logo 图片放置在左上角且不宜过大；不建议自行添加促销标签或文字。

根据以上要求，卖家可以利用 Photoshop、光影魔术手、美图秀秀等图像处理软件进行修改图片尺寸、更改图片背景色、添加 Logo 等操作。速卖通平台要求上传 6 张商品主图，且拍摄角度最好各有不同，可以是商品正面图、商品背面图、商品侧面图、商品细节图、商品实拍图各一张。速卖通对商品主图的要求如图 6-1-8 所示。

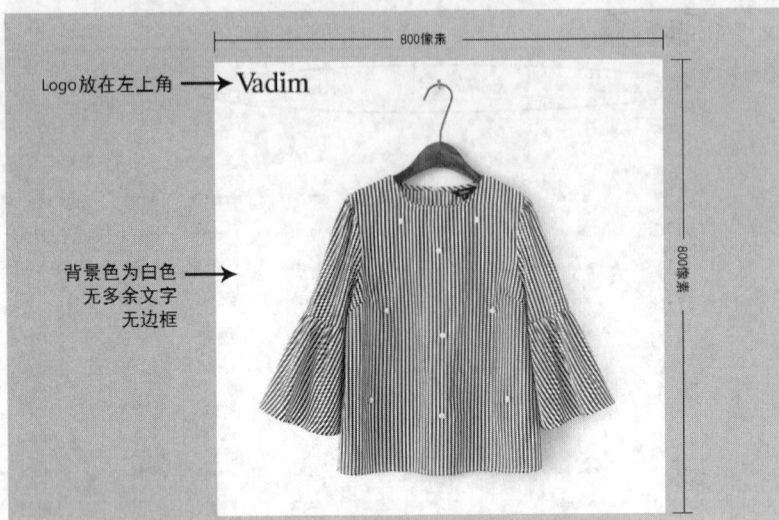

图 6-1-8　速卖通上的商品主图示例

2. 实训任务（见表 6-1-8）

表 6-1-8　上传商品图片的实训任务

序号	实训目标	实训任务和结果
1	了解速卖通商品主图的要求	请点评以下商品图片：

序号	实训目标	实训任务和结果
2	能利用图像处理软件处理商品主图	扫码下面的二维码，下载编号为"01002"的商品图片源素材，并利用 Photoshop 制作符合速卖通平台要求的商品主图 6 张

（四）计算商品价格

1. 操作提示（见表 6-1-9）

根据成本导向定价法，速卖通商品的包邮价格公式为：

上架价格=（成本+国际运费）÷（1-预期利润率）÷（1-佣金率）÷汇率

（注：假设没有产生包装费、营销费等其他费用）

表 6-1-9　计算商品价格的操作提示

影响因素	具体分析	操作演示
成本	该商品是从 1688 采购的，因此，成本为采购价格+国内运费	26 元
国际运费	国际运费可以用邮寄到俄罗斯的国际运费来计算，e 邮宝邮寄到俄罗斯的计费方式为每克 0.1 元，每单 10 元操作费（截至 2018 年 5 月 1 日的资费标准）	使用 e 邮宝邮寄到俄罗斯的运费：220g×0.1+10=32 元
预期利润率	该商品定位为利润款，预期利润率为 15%～40%	30%
佣金率	速卖通对女装品类收取 5%的佣金率	5%
汇率	查询中国银行外汇牌价，汇率为 1 美元=6.32 人民币（2018 年 5 月 1 日外汇牌价）	6.32
价格	上架价格=（成本+国际运费）/（1-预期利润率）/（1-佣金率）/汇率	13.8 美元

2. 实训任务（见表 6-1-10）

表 6-1-10　计算商品价格的实训任务

实训目标	实训任务和结果
能计算商品的价格	请计算商品 01002 的价格，写出详细计算过程：

（五）设计详情页

1. 操作提示

根据商品 01001 的特点，可以为其设计包含以下内容的详情页（见图 6-1-9）：（1）商品细节图（Product Show），用以展示衣服的面料、装饰物；（2）尺码表（Size Reference），用以帮助买家选择尺码；（3）测量方法（How to Measure），用以告知买家尺寸的测量标准；（4）发货方式（Shipping Method），用以指导买家选择合适的物流方式；（5）评价方式（Feedback），用以引导买家给予好评。

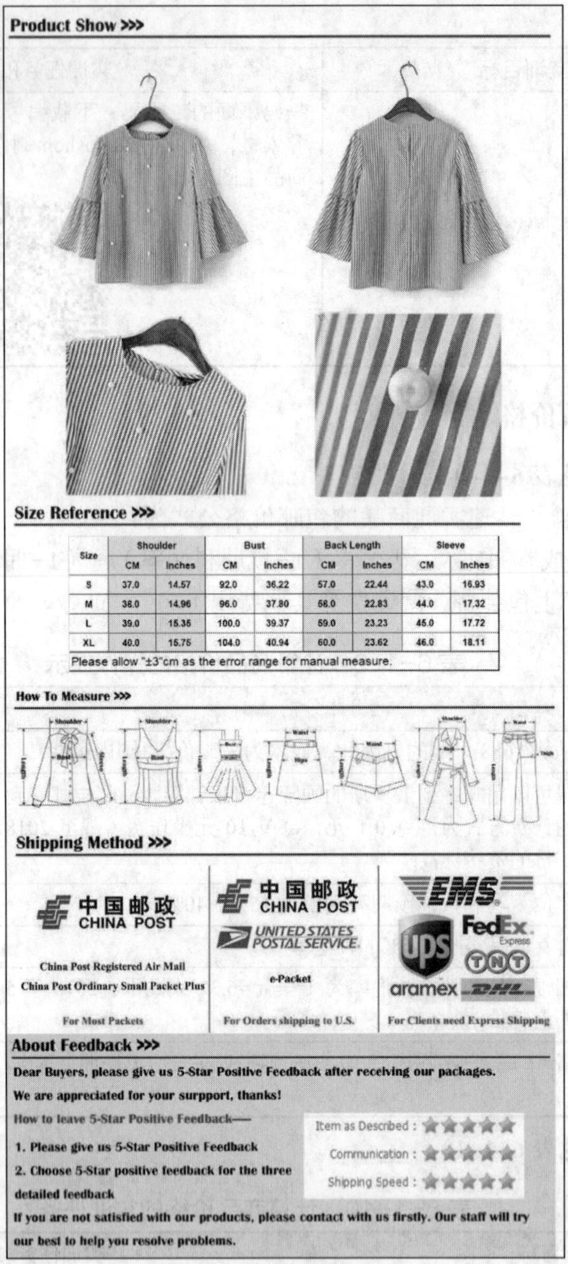

Product Show >>>

Size Reference >>>

Size	Shoulder		Bust		Back Length		Sleeve	
	CM	Inches	CM	Inches	CM	Inches	CM	Inches
S	37.0	14.57	92.0	36.22	57.0	22.44	43.0	16.93
M	38.0	14.96	96.0	37.80	58.0	22.83	44.0	17.32
L	39.0	15.35	100.0	39.37	59.0	23.23	45.0	17.72
XL	40.0	15.75	104.0	40.94	60.0	23.62	46.0	18.11

Please allow "±3"cm as the error range for manual measure.

How To Measure >>>

Shipping Method >>>

中国邮政 CHINA POST

中国邮政 CHINA POST
UNITED STATES POSTAL SERVICE

EMS
FedEx Express
UPS
TNT
aramex DHL

China Post Registered Air Mail
China Post Ordinary Small Packet Plus

e-Packet

For Most Packets

For Orders shipping to U.S.

For Clients need Express Shipping

About Feedback >>>

Dear Buyers, please give us 5-Star Positive Feedback after receiving our packages.
We are appreciated for your surpport, thanks!

How to leave 5-Star Positive Feedback——

1. Please give us 5-Star Positive Feedback

2. Choose 5-Star positive feedback for the three detailed feedback

If you are not satisfied with our products, please contact with us firstly. Our staff will try our best to help you resolve problems.

Item as Described : ★★★★★
Communication : ★★★★★
Shipping Speed : ★★★★★

图 6-1-9　商品详情页

2. 实训任务（见表 6-1-11）

表 6-1-11　设计详情页的实训任务

序号	实训目标	实训任务和结果
1	了解详情页包含的内容模块	1. 详情页可以包含哪些内容模块？这些内容模块的作用分别是什么？ 2. 在速卖通网站上搜集优秀的商品详情页，分析其包含的内容
2	能根据商品特点，设计详情页内容	根据商品 01002 的特点，利用 Photoshop 软件或 Word 为其设计详情页

跨境电子商务实务

158

（六）完善其他信息

1. 操作提示

其他信息包括商品属性、销售属性、包装信息、物流设置、服务模板等。

（1）商品属性

商品属性是买家购物的重要依据，特别是有叹号标识的关键属性。卖家需要详细、准确地填写系统推荐属性或自定义属性，以让商品获得更多的曝光机会。自定义属性的填写可以补充系统属性以外的信息，让买家对商品了解得更加全面。不同的类目，所需要填写的属性也是不一样的，卖家需要在商品上传界面查看。

（2）销售属性

商品销售属性指最小计量单位、销售方式、颜色、尺寸、尺码表、价格、库存、发货期、商品编码等信息。

（3）包装信息

包装信息包括商品包装后的重量和包装后的尺寸，重量以千克为单位，尺寸需要填写长宽高，以厘米为单位。

（4）物流设置、服务模板

物流设置即选择运费模板，关于运费模板的设置已在项目五的任务一中详细介绍。服务模板的设置已在项目四的任务一中详细介绍。

（5）其他信息

其他信息包括商品组和商品有效期等。商品组的设置方式是单击"商品管理"—"商品分组"—"新建分组"，然后输入英文的商品组名称，且商品组名称不能重复。单击"创建子分组"，可以生成二级商品组。例如女装店铺，一级商品组名称为 Dresses，二级商品组名称为 Shift Dresses、Slip Dresses、T-shirt Dresses 等。

2. 实训任务（见表6-1-12）

表6-1-12　完善其他信息的实训任务

序号	实训目标	实训任务和结果
1	能根据商品信息表填写商品属性	在商品01002的上传界面中需要填写的属性有：
2	能根据商品信息表完善其他信息	在商品01002的上传界面中还需要填写的其他信息有：

（七）成功刊登商品信息

经过以上步骤，即在选择商品类目、编辑商品标题、上传商品图片、计算商品价格、设计详情页、完善其他信息之后，卖家可在速卖通平台成功刊登了商品信息。一般商品需要经过系统审核才会上架。卖家也可以通过单击"商品管理"—"管理商品"，查看审核中的商品、审核不通过的商品和正在销售的商品，另外还可以进行编辑商品、下架商品和延长商品有效期等操作。

在敦煌网刊登商品信息

在敦煌网上，商铺可以刊登的商品数量与店铺的注册时间、商户认证类型以及商户级别有关。例如，在 2016 年 5 月 30 日之后注册的个人标准商户，最多可以上传 300 个商品，一般新注册的个人卖家都能达到该数量。

和在速卖通平台一样，卖家在刊登商品之前，首先需要绑定经营品类，然后完成运费模板设置，最后需要完善商品信息表。敦煌网的经营品类分为 A～N，共 14 类。14 个经营品类下包含一级类目 27 个，二级类目 304 个。每个店铺只允许选择一种品类绑定经营，且绑定后不可修改。

下面以服装品类为例，讲解在敦煌网上刊登商品信息的流程。

1. 操作提示（见表 6-1-13）

表 6-1-13　在敦煌网上刊登商品信息的流程

具体操作	图示	完成情况
步骤一：登录敦煌网后台，单击"产品"—"产品管理"—"添加新产品"	图 6-1-10	
步骤二：选择产品类目	图 6-1-11	
步骤三：填写产品标题、关键词	无	
步骤四：填写产品基本属性	图 6-1-12	
步骤五：填写产品销售信息	图 6-1-13	
步骤六：上传产品图片	无	
步骤七：填写产品简短描述	图 6-1-14	
步骤八：设计产品详细描述	图 6-1-14	
步骤九：填写产品包装信息	图 6-1-15	
步骤十：选择运费模板	图 6-1-15	
步骤十一：填写其他信息	无	
步骤十二：完成产品上传	无	

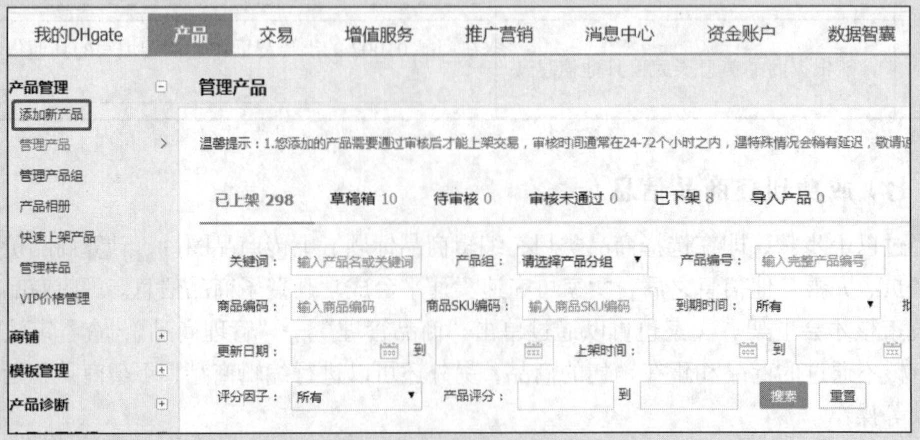

图 6-1-10　添加新产品界面

选择类目　　　- 中文类目 -

请您输入描述产品的英文关键字，例如long sleeve wedding dress　　　🔍 快速查找

您曾经使用过的类目：--请选择曾用产品类目--

服装
汽车、摩托车
母婴用品
箱包及箱包辅料
灯具及工具
数码相机、摄影器材
手机和手机配件
计算机网络配置
消费类电子
其他产品
时尚配件

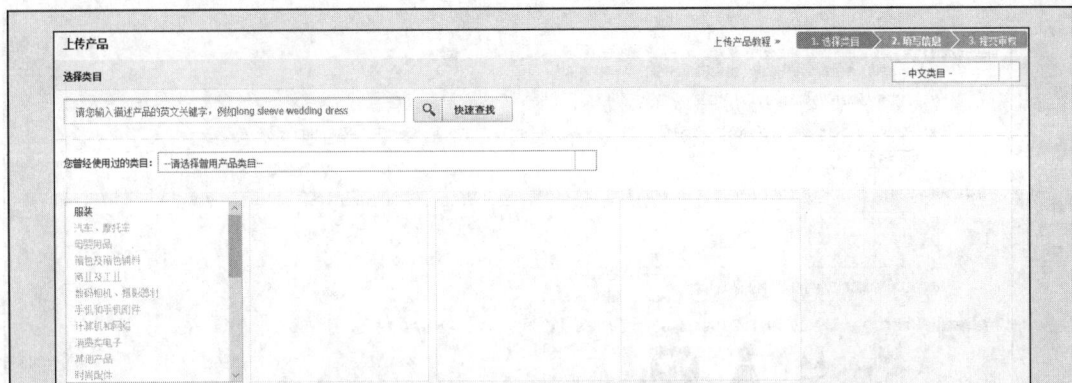

图 6-1-11　选择产品类目界面

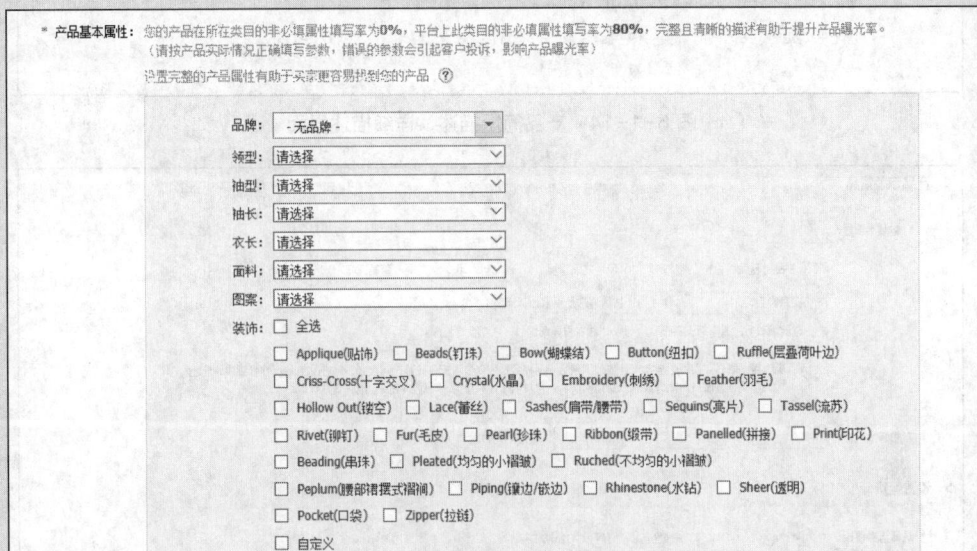

* 产品基本属性：您的产品在所在类目的非必填属性填写率为**0%**，平台上此类目的非必填属性填写率为**80%**，完整且清晰的描述有助于提升产品曝光率。
　　　　　　　（请按产品实际情况正确填写参数，错误的参数易引起客户投诉，影响产品曝光率）
　　　　　　　设置完整的产品属性有助于买家更容易找到您的产品 ⑦

品牌：　- 无品牌 -
领型：　请选择
袖型：　请选择
袖长：　请选择
衣长：　请选择
面料：　请选择
图案：　请选择
装饰：　☐ 全选
　　　　☐ Applique(贴饰)　☐ Beads(钉珠)　☐ Bow(蝴蝶结)　☐ Button(纽扣)　☐ Ruffle(层叠荷叶边)
　　　　☐ Criss-Cross(十字交叉)　☐ Crystal(水晶)　☐ Embroidery(刺绣)　☐ Feather(羽毛)
　　　　☐ Hollow Out(镂空)　☐ Lace(蕾丝)　☐ Sashes(宽带/腰带)　☐ Sequins(亮片)　☐ Tassel(流苏)
　　　　☐ Rivet(铆钉)　☐ Fur(毛皮)　☐ Pearl(珍珠)　☐ Ribbon(缎带)　☐ Panelled(拼接)　☐ Print(印花)
　　　　☐ Beading(串珠)　☐ Pleated(均匀的小褶皱)　☐ Ruched(不均匀的小褶皱)
　　　　☐ Peplum(腰部裙摆式褶间)　☐ Piping(镶边/饰边)　☐ Rhinestone(水钻)　☐ Sheer(透明)
　　　　☐ Pocket(口袋)　☐ Zipper(拉链)
　　　　☐ 自定义

图 6-1-12　产品基本属性的填写界面

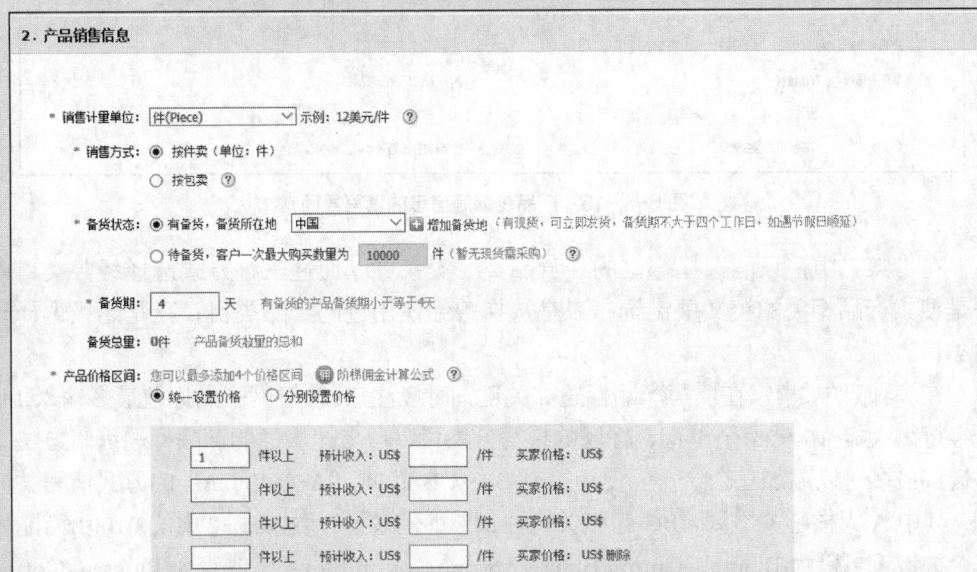

2. 产品销售信息

* 销售计量单位：件(Piece)　　示例：12美元/件 ⑦

　* 销售方式：　◉ 按件卖（单位：件）
　　　　　　　　○ 按包卖 ⑦

　* 备货状态：　◉ 有备货，备货所在地 中国　➕增加备货地（有现货，可立即发货，备货期不大于四个工作日，如遇节假日顺延）
　　　　　　　　○ 待备货，客户一次最大购买数量为 10000 件（暂无现货需采购）⑦

　* 备货期：　4　天　有备货的产品备货期小于等于4天

　　备货总量：　0件　产品备货数量的总和

　* 产品价格区间：您可以最多添加4个价格区间 📊 阶梯佣金计算公式 ⑦
　　　　　　　　　◉ 统一设置价格　　○ 分别设置价格

　　　　　　　　　　1　件以上　预计收入：US$ [　　] /件　买家价格：US$
　　　　　　　　　　　 件以上　预计收入：US$ [　　] /件　买家价格：US$
　　　　　　　　　　　 件以上　预计收入：US$ [　　] /件　买家价格：US$
　　　　　　　　　　　 件以上　预计收入：US$ [　　] /件　买家价格：US$ 删除

图 6-1-13　产品销售信息的填写界面

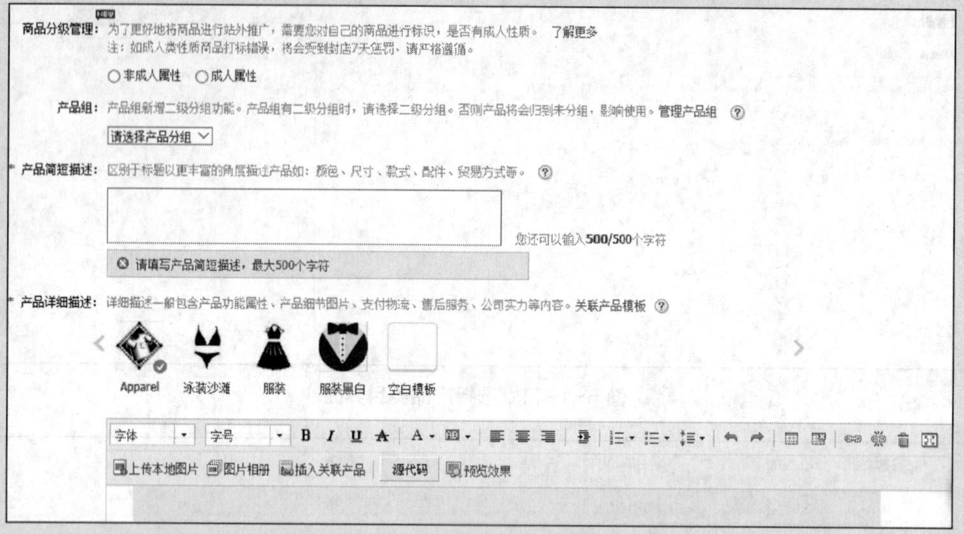

图 6-1-14　产品简短描述、详细描述界面

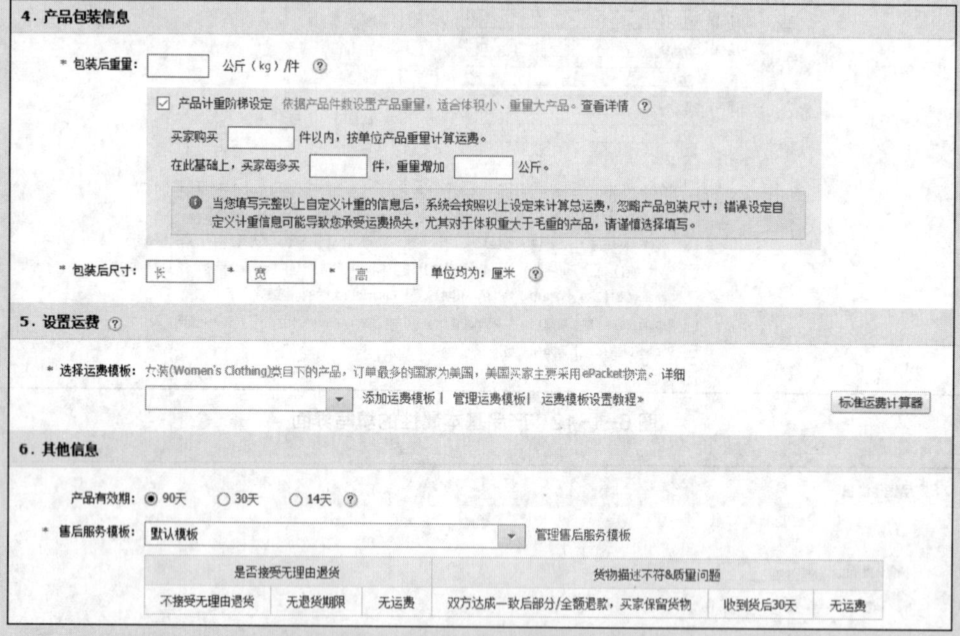

图 6-1-15　产品包装等信息的填写界面

在步骤二中，只能选择绑定的经营品类。卖家可以通过三种方式选择经营类目：一是搜索产品相关的英文关键词；二是选择曾经使用过的产品类目；三是逐级选择产品类目。

在步骤三中，卖家在填写产品标题和关键词时应注意：敦煌网产品标题最多输入 140 个字符，大概 16～23 个单词，标题的撰写方法可以参考速卖通的产品标题编辑方法。关键词最多可以添加三个，一般使用"A-BA-CBA"或"A-BA-CA"的方式填写关键词，其中 A 为核心关键词，BC 为相关属性词。举例来说，表 6-1-2 中的 01001 商品的三个关键词可以为 Blouse、Cotton Blouse、Stripe Cotton Blouse，或者为 Blouse、Cotton Blouse、Stripe Blouse。

在步骤四中，卖家在填写商品基本属性和规格时，应根据后台要求，选择或填写最符合商品实际情况的属性，另外敦煌网还可以添加最多 10 个自定义属性。商品规格一般包括颜色和尺码，部分规格需要上传相应的商品图片进行辅助说明。服装商品还需要编辑尺码表，填写规格的具体信息。

步骤五中的商品销售信息包括销售计量单位、销售方式、备货状态和备货期、商品价格区间等。销售计量单位一般为"件"，销售方式可以选择"按件卖"即单件销售，也可以选择"按包卖"即打包出售，包含多件商品。一般质量轻、价位低的商品，建议采用打包出售的方式。在敦煌网，卖家可以为商品设置统一价格，也可以为不同规格设置不同价格。设置统一价格后，卖家也可以在不同数量范围内设置不同程度的价格优惠。此时，卖家应该设置批发数量的价格区间。比如，客户购买 1～10 件商品为 50 美元，21～50 件商品批发价是 29 美元。填入的"预计收入"是卖家交易成功后，实际收到的货款。而买家看到的销售价格，是平台自动加上佣金之后的。交易佣金是动态的，按照不同的销售额收取 3%～14%的交易佣金。备货期是指买家付款后，供应商发货所需要的生产、备货时间，超过填写的备货期内还没有发货的，订单将自动关闭，操作退款。

步骤六，敦煌网对商品图片的要求不是十分严格，只要求图片格式为 JPEG，文件大小在 2MB 以内。建议使用商品原图，即无人为修改痕迹、无水印、无修饰边框和文字。一个商品最多可以上传 8 张商品图片。

步骤七，对于商品标题中没有包含的相关商品特性，卖家可以将其补充到商品简短描述中，最多可以填写 500 个字符，可以包括商品的颜色、款式、配件附件、销售模式等，切忌重复标题及堆砌关键词。

步骤八，详细描述一般包含商品功能属性、商品细节图片、支付物流、售后服务、企业实力、关联商品模板等。敦煌网提供了一些商品详情页模板，可供卖家编辑，具体操作可以参考速卖通平台设计详情页的操作。

步骤九中的包装信息关乎运费的计算，需要如实填写。考虑到部分商品的包装重量不是完全根据商品的数量等比增加的，所以对于商品包装重量比较大、体积比较小的商品，卖家可以设置自定义重量计算功能，避免系统计算的运费相对商品实际运费过高的情况发生。

步骤十中的运费模板设置参见之前的相关操作。这里只需要选择适用的运费模板即可。

步骤十一中需要填写的其他信息包括商品有效期、售后服务模板、商品分级管理和商品组等。

敦煌网会对商品刊登信息进行评分，一般商品信息分越高，可以获得平台更多流量支持。在单击"提交"按钮之后，商品进入审核阶段，审核通过后，买家就可以在前台看到商品信息了。

2. 实训任务（见表 6-1-14）

表 6-1-14 在敦煌网刊登商品信息的实训任务

序号	实训目标	实训任务和结果
1	了解敦煌网平台商品信息刊登的流程	敦煌网平台商品信息刊登的流程是：_____
2	能在敦煌网平台刊登商品	在敦煌网平台刊登一件商品的相关信息，要求提供商品编号和商品链接，具体操作方法为：_____

一、任务描述

在亚马逊平台上刊登商品的操作称为 Listing 发布。亚马逊对新卖家所上传的商品会进行严格的审核，以防止出现市场担忧的商品安全、质量缺陷或者进出口限制等问题。亚马逊卖家在成功申请卖家账户之后，需要选择销售商品的方向，其中有些品类只有审核通过之后才可以在亚马逊平台上销售。这就是分类审核（Categories and Products Requiring Approval）制度。

在进行 Listing 发布之前，卖家需要完成店铺后台设置及运费模板设置，还需要完善商品信息表。通过任务二的学习，读者应可以完成图 6-2-1 所示的工作任务。

图 6-2-1　刊登亚马逊店铺商品信息的工作任务

二、相关知识

（一）亚马逊商品标题的编辑方法

标题是客户到亚马逊商品详情页面看到的第一个信息，因此一个简洁的、与商品相关性强的标题可以最大化地吸引流量和曝光。一个好的标题，建议含有七大元素：（1）品牌（建议放在最前面）；（2）商品描述；（3）商品系列或型号；（4）材料或主要成分；（5）颜色（有变体的话也要逐一列出）；（6）尺寸（有变体的话也要逐一列出）；（7）数量（如六人装、一套八件）。按照这个顺序，把这些要素写得越详细越好，让商品名称中的每个词汇都可以独立被搜寻，提高出现在搜索结果内的概率。

另外，卖家在编辑商品标题时，还需要做到以下几点。

（1）勿放不实的商品标题来提高搜索率，客户就算搜索到了，这些点击也不会转化成销量。

（2）勿将别人的品牌放入商品标题，否则不止无用，还有侵权的危险。

（3）勿放过多的字，过于杂乱的标题会让买家不信任，只要详细地把重点写出即可。尽量在 100 个字符以下。

（4）勿在标题内放进卖家名称、卖家 E-mail 或电话号码。

（5）每个单词的首字母大写（除了 and、or、for、the、with、a 等），但切勿每个字符都大写。

（6）标题不需要包含价格或运费，注意标题是出售此商品的所有卖家共享的。

（二）亚马逊店铺的定价方法

定价对销量的影响也是至关重要的。如果商品的定价过高，则无法吸引买家，无法提升销量；如果定价过低，则无法赚得利润。卖家可以参考竞争对手的商品售价，但是也要有自己的定价策略。

在定价时，卖家应在综合考虑了生产成本、利润、自身商品品质等多因素后，再进行定价。对于亚马逊卖家，定价时可参考以下定价公式：

商品售价=商品成本+平台佣金+期望利润+其他

FBA 商品售价=商品成本+平台佣金+FBA 头程费用+FBA 费用+期望利润+其他

注：亚马逊的大部分类目商品的销售佣金为 15%。

公式中的"其他"包括推广成本、税务成本、人工成本计入。

在商品定价之前，卖家先确定商品的定位，即确定是适合走销量路线还是适合走高利润路线。走得路线不同，定价的策略也不一样。不过有一点要切记，即定价不能引起买家的反感。

（三）亚马逊店铺商品的图片要求

亚马逊平台可以上传 9 张商品图片，其中，第 1 张为主图，其余 8 张为辅图，但在商品页面直接展示的辅图只有 6 张，其余两张需要点击图片界面才能查看。

1. 商品图片尺寸格式

（1）亚马逊图片最长边必须至少为 1 000 像素。当图片的高度或宽度至少为 1 000 像素时，该图片具有缩放功能，卖家能放大图片局部查看商品细节。这个功能具有增加销售量的作用。

（2）图片最短的边长（相对的宽或高）不能低于 500 像素，否则无法上传到亚马逊后台。

（3）主图与辅图的尺寸建议一致，这样会比较美观。

（4）图片的格式建议使用 JPEG 格式。

（5）图片的横向和纵向比例是 1∶1.3 时，可以在亚马逊的网站达到最佳的视觉效果。

2. 商品主图要求

（1）主图的背景必须是纯白色。

（2）主图必须是商品的实际图，不能是插图，更不能是手绘图或漫画图。

（3）主图不能带 Logo 和水印，也最好不要有不在订单内的配件、道具等（商品本身的 Logo 是允许的）。

（4）主图中的商品应占据图片约 85% 的空间。

（5）对于有变体的商品，父子商品都要有主图。

（6）商品必须在图片中清晰可见，需要显示整个商品，不能只有部分或多角度组合图。

（7）有些类目允许有模特（如服装、袜子），而且只能使用真人模特，有些类目主图则不允许使用模特（如珠宝首饰、鞋子）。

3. 商品辅图要求

（1）辅图可以展示细节、其他面或搭配图等。

（2）辅图最好也和主图一样是纯白的背景，但这不做强制要求。

（3）辅图不能带 Logo 和水印（商品本身的 Logo 是允许的）。

三、任务实施

（一）选择商品类目

1. 操作提示

任务二的所有操作提示均根据编号为"01003"的商品信息表（见表 6-2-1）完成。"选择商品类目"的操作提示如表 6-2-2 所示。

表 6-2-1　商品信息表

商品编号	商品名称	商品图片	商品属性	成本价
01003	男童毛衣		品牌：BXCR 颜色：蓝色/红色 尺寸：120/130/140/150/160 材质：氨纶 商品毛重：0.42kg 库存：5 000	39 元

表 6-2-2　选择商品类目的操作提示

具体操作	图示	完成情况
步骤一：登录亚马逊卖家后台，将鼠标移动到"INVENTORY"（库存）菜单上，选择"Add a Product"（添加新商品）	图 6-2-2	
步骤二：单击"Create a new product listing"（创建新商品页面），选择"Baby Products"（儿童商品）—"Apparel & Accessories"（服装配饰）—"Baby Boys"（男童）—"Clothiny"（服装）—"Sweaters"（毛衣）"商品类目	图 6-2-3、图 6-2-4	

对于自建商品页面，亚马逊提供两种上传方式：单个上传和批量上传。本任务讲解的是单个上传商品的方法。

卖家可以通过两种方式来选择正确的类目。第一种是单击"Select"（选择）按钮，直接选择；第二种是在顶端的"Search for your product's category"中输入关键词，单击"Find category"，就能搜索到该商品的所属类目。如果所需选择的商品类目未列出，则说明该类目需要进行分类审核。只有通过了分类审核，卖家才有类目节点可以选择，进而刊登商品信息。

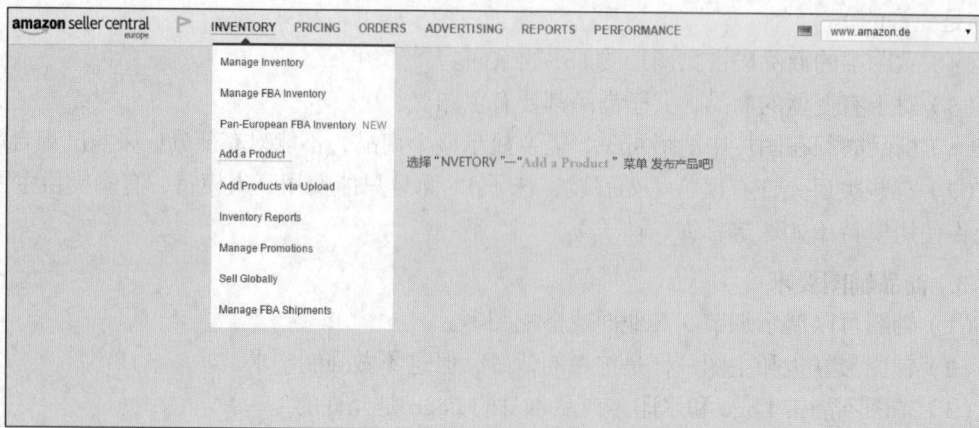

图 6-2-2　添加新商品界面

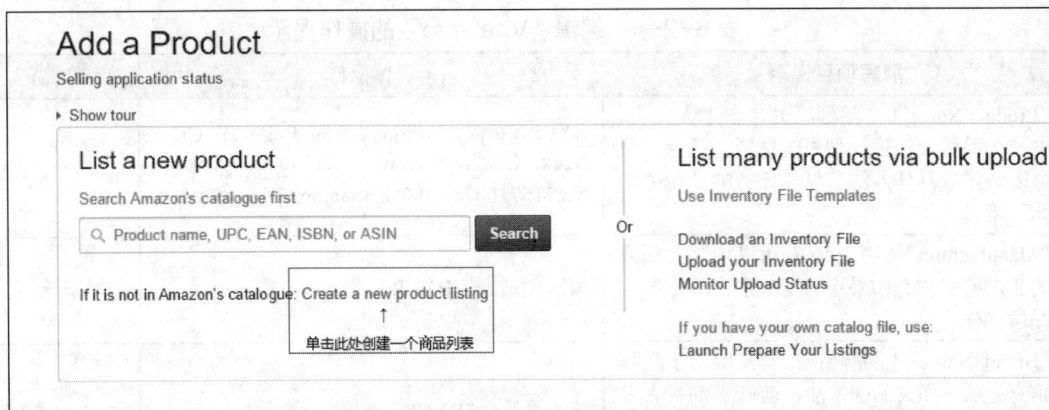

图 6-2-3　创建商品列表界面

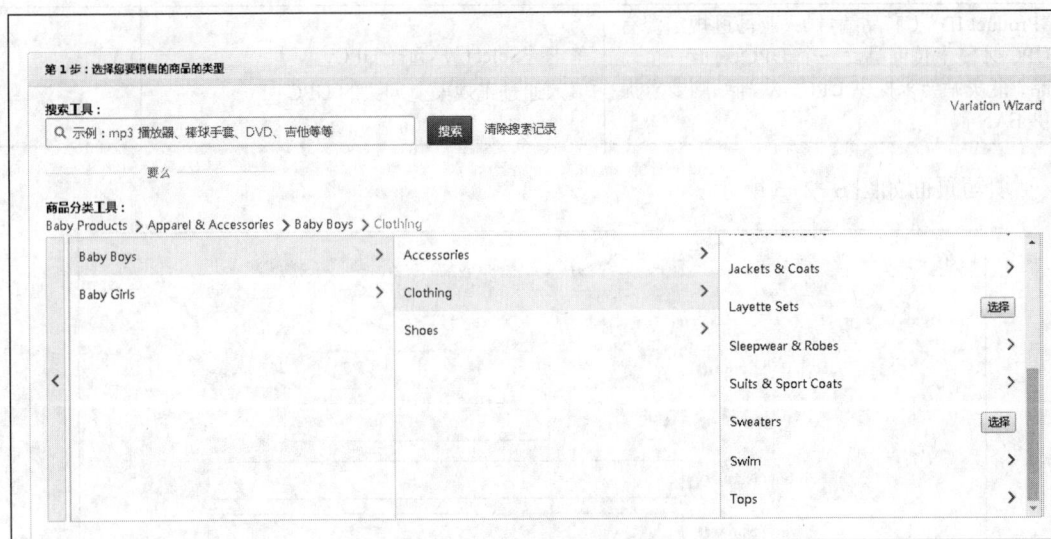

图 6-2-4　选择类目界面

2. 实训任务

请根据编号为"01002"的商品信息表（见表 6-1-4）或者自己团队整理的商品信息表，完成"选择商品类目"及其他实训任务（见表 6-2-3）。

表 6-2-3　选择商品类目的实训任务

实训目标	实训任务和结果
了解亚马逊平台商品类目	该商品刊登时，你选择的各级类目分别为：

（二）编辑"Vital Info"

1. 操作提示

"Vital Info"（重要信息）栏目包含必填项目和非必填项目，其中，必填项目有"Product Name"（商品标题）、"Manufacturer"（制造商）、"Brand Name"（品牌）和"Product ID"（商品编号），其余为非必填项目。但非必填项目不意味着不重要，建议卖家根据实际情况填写完整。具体操作提示如表 6-2-4 所示。

表 6-2-4　编辑"Vital Info"的操作提示

填写项目说明	具体操作	完成情况
"Product Name"（商品标题）：包含七大元素，分别为品牌、描述、型号、材料、颜色、尺寸、数量。具体方法参见本任务的"相关知识"部分	BXCR Boys' FashionWarm Pullover Crew Neck Knitted Sweater（120 to 160 Size）No.7157100782 100% Spandex–Blue，Red	
"Manufacturer"（制造商）：可以填写公司或者工厂的名称，如果不清楚制造商，则填写品牌名称	填入制造商：BXCR	
"Brand Name"（品牌）：在卖家填写了品牌信息之后，相关品牌才能在前端被消费者以品牌分类检索到。如果没有品牌可以填写"generic"，表示不受商标保护	填入品牌："BXCR"	
"Product ID"（商品编号）：亚马逊规定要有UPC才能上传商品。一个UPC对应一个商品，北美站要求提供UPC，欧洲站则要求提供EAN码	单击"Select"，选择UPC，填入通过正规渠道购买的UPC	

填写页面如图 6-2-5 所示。

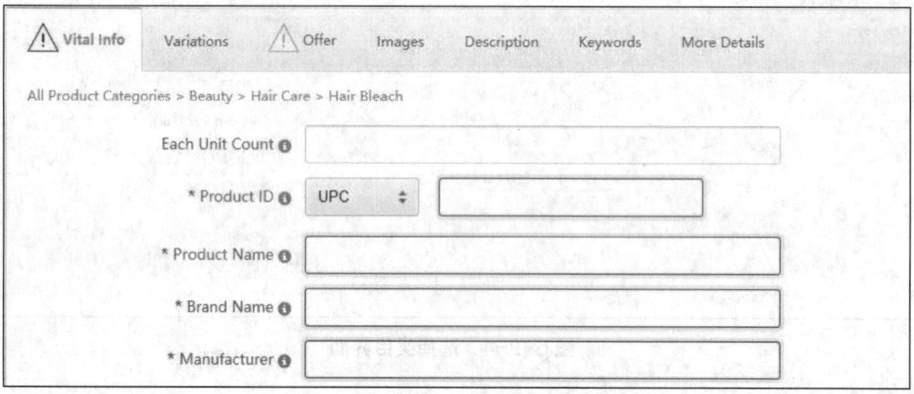

图 6-2-5　Vital Info 编辑界面

2. 实训任务

请根据编号为"01002"的商品信息表（见表 6-1-4）或者自己团队整理的商品信息表，完成"选择商品类目"及其他实训任务（见表 6-2-5）。

表 6-2-5　编辑"Vital Info"的实训任务

实训目标	实训任务和结果
能编辑亚马逊平台上的商品标题	该商品信息刊登时，你编辑的商品标题是（要求包含亚马逊商品标题的七大元素）：_____

（三）编辑"Variations"

"Variations"（变体）是什么意思呢？例如，一双鞋有 3 个颜色、8 个尺码，那么颜色和尺码就是鞋子的变体。亚马逊会根据不同的商品在卖家后台显示不同的变体条件，具体操作提示如表 6-2-6 所示。

跨境电子商务实务

表6-2-6 编辑"Variations"的操作提示

具体操作	图示	完成情况
步骤一：在"Variations"下找到"Variation Theme"，在"Variation Theme"中选择变体主题为"尺寸+颜色"的组合	图6-2-6	
步骤二：在"Size""Color"里面增加商品尺寸和颜色	图6-2-7	
步骤三：单击"Add variations"按钮，建立变体主题的组合，在每个组合后面填入Color Map、Seller SKU、Product ID、Product ID Type、Condition、Your price、Quantity的信息	图6-2-8	

在步骤二中，卖家需要填入变体的名称，如选择了颜色，那么需要填入具体的颜色名称，如"blue""red"；选择了尺码，那么需要填入具体的尺码名称，如"120cm""130cm""140cm"等。

在步骤三中，如果不填写Seller SKU，系统会随意生成一组号码。Product ID按实际情况填写，没有特殊要求。对于Product ID Type，若在美国站发布商品，则选择UPC并填写UPC。由于在编辑"Vital Info"的阶段，卖家也需要填写UPC，因此实际操作中，建议卖家先编辑"Variations"部分的信息。Condition是指商品的新旧程度，如果卖的是新商品，则选择"New"。"Your price"和"Quantity"是指变体的价格和库存。价格的计算方法请参考本任务的"相关知识"部分。

图6-2-6 "Variations"编辑界面1

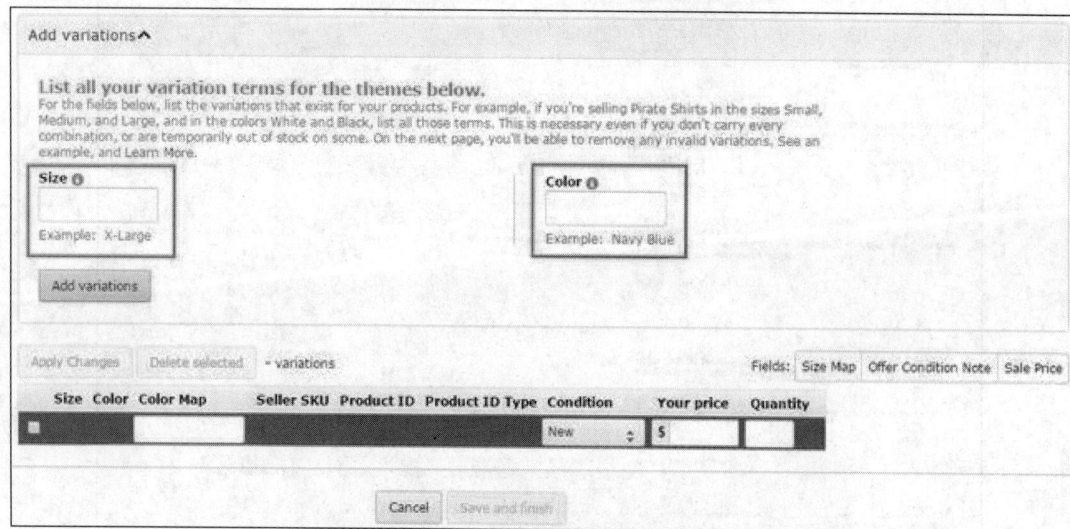

图6-2-7 "Variations"编辑界面2

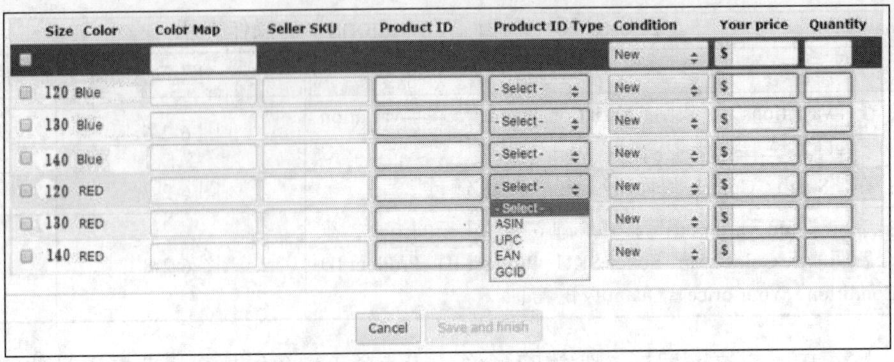

图 6-2-8 "Variations" 编辑界面 3

（四）编辑 "Offer"

在通常情况下，"Offer" 界面没有必须要填写的项目，卖家可以根据实际情况选择填写，因此不再具体展开阐述。填写的信息一般包括商品产地、发行时间、授权单位、税号等，最后选择是自己发货到买家手中，还是由亚马逊提供配送和售后服务。具体编辑界面如图 6-2-9 所示。

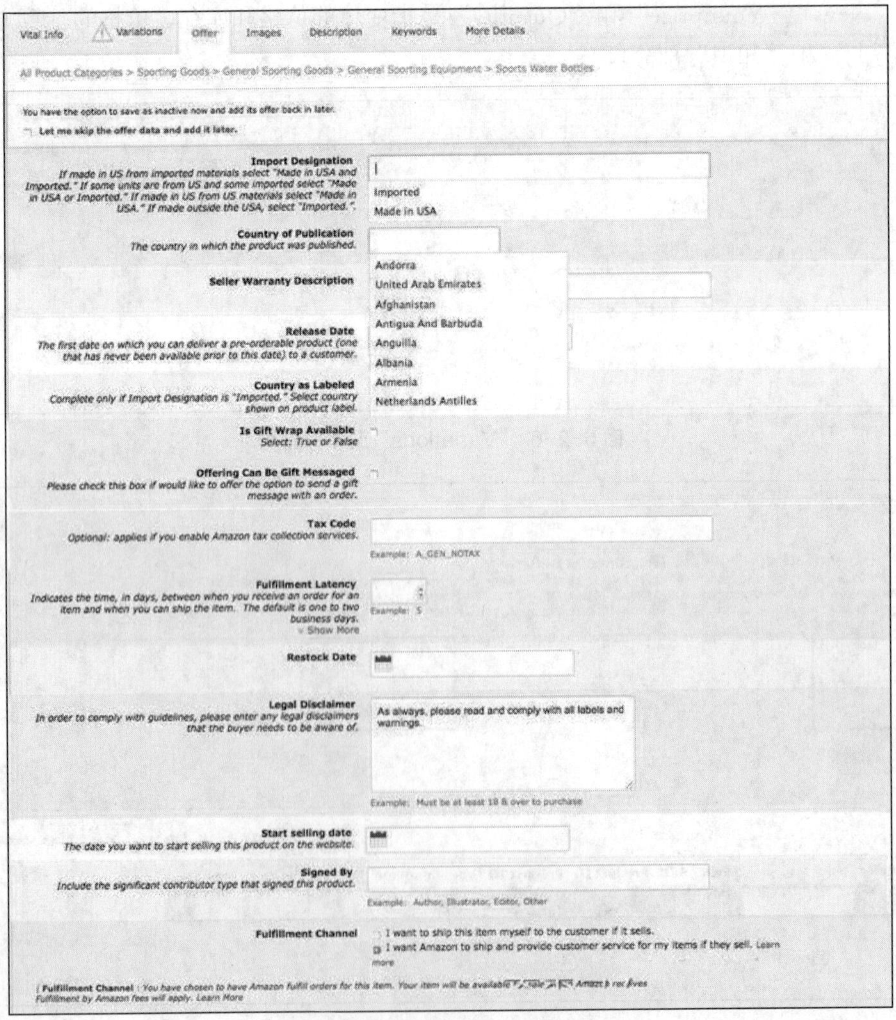

图 6-2-9 "Offer" 编辑界面

（五）上传"Images"

1. 操作提示

根据亚马逊平台对商品主图和辅图的要求，卖家可利用图片处理软件制作图片，然后单击"Choose File"按钮，选择并上传图片（见图 6-2-10）。在展示服装类商品时，图片上的模特需为真人，不允许使用模特道具，模特的姿势不能是坐姿的，最好是站立的，具体示例图片如图 6-2-11 所示。

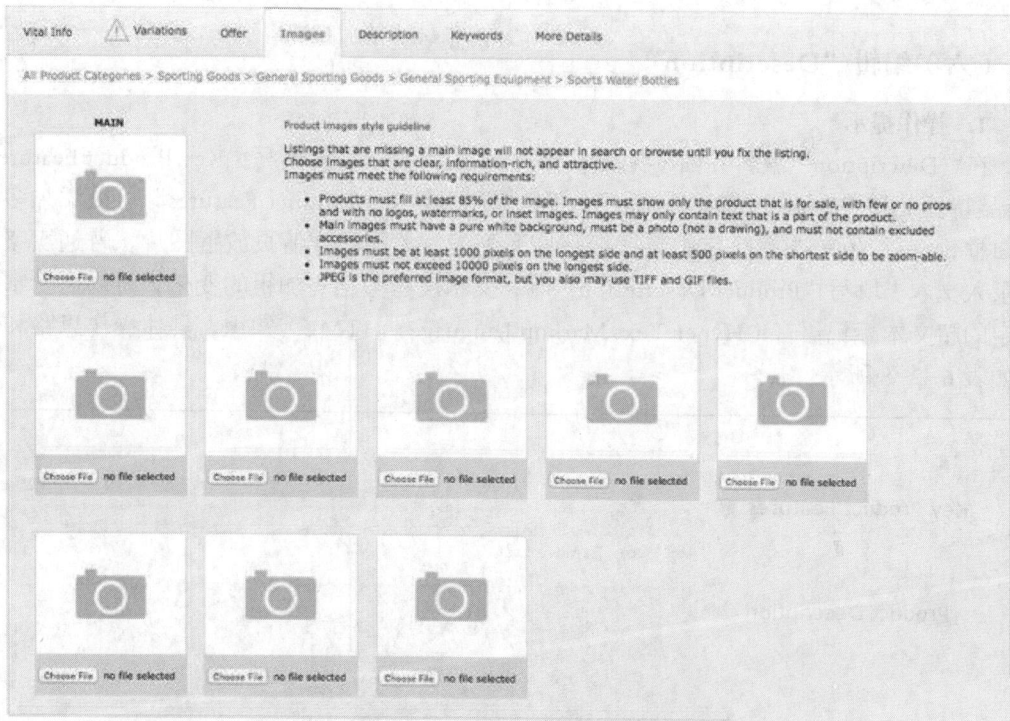

图 6-2-10 上传"Images"界面

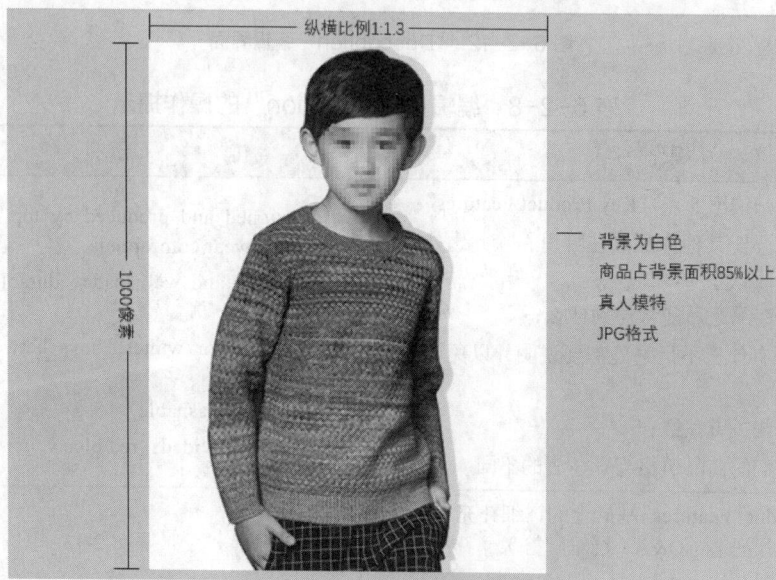

图 6-2-11 亚马逊商品图片示例

2. 实训任务（见表 6-2-7）

表 6-2-7　上传"Images"的实训任务

实训目标	实训任务和结果
了解亚马逊平台商品主图和辅图的要求；能利用图像处理软件处理符合要求的商品主图	下载编号为"01002"的商品图片源素材，并利用 Photoshop 图像处理软件，制作符合亚马逊平台要求的商品主图 1 张，辅图 8 张

（六）编辑"Description"

1. 操作提示

在"Description"编辑界面（见图 6-2-12）中，卖家需要填写"Key Product Features"（商品特性）和"Product Description"（商品描述）。"Key Product Features"可以添加多个空白框，每行 100～500 个字符。一般只有大型卖家才能在详情页放置图片，普通卖家只能录入文本。填写"Product Description"时，文本没有空格、加粗的变化，所以需要掌握一定的超文本标记语言（Hyper Text Markup Language，HTML）知识。具体操作思路和示例如表 6-2-8 所示。

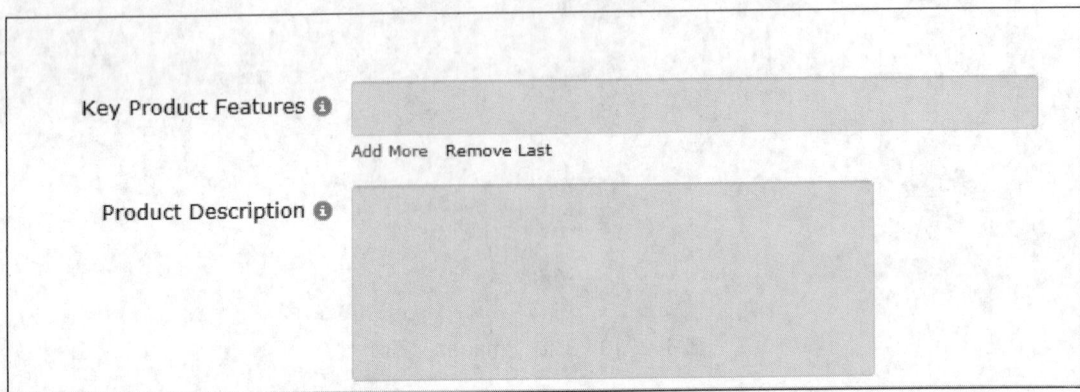

图 6-2-12　"Description"编辑界面

表 6-2-8　编辑"Description"的操作提示

操作思路	示例
根据以下思路归纳出 5 点"Key Product Features"： （1）我们的商品比其他商品好在哪里，除此之外，我们的商品还有什么好处； （2）买家购买商品之后能够得到什么； （3）商品是否有什么不足之处需要说明，以免让消费者误会； （4）商品有哪些关键参数； （5）为什么我们的商品价格与竞争者的不同	• Designed and produced by top team, soft to touch and wear comfortable • Tailored and well made, durable and easy to store • Suitable for winter, boys between 4 and 14 years' old • Machine washable • Colors provided：red/blue
基于"Key Product Features"基础上的详细补充与说明。例如可以提供尺码表、Q&A（疑难解答）、消费者须知等内容	图 6-2-13

Product description

Made from top quality materials, advanced printing and dyeing technology, the colorful pattern is soft and do not fade, these sweater have an insulating feature, which keep warm during winter and very comfortable under coats.

Finally, a high stretchy sweater that can be worn in any day.

Our high quality knitting sweater are designed and manufactured in a manner that your little one can wear this sweater in lots of different ways, offering you wide range of options to outerwear your mini version. The little one is sure to fall in love with these soft feeling sweater.

Size Chart:

160 (US Size 12): Fit Height 59-63 inches; Fit Weight 83.5-99.5 lbs; Fit Age: 10-11 yrs; Top Length: 22.84" Bust: 16.93" Sleeve Length: 20.47"

150 (US Size 10): Fit Height 55-59 inches; Fit Weight 70.5-83.5 lbs; Fit Age: 8-9 yrs; Top Length: 21.26" Bust: 16.14" Sleeve Length: 19.29"

140 (US Size 8): Fit Height 51-55 inches; Fit Weight 59.5-70.5 lbs; Fit Age: 7-8 yrs; Top Length: 20.08" Bust: 15.35" Sleeve Length: 18.11"

130 (US Size 6-7): Fit Height 47-51 inches; Fit Weight 48.5-59.5 lbs; Fit Age: 6-7 yrs; Top Length: 18.50" Bust: 14.57" Sleeve Length: 16.93"

120 (US Size 4-5): Fit Height 43-47 inches; Fit Weight 37.5-48.5 lbs; Fit Age: 4-5 yrs; Top Length: 17.32" Bust: 14.17" Sleeve Length: 15.75"

Note:

1. Size Chart is for reference only. Please don't choose the size just based on the children's AGE. In order to get a right size, you'd better measure his HEIGHT and WEIGHT first. Choose a larger size if your child is stronger than normal.

2. Please allow little color difference due to different camera or light environment, thanks for your understanding.

3. If you have any problems, please feel free to contact with us. Please take a moment to rate the product after you received. Thank you! Have a nice shopping!

图 6-2-13 "Product description" 示例

2. 实训任务（见表 6-2-9）

表 6-2-9 编辑 "Description" 的实训任务

序号	实训目标	实训任务和结果
1	了解亚马逊商品特性的归纳思路	借鉴亚马逊 "Key Product Features" 的归纳思路，为 "01002" 商品归纳 5 点商品特性：_____
2	能设计并编辑亚马逊的商品详细信息	用 Word 设计 "01002" 商品的 Product Description 信息

（七）设置 "Keywords"

该部分为非必填项。卖家可在此栏输入与商品相关的关键词，注意不要有重复及拼写错误，这里不建议为了蹭热销商品的搜索排名而刻意写一些与商品无关的关键词。

（八）编辑 "More Details"

该部分也为非必填项，卖家可以进一步补充商品的参数，如重量、体积、是否含有害物等。

（九）成功刊登商品信息

卖家填写完成所有信息之后，单击 "Save and finish" 按钮完成商品上传。刷新之后，卖家可以看到发布的商品被成功地显示出来了。

四、同步拓展

亚马逊各商品编码基础知识

在亚马逊刊登商品的过程中，会遇到各种商品编码，如 SKU、FNSKU、ASIN、UPC、EAN 等。它们分别代表什么含义呢？下面为大家科普与亚马逊商品编码有关的基础知识。

1. 库存量单位（Stock Keeping Unit，SKU）

SKU 是商品库存进出计量的基本单元，可以以件、盒、托盘等为单位（由数字或字母组成），也可以是两者混合搭配组成的。

SKU 是指一款商品，每款都会出现一个 SKU，便于卖家识别商品。若一个商品有不同的颜色、尺寸等多个属性，则该商品就有多个 SKU。比如，一件衣服有黑、白、灰 3 种颜色，每种颜色都有 S、M、L、XL 不同的码数，那么这款衣服就有 12 个 SKU。

注意：在亚马逊平台中，不管你是自建新品，还是跟卖已有的商品，都需要一个对应的 SKU，每个店铺中的 SKU 不允许重复。这是亚马逊卖家管理商品的唯一标识。

关于 SKU 的编写规则，亚马逊并没有严格要求。卖家在刊登商品时，SKU 一栏可自己填写，如果不填写，亚马逊会自动生成一个 SKU 编码并分配给卖家。这很难让人识别。所以为了方便日后管理商品，卖家最好还是根据自己的管理习惯或者商品特性来进行 SKU 的编写。

2. FNSKU

FNSKU 不同于 SKU，是 FBA 的商品标签编码，只有做 FBA 的商品才会有。一个做 FBA 的商品 SKU 对应一个 FNSKU。

注意：同一 SKU 对应的 FNSKU 可能会由于商品的表现或相关平台的政策而进行调整。例如，最开始时亚马逊支持混合库存，但后来不支持了，需要改为以 X 为开头的标签等。这也是导致同一卖家的两个 FBA 的 SKU 同时出现在一个商品页面的现象的原因之一。

3. Listing ID

在 eBay、Wish 等平台都有 Listing 的叫法，它就等同于淘宝中的商品链接，也就是商品页面。除了多属性变体商品外，通常一个 Listing 就是一个商品页面，由亚马逊自动生成一个对应的 Listing ID。

在目前的亚马逊卖家后台的商品列表中，可以直接通过 Listing ID 和 Product Name（商品名称）的超链接进入商品页面。在前台，搜索 Listing ID 是无法查到对应商品的，搜索 Product Name 结果可能看到一系列的类似商品。也就是说，亚马逊是允许商品名称有重复的，它并不是唯一的商品标识。

4. 商品通用条码（Universal Product Code，UPC）

亚马逊上的大多数商品分类均要求卖家在上传商品时使用所需的特定 GTIN（全球贸易项目代码，有 UPC、EAN、JAN 或 ISBN 等类型），最常使用的是 UPC。

UPC 是美国统一代码委员会制定的一种商品用条码，主要用于美国和加拿大地区。UPC 是最早大规模应用的条码，由于其应用范围广泛，故又被称为万用条码，通行于国际贸易中。

UPC 有标准版和缩短版两种，其中，标准版由 12 位数字构成，缩短版由 8 位数字构成。

标准版的 UPC12 的编码结构为：系统码（1 位）+厂商码（5 位）+商品码（5 位）+校检码（1 位）。

商品分类不同或同一分类中的商品类型不同，相对应的 UPC 要求也会有所不同。某些分类可能允许卖家申请 UPC 豁免。

5. 欧洲商品编号（European Article Number，EAN）

EAN 是在 UPC 的基础上确立的商品标识符号。EAN 是国际物品编码协会制定的一种商用条码，全球通用，分配给中国物品编码中心的前缀区间为 690～696，然后再由中国物品编码中心统一分配企业代码，商品代码则由制造商根据规定自己编制。标准 EAN13 编码结构为：国家码（2/3 位）+厂商码（5/4 位）+商品码（5 位）+校检码（1 位）。

因为 EAN 是在 UPC 基础上形成的，所以在技术上，EAN 系统的光电阅读器可以阅读 UPC 系统的条码，而 UPC 系统的光电阅读器却不能阅读 EAN。

6. 亚马逊标准识别码（Amazon Standard Identification Number，ASIN）

ASIN 是亚马逊自己的商品编号，由亚马逊系统自动生成的，不需要由卖家自行添加。ASIN 相当于一个独特的商品 ID，在亚马逊平台上具有唯一性，即一个 ASIN 对应一个 SKU。在亚马逊平台前端和卖家店铺后台都可以使用 ASIN 查询到商品。

ASIN 显示在商品详情页面里面，一般位于"Product Details"一栏，如图 6-2-14 所示。

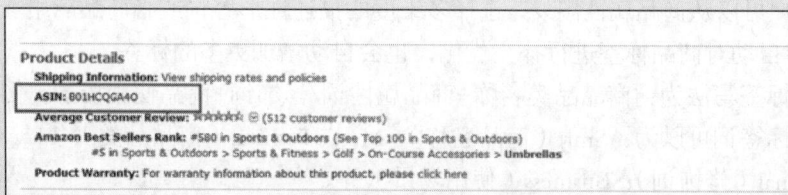

Product Details
Shipping Information: View shipping rates and policies
ASIN: B01HCQGA4O
Average Customer Review: ★★★★☆ ⊙ (512 customer reviews)
Amazon Best Sellers Rank: #580 in Sports & Outdoors (See Top 100 in Sports & Outdoors)
　　　　#5 in Sports & Outdoors > Sports & Fitness > Golf > On-Course Accessories > Umbrellas
Product Warranty: For warranty information about this product, please click here

图 6-2-14　ASIN 示例

任务三　刊登 Wish 店铺的商品信息

一、任务描述

在 Wish 商户平台上刊登商品信息的方法有两种：一是手动添加新商品，二是使用 CSV 文件批量添加新商品。刚开始时，商户可以先选择手动添加，以熟悉每一个栏目的内容和输入内容的规范标准。

在刊登商品信息之前，商户需要完成后台设置，在学习和了解 Wish 政策的同时完善商品信息表。通过任务三的学习，读者应能够在 Wish 店铺中刊登商品信息的工作任务，相关任务如图 6-3-1 所示。

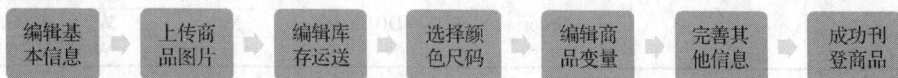

编辑基本信息 ➡ 上传商品图片 ➡ 编辑库存运送 ➡ 选择颜色尺码 ➡ 编辑商品变量 ➡ 完善其他信息 ➡ 成功刊登商品

图 6-3-1　刊登 Wish 店铺商品信息的工作任务

二、相关知识

（一）Wish 店铺的商品名称的编辑方法

Wish 推荐的商品名称（Product Name）写法为：品牌名或商品名+最多 3 个关键属性+通用商品类型。具体的要求如下。

（1）商品标题必须清楚、准确，应尽量简短，能描述要销售的商品。

（2）标题后面可以加上 Color、Size 等通用商品类型词。

（3）不要添加无意义的符号。

（4）Cheap、Hot、New、Free Shipping、Promotion、Discount、Fat MM 等词不能使用。

优秀的商品标题如 Men's Cloth Casual Shirt Navy，Women's Solid Color Black Dress Pants，Women's Toggle Hooded Double Breasted Trend Coat Parka 等，都符合以上要求。

（二）Wish 店铺的商品标签的设置方法

标签是指分配给源文件中每个商品的非层次结构关键词。此类元数据有助于描述商品和为商品分类，且方便用户在 Wish 上浏览或搜索时再次找到。商品标签之间应该用英文逗号分隔，通常添加的标签越多，越能准确地描述商品，用户找到该商品的概率越高。每个商品最多可以添加 10 个标签，若超过 10 个，则多余的标签将会被忽略。

标签一般由 2～3 个单词组成，部分品牌词可以在标签中合理出现。标签比关键词的范围更广。商户可以从商品属性出发，选择多维度的描述性形容词或者商品应用场景词作为标签。Wish 会自动对商品标签进行补充优化，也会自动增加更多的标签。

常见的标签写法为：商品品类名称+商品属性词/修饰词+商品使用场景。例如一件男士衬衣，它的标签词可以为：Shirt（商品名称）、Men's Fashion（商品品类）、Navy Blue（颜色属性）、Formal（修饰词）、Business（使用场景）等。

（三）SKU 的设置方法

SKU 基本包含三个概念：品项、编码、单位。为了便于理解，SKU 通常定义为保存库存控制的最小可用单位。SKU 主要供商户内部使用，商户可以自由编写，没有强制要求和规则。但是商户编写 SKU 的规则要统一，因为规范化是 ERP 系统使用的前提条件，否则容易造成商品混乱。

常见的 SKU 编号规则是：品类编码+款式编码+颜色+码数。例如，一款女裙有红色和绿色两种颜色，且每种颜色分别有 S、M、L 三种尺码，其 SKU 如表 6-3-1 所示。

表 6-3-1　女裙 SKU

商品	父 SKU	颜色	子 SKU	尺码	子 SKU
Woman Dress	WD01001	Red	WD01001R	S	WD01001RS
				M	WD01001RM
				L	WD01001RL
		Green	WD01001G	S	WD01001GS
				M	WD01001GM
				L	WD01001GL

（四）计算 Wish 店铺商品的售价

商品售价就是商户在 Wish 平台上将商品销售给客户的价格，包括商品成本、利润和 Wish 平台收取的佣金（收取比例为 15%）等主要部分。常见的价格计算公式为：

商品销售价=商品采购成本+利润+Wish 平台的佣金+收款手续费

在实际的运用中，商品售价还会涉及多个成本细节因素，商户可以根据自己的实际需求进行调整。下面以比较简单的公式为例进行讲解：

商品售价（美元）=商品采购成本（元）÷当前美元汇率÷（100%-利润率-Wish 佣金率-收款手续费率）

举例来说，一款鞋子商品采购成本为 78 元/双，美元汇率为 6.9，利润率为 15%，Wish 佣金率为 15%，收款手续费率为 1%，则其售价为：

售价=78÷6.9÷（100%-15%-15%-1%）=16.38（美元）

由于在 Wish 平台上销售的商品售价都是以整数计算的，最低默认是 1 美元，因此该售价需要调整为 17 美元。

另外，Wish 对优质的商品拥有自动调价的权利，所以消费者购买的价格不一定是商户填入的售价。但是 Wish 升价所增加的销售金额不会给商户，而是由 Wish 平台所得。

三、任务实施

（一）编辑基本信息

1. 操作提示

任务三的所有操作提示均根据编号为"01004"的商品信息表（见表 6-3-2）完成。

表 6-3-2 商品信息表

商品编号	商品名称	商品图片	商品属性	成本价
01004	V 领连衣裙		品牌：BYXR 颜色：黑色/红色 尺寸：S/M/L/XL/XXL 材质：95%聚酯纤维，5%氨纶 商品毛重：0.35kg 库存：5 000	40 元

商户在 Wish 平台上刊登的基本商品信息包括商品名称、描述、标签和 SKU，"编辑基本信息"的操作提示如表 6-3-3 所示。

表 6-3-3 编辑基本信息的操作提示

具体操作	示例	完成情况
步骤一：登录 Wish 商户后台，选择"商品"—"添加新商品"，选择"手动"	无	
步骤二：编辑商品名称 根据"品牌名或商品名称+最多 3 个关键属性+通用商品类型"的思路编辑，具体方法参见本任务的"相关知识"部分	Brand BYXR Women Casual V-Neck Ruffle Sleeve A-Line Dress	
步骤三：编辑商品描述 用英文填写尺码、颜色、重量、包装等信息，可以填写 4 000 个字符，但前 250 个字符的信息更重要	Material of this dress is 95% Polyester, 5% Spandex. The colors are black and red; the sizes are S to XXL. Other features of this dress are V-neck, short sleeve and A-line. This dress can be worn in dailylife for its soft material and casual style	
步骤四：设置标签 根据"商品品类名称+商品属性词/修饰词+商品使用场景"设置 10 个标签，具体方法参见本任务的"相关知识"部分	Dress，Women's Fashion，Red，Black，A-Line，V-neck，Short-sleeve，Casual，Apparel，Summer	
步骤五：设置 Unique Id（唯一的 SKU 编码） 根据"品类+款式编码+颜色+码数"的 SKU 编码规则，填写 Unique Id 或父 SKU，具体方法参见本任务的"相关知识"部分	WD01001 （表示 Women Dress 的 01 品类，001 款式）	

基本信息的编辑界面如图 6-3-2 所示。

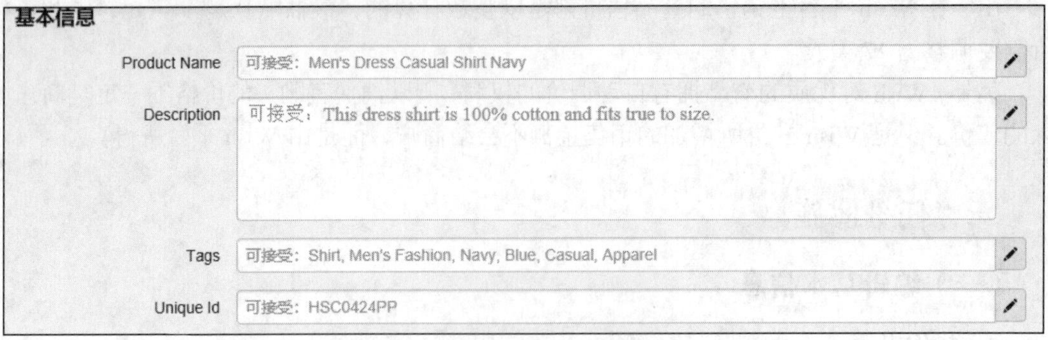

基本信息

Product Name	可接受：Men's Dress Casual Shirt Navy
Description	可接受：This dress shirt is 100% cotton and fits true to size.
Tags	可接受：Shirt, Men's Fashion, Navy, Blue, Casual, Apparel
Unique Id	可接受：HSC0424PP

图 6-3-2　基本信息的编辑界面

2. 实训任务

请根据编号为"01002"的商品信息表（见表 6-1-4）或者自己团队整理的商品信息表，完成"编辑基本信息"及其他实训任务（见表 6-3-4）。

表 6-3-4　编辑基本信息的实训任务

序号	实训目标	实训任务和结果
1	能编辑 Wish 平台商品名称	在 Wish 平台刊登"01002"商品的信息时，商品名称为：_____
2	能编辑 Wish 平台商品描述	为"01002"商品撰写商品描述：_____
3	能设置 Wish 平台商品标签	为"01002"商品设置 10 个标签：_____
4	能设置 SKU	"01002"商品的 SKU 有_____

（二）上传商品图片

在 Wish 平台上，商品图片分为主图片和额外图片两种。其中，主图片 1 张，额外图片可以添加 10 张。Wish 平台要求主图的图片规格是正方形，并且大于或等于 800 像素×800 像素。

主图上传有两种方式，一种是通过本地计算机上传，另一种是通过统一资源定位符（Uniform Resource Locator，URL）上传，如图 6-3-3 所示。

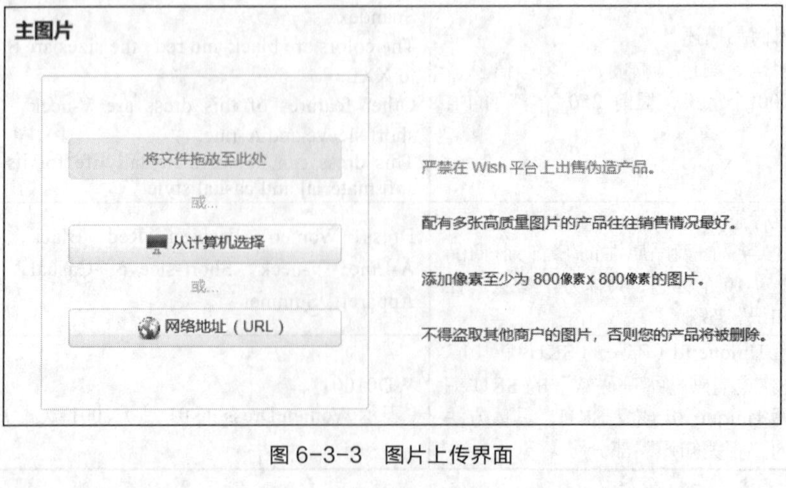

主图片

将文件拖放至此处

或…

🖥 从计算机选择

或…

🌐 网络地址（URL）

严禁在 Wish 平台上出售伪造产品。

配有多张高质量图片的产品往往销售情况最好。

添加像素至少为 800 像素 x 800 像素的图片。

不得盗取其他商户的图片，否则您的产品将被删除。

图 6-3-3　图片上传界面

（三）编辑库存和运送

1. 操作提示

库存和运送部分包括商品销售价格、商品库存、商品运费和预估配送时间等信息，如图 6-3-4 所示。各部分信息的具体操作和示例如表 6-3-5 所示。

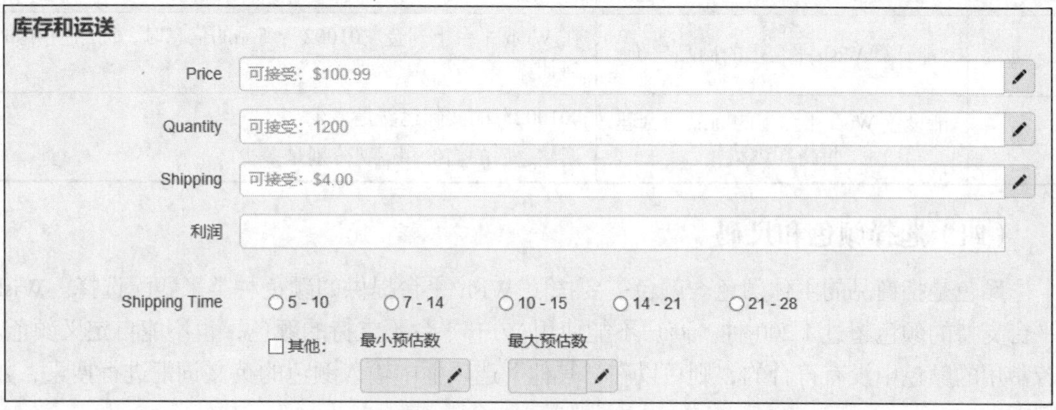

库存和运送

Price	可接受：$100.99
Quantity	可接受：1200
Shipping	可接受：$4.00
利润	

Shipping Time ○5 - 10 ○7 - 14 ○10 - 15 ○14 - 21 ○21 - 28

□其他： 最小预估数 ____ 最大预估数 ____

图 6-3-4　图片上传界面

表 6-3-5　编辑库存和运送的操作提示

具体操作	示例	完成情况
步骤一：计算销售价格 根据"商品销售=商品采购成本÷当前美元汇率÷（100%-利润率-Wish 佣金率-收款手续费率）"计算价格。具体方法参见本任务的"相关知识"部分	假设美元汇率 6.5，利润率 10%，则售价=40÷6.5÷（100%-10%-15%-1%）=8.32≈9（美元）	
步骤二：输入库存数量	5 000	
步骤三：计算运费 根据"商品运费=物流成本÷当前美元汇率÷（100%-Wish 佣金率-收款手续费率）"计算运费。具体方法参见项目五任务三	假设使用 WishPost-EUB（Wish 邮 e 邮宝）发货，收费标准为 0.075×克重+10 元，运费=（350×0.075+10）÷6.5÷（100%-15%-1%）=6.64≈7 美元	
步骤四：调整价格和运费 为了平衡售价和运费，在总价不变的情况下，调整售价和运费	调整前：售价+运费=9+7=16 美元。 调整后：售价可以为 15 美元，运费为 1 美元	
步骤五：设置配送时间 配送时间要设置合理，海外仓商品的配送时间按照 Wish Express 的政策填写	例如，配送时间为 5～20 天，则勾选"其他"，最小预估数填入 5，最大预估数填入 20 天	

在步骤二中，库存的最大值为 50 万，超过此值的库存量将会自动降低。库存只能填写整数，不能填写库存的单位等额外的文字信息。当库存为 0 时，商品无法被购买，但该商品不会被自动下架，商户可以根据自己的实际情况决定是否增加库存。

在步骤三中，运费也是按整数计算的，最低默认 1 美元。值得注意的是，当前商品的运费，只是该商品的基础标准运费，默认适合所有允许销售的国家和地区。要想对商品设置不同的运费，可以等商品上传发布之后，再针对该商品设置国际运费，菜单路径为："商品"—"更新现有商品"—"手动"—"选择要编辑的商品"—"编辑国际运费"。

2. 实训任务

请根据编号为"01002"的商品信息表（见表 6-1-4）或者自己团队整理的商品信息表，完成"编辑库存和运送"的实训任务（见表 6-3-6）。

表 6-3-6　编辑库存和运送的实训任务

序号	实训目标	实训任务和结果
1	能计算 Wish 平台上的商品售价	在 Wish 平台上刊登"01002"商品的信息时，商品售价如何计算
2	能设置 Wish 平台上的商品的合理价格和运费	"01002"的实际运费是多少？ 调整之后的售价和运费分别是多少

（四）选择颜色和尺码

颜色是指商品的主体颜色。颜色需要按照 Wish 平台提供的颜色种类来匹配选择。Wish 平台支持的颜色超过 1 200 种。商户不能使用 Wish 平台不支持的颜色，也不能自定义颜色。若常用的颜色中没有符合的，则可以在"其他"选项框中输入颜色的英文词汇进行搜索，如图 6-3-5 所示。

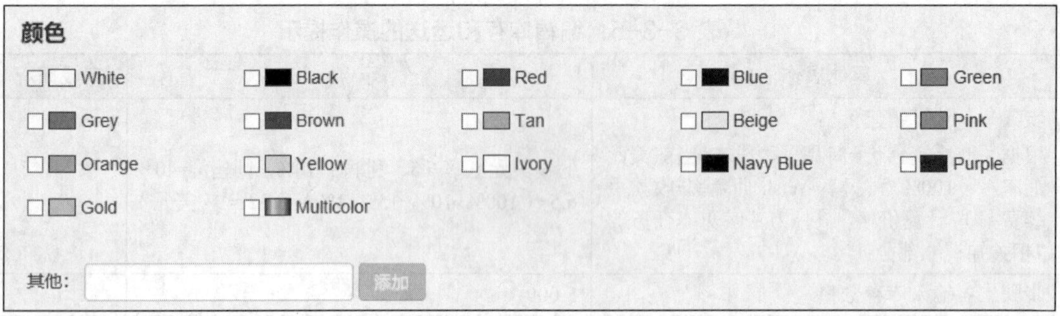

图 6-3-5　颜色选择界面

尺码泛指商品的规格。Wish 平台提供了 Men's Apparel（男装）、Women's Apparel（女装）、Infant/Child（童装）、Infant/Child Shoes（童鞋）、Additional Apparel Sizes（其他服饰）、Numbers（数字）、Bras（文胸）、Men's Shoes（男鞋）、Women's Shoes（女鞋）、Shoes（通用鞋码）、MacBooks（苹果笔记本电脑）、Smartphones/Tablets（智能手机/平板电脑）、Gaming（游戏设备）、Headphones（耳机）、Bedding（床上用品）、Memory（内存条）、Area（面积）、Length（长度）、Volume（体积）、Voltage（电压）、Wattage（瓦数）、Weight（重量）、Shapes（形状）、Electric Plugs（电插头）、Men's Suit and Tuxedos（男士西服和礼服）、Custom（自定义）、Others（其他）等多个选项，如图 6-3-6 所示。

（五）编辑商品变量

商户在选择了颜色和尺码之后，才可以填写"商品变量"。商品变量包括唯一 ID（SKU）、Price（售价）、数量（库存数量），如图 6-3-7 所示。售价和库存的填写方法参考"编辑库存和运送"部分。这里的 SKU 填的不是父 SKU，而是子 SKU，即具体到颜色和尺码。例如 WD01001RS（表示 Women Dress 的 01 品类、001 款式、红色、S 码商品）。

尺码

Men's Apparel | **Women's Apparel** | Infant/Child | Infant/Child Shoes | Additional Apparel Sizes | Numbers | Bras | Men's Shoes
Women's Shoes | Shoes | MacBooks | Smartphones/Tablets | Gaming | Headphones | Bedding | Memory | Area | Length
Volume | Voltage | Wattage | Weight | Shapes | Electric Plugs | Men's Suit and Tuxedos | Custom | Others

Women's Apparel

	Bust/Chest		Waist		Hip	
	厘米	英寸	厘米	英寸	厘米	英寸
☐ XXS	80 - 83 (cm)	31.5" - 32.5"	60 - 62 (cm)	23.5" - 24.5"	86 - 89 (cm)	34" - 35"
☐ XS	83 - 85 (cm)	32.5" - 33.5"	62 - 65 (cm)	24.5" - 25.5"	89 - 91 (cm)	35" - 36"
☐ S	85 - 88 (cm)	33.5" - 34.5"	65 - 67 (cm)	25.5" - 26.5"	91 - 94 (cm)	36" - 37"
☐ M	90 - 93 (cm)	35.5" - 36.5"	70 - 72 (cm)	27.5" - 28.5"	97 - 99 (cm)	38" - 39"
☐ L	97 - 100 (cm)	38" - 39.5"	76 - 80 (cm)	30" - 31.5"	103 - 107 (cm)	40.5" - 42"
☐ XL	104 - 109 (cm)	41" - 43"	84 - 88 (cm)	33" - 34.5"	110 - 116 (cm)	43.5" - 45.5"
☐ XXL	110 - 116 (cm)	43.5" - 45.5"	91 - 95 (cm)	36" - 37.5"	116 - 123 (cm)	45.5" - 48.5"

图 6-3-6　尺码选择界面

产品变量

尺寸	颜色	唯一 ID (SKU)	Price	数量	利润
S	Black	可接受: HSC ✎	可接受: $ ✎	可接受: 1 ✎	
S	Red	可接受: HSC ✎	可接受: $ ✎	可接受: 1 ✎	
M	Black	可接受: HSC ✎	可接受: $ ✎	可接受: 1 ✎	
M	Red	可接受: HSC ✎	可接受: $ ✎	可接受: 1 ✎	
L	Black	可接受: HSC ✎	可接受: $ ✎	可接受: 1 ✎	

图 6-3-7　商品变量编辑界面

（六）完善其他信息

其他可以选填的信息包括 MSRP（建议零售价）、Brand（品牌）、UPC（通用商品代码）等，如图 6-3-8 所示。摘要是指对未填写或填写错误的必填选项信息的说明或提示。

可选信息

MSRP	可接受: $19.00	✎
Brand	可接受: Nike	✎
UPC	可接受: 716393133224	✎
Landing Page URL	可接受: http://www.amazon.com/gp/product/B008PE00DA/ref=s9_simh_gw_p193_d0_i3?ref=wish	✎

图 6-3-8　可选信息的编辑界面

（七）成功刊登商品信息

最后，单击"提交"按钮，即可完成一个商品的添加。商品添加成功之后，商户可在 Wish 商户后台通过"商品"—"查看所有商品"菜单，或者通过"商品"—"更新现有商品"—"手动"菜单查看已经上传的商品。

四、同步拓展

玩转 Wish 之 CSV 批量上传

CSV 文件是一种可以将几百个甚至上千个商品一次性导入系统的文件，比手动上传的效率高出太多，熟练掌握将大幅减少上传商品的时间，显著提高运营效率。

首先登录 Wish 商户后台，选择"商品"—"添加新商品"—"商品 CSV 文件"，然后下载 CSV 文件模板。然后用 Excel 打开 CSV 文件模板，如图 6-3-9 所示。表格的第一行已经设好，不用修改，里面是各种参数的名称。从第二行开始是需要编辑的内容，由商户自行填写。

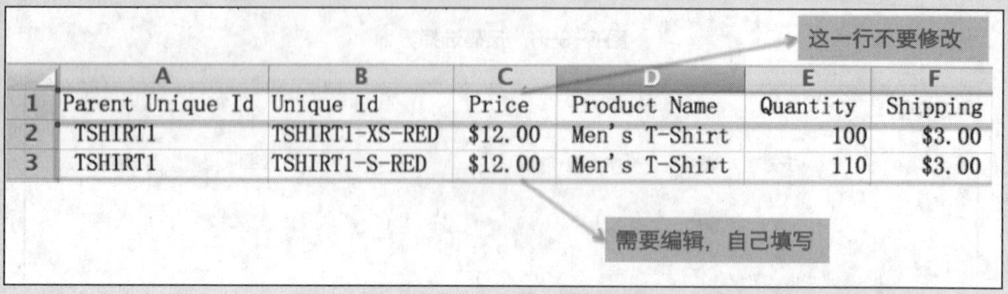

这一行不要修改

	A	B	C	D	E	F
1	Parent Unique Id	Unique Id	Price	Product Name	Quantity	Shipping
2	TSHIRT1	TSHIRT1-XS-RED	$12.00	Men's T-Shirt	100	$3.00
3	TSHIRT1	TSHIRT1-S-RED	$12.00	Men's T-Shirt	110	$3.00

需要编辑，自己填写

图 6-3-9　CSV 文件模板

下面分别介绍每列的填写方法。

Parent Unique ID（A 列）：填写父 SKU，可以理解为款式号。

Unique ID（B 列）：填写子 SKU，即精确到具体的尺码和颜色。

Price（C 列）：填写价格，要求填入数字，可以加"$"符号，也可以不加。

Product Name（D 列）：填入商品名称，方法与手动上传商品时填写商品名称一致。

Quantity（E 列）：填入库存数量，要求填入整数。

Shipping（F 列）：填入运费，必须是整数。

Main Image URL（G 列）：填入商品主图的 URL，CSV 里面的图片都需要用链接的形式才能上传。也就是说，先要把图片上传到图片空间网站，然后再把图片链接填入相应的单元格内。图片链接只能以"http:"开头，不能以"https:"开头。

Tags（H 列）：填入标签，标签要用逗号分隔。

Description（I 列）：填入商品描述，不能包含 HTML 代码。

Size(J 列)：填入商品尺码，必须是数字或是在 Wish 平台的尺码列表中存在的尺码。

Color（K 列）：填入商品颜色，颜色名称必须在颜色列表中存在；否则，系统会判定为错误。

MSRP（L 列）：填入建议零售价。该字段必须是纯数字。

Brand（M 列）：填入品牌名称。

UPC（P 列）：填入商品条码，一般为 12 位数字。

其余几列用于填入更多辅图的图片链接，方法同主图图片链接。

另外需要注意的是：输入的信息要在英文输入法下输入；标准为必填项的内容一定要填写；文件编辑完成后，要保存后缀名为 ".CSV" 的文件。

最后，选择"商品"—"添加新商品"—"商品 CSV 文件"，单击"选择文件"按钮，然后选取编辑好的文件并上传即可，如图 6-3-10 所示。上传完成后，单击"Submit"按钮提交。如果上传成功，则系统会提示上传将在 24 小时内完成。其实只要不出错误，商户可以立即在后台看到。

图 6-3-10　CSV 文件的上传界面

（资料来源：雨果网）

项目七
营销推广

项目情境导入

　　店铺中的商品如果得不到买家的浏览、点击、购买，那么之前付出的努力将得不到回报。"得流量者得天下"，我们需要通过各种营销推广手段为店铺引流。那么，如何增加店铺的流量呢？从流量来源来看，增加流量可以分为站内引流和站外引流两种途径。

　　站内引流方式一般分为店铺活动和平台活动。所谓店铺活动是指卖家在自己店铺内通过打折、满减、优惠券等活动进行促销。例如，速卖通的五大店铺自主营销活动、亚马逊平台的店铺促销活动、敦煌网商铺活动等。所谓平台活动是指由平台发起和组织的行业或节日促销活动，符合招募条件的卖家可以报名参加此类活动。例如，速卖通平台的"双11"大促、亚马逊平台的秒杀、敦煌网平台的行业促销活动等。此外，卖家可以通过投放站内广告进行付费推广。

　　站外引流常见的有搜索引擎营销（Search Engine Marketing，SEM）、电子邮件营销（Email Direct Marketing，EDM）和社交媒体营销（Social Network Site，SNS）。搜索引擎营销包括竞价排名、购买关键词广告和搜索引擎优化（Search Engine Optimization，SEO），其中搜索引擎优化因其低成本和高效率而备受广大卖家重视。电子邮件营销即向目标客户发送广告邮件。社交媒体营销的形式丰富，其是依托各社交媒体网站或网络红人而进行的内容营销，是当下流行的网络营销方式。

　　站内引流和站外引流不是孤立存在的，而应该围绕为店铺增加流量这一目标，搭配使用。

项目学习目标

能力目标	1. 能创建速卖通平台的营销活动，为速卖通店铺引流 2. 能创建亚马逊平台的营销活动，为亚马逊 Listing 引流 3. 能创建 ProductBoost，为 Wish 平台的 Listing 引流 4. 能运用搜索引擎营销、邮件营销、社会化媒体营销为店铺引流
知识目标	1. 了解速卖通平台的店铺自主营销工具 2. 了解速卖通直通车工具及使用方法 3. 了解各大跨境电子商务平台的平台活动 4. 了解亚马逊平台的广告形式和促销形式 5. 了解 Wish 平台的 ProductBoost 及使用方法 6. 了解搜索引擎营销、邮件营销和社会化媒体营销的含义

一、任务描述

　　速卖通平台具有丰富的营销工具和促销活动，主要包括店铺自主营销、平台活动、客户管理营销、联盟营销、直通车等。通过任务一的学习，读者应可以帮助相关速卖通店铺开展多种形式的营销推广活动。速卖通店铺的营销形式如图 7-1-1 所示。

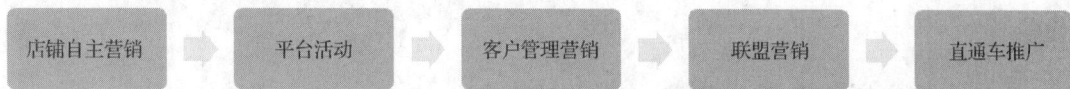

| 店铺自主营销 | ⇒ | 平台活动 | ⇒ | 客户管理营销 | ⇒ | 联盟营销 | ⇒ | 直通车推广 |

图 7-1-1　速卖通店铺的营销形式

二、相关知识

（一）五大店铺自主营销工具

　　店铺自主营销是指在店铺内通过自己组织活动、打折优惠等行为促进销售。速卖通平台有五大店铺自主营销工具，分别是限时限量折扣、全店铺打折、全店铺满立减、店铺优惠券和购物券。

1. 限时限量折扣

　　设立限时限量折扣的主要目的一般是清库存、打造爆款、推新款、优排名。限时限量折扣活动的开始时间是美国太平洋时间，创建后 12 小时生效，活动生效 6 小时前可以修改。设立限时限量折扣前，卖家需考虑打折空间，切勿提价后打折，否则会影响商品搜索排名。该折扣方式以月为单位，每月活动总数量 40 个，总时长 1 920 小时。卖家应分析买家消费心理，巧妙设置活动时长、折扣率，控制打折商品的数量；结合其他推广方式，达到营销效果最大化，"全店铺折扣"和"限时折扣"的时间和折扣均以"限时折扣"为优先。

2. 全店铺打折

　　全店铺打折的用途和好处主要是提升转化率、提升整体排序分值、提升店铺人气活跃度、提升销量、提升店铺曝光量。设立全店铺打折时，每月活动数最多 20 个，时长为 720 小时，可跨月设置活动；创建活动后 24 小时生效，生效前 12 小时可以修改商品；可以根据不同折扣力度，设置不同的营销分组；全店铺打折活动不设置独立活动库存，全店铺打折商品售卖时扣减商品库存。

3. 全店铺满立减

　　全店铺满立减的好处主要是提高客单价和提高关联商品转化率。活动特点：每月数量最多 10 个，总时长为 720 小时，可以设置隔月活动，可以叠加使用；活动设置后 24 小时生效；可以设置多阶梯度的满立减；可以针对部分或所有商品来设置活动范围。

4. 店铺优惠券

　　店铺优惠券主要有两种类型：领取型优惠券和定向发放型优惠券。设立店铺优惠券的好处主要是提高客单价，刺激买家下单，为店铺引流。该促销活动的特点为以月为单位，每月

可创建领取型优惠券 10 个，定向发放型优惠券 20 个；可设置无条件使用优惠券或有条件使用优惠券，单个订单只能使用一张。

5. 购物券

速卖通购物券会在买家端以券的形式显示，但实际代表的是一种买家在购物时直接抵减一定面额现金的消费权益，卖家并不能因此获得与买家所用购物券相等值的现金收入。购物券的活动规则由跨境的商务平台发起；卖家会根据跨境的商务平台给出的基础规则设置相应的门槛和张数，买家在参与该活动的店铺下单时，如果满足单店门槛且有张数剩余时即可使用下单。购物券是由跨境的商务平台发放给买家的，卖家自己无法发放，面额为定值。

（二）速卖通平台活动分类

速卖通平台活动（Aliexpress Promotion）是阿里巴巴速卖通面向卖家推出的免费推广服务，主要包括大促活动、团购活动以及针对特定行业和主题的专题活动。平台活动可以分为以下几类。

1. 平台常规性活动

Super Deals（重大打折让利活动）：全站唯一享有单品首页曝光，适用于推新品和打造爆款的活动，包括 Today's Deals、Weekend Deals 和 GaGa Deals。

团购活动：针对特定国家（或地区）的营销活动。目前，速卖通卖家后台已开通俄罗斯、巴西、印度和西班牙 4 个国家的团购活动报名入口。

2. 行业、主题活动

行业活动：根据不同行业的特征，推出的专属于行业的主题营销活动。

主题活动：针对特定主题设定的专题营销活动。比如，新年换季新的主题活动、情人节大促活动等。

3. 平台整体大型促销活动

一般来说，一年中，速卖通的"平台大促"会有 3 次。根据不同的情况，速卖通会进行适当的调整。平台大促的流量非常大，其中速卖通"双 11"大促活动的流量最大。

（三）直通车费用计算

速卖通直通车是速卖通平台的会员通过自主设置多纬度关键词，免费展示商品信息，通过大量曝光商品来吸引买家，并按照点击量进行付费的全新网络推广方式。

速卖通直通车每日费用并不固定，当买家点击了推广的商品时，才会进行扣费。每次实际的点击花费，取决于卖家自己和其他卖家的排名关系、出价和推广评分。目前主要有两种计算速卖通直通车每日费用的方式。

（1）当卖家自己的商品排在竞争该关键词卖家的最后一名时，或者商品是这个关键词下展示的唯一推广商品时，所需要支付的点击价格为该关键词的底价。

（2）在其他情况下，所需要支付的点击价格={（下一名卖家的出价×下一名卖家的推广评分）÷自身的推广评分}+0.01 元。

举例说明：A、B、C 三个卖家同时竞争××这个关键词，假设底价是 1 元。表 7-1-1 为他们的商品评分和出价。

表 7-1-1　商品评分和出价

卖家	商品评分	出价（元）
A	20	10
B	10	15
C	5	20

那么，排在最前面的是 A，A 需要出 7.51 元（10×15÷20+0.01）；排在第二位的是 B，B 需要出 10.01 元（5×20÷10+0.01）；排在最后的是 C，C 的出价情况需根据实际情况而定，但不会超过 20 元。

三、任务实施

（一）店铺自主营销

1. 操作提示

速卖通平台的五大店铺自主营销工具的设置方式如表 7-1-2 所示。

表 7-1-2　店铺自主营销操作提示

具体操作	完成情况
设置限时限量折扣： （1）单击"营销活动"—"店铺活动"—"限时限量折扣"—"创建活动"； （2）填写活动名称及活动开始时间、结束时间，单击"确定"按钮； （3）选择参与活动的商品，每个活动最多只能选择 40 个商品； （4）设置商品折扣率和活动库存； （5）单击"提交"按钮后即完成设置	
设置全店铺打折： （1）单击"营销活动"—"店铺活动"—"全店铺打折"选项卡； （2）单击"营销分组设置"—"新建分组"，填入分组名称，单击"组内商品管理"—"添加商品"，勾选该分组内的商品； （3）返回全店铺打折设置页面，单击"创建活动"按钮，填写活动名称、活动开始和结束时间，并设置不同营销分组的折扣率，单击"提交"按钮	
设置全店铺满立减： （1）单击"营销活动"—"店铺活动"—"满立减"—"创建活动"； （2）填写活动名称、活动开始和结束时间； （3）选择活动类型（全店铺满立减或商品满立减）和满减条件（多梯度满减和单层级满减），设置满减金额，单击"提交"按钮	
设置店铺优惠券： （1）单击"营销活动"—"店铺活动"—"店铺优惠券"； （2）选择优惠券类型，单击"添加优惠券"按钮； （3）以领取型优惠券为例，需要填写活动名称、活动开始和结束时间、优惠券领取规则和使用规则等信息，单击"确认创建"按钮； （4）定向发放型优惠券，首先单击"查看可发放优惠券用户列表"，选择发放对象，然后单击"返回"—"添加优惠券"，编辑优惠券信息，单击"确认创建"按钮	
设置购物券： （1）单击"营销活动"—"店铺活动"—"购物券"； （2）选择活动，单击"报名活动"按钮； （3）设置购物券张数和面额门槛； （4）如果需要参加平台活动，才需要进行这个步骤。卖家需要设置完购物券活动，再报名参加平台活动	

2. 实训任务

请根据表 7-1-2 的提示学习相关内容，完成表 7-1-3 所示的实训任务。

表 7-1-3　店铺自主营销实训任务

序号	实训目标	实训任务和结果
1	能设置限时限量折扣活动	请为店铺中新上架的 10 款商品设置限时限量折扣活动。要求 8.5 折的活动持续一周并提供活动截图
2	能设置全店铺打折活动	请设置两个以上营销分组，并为两个营销分组设置不同的打折折扣，要求活动持续一周并提供活动截图
3	能设置满立减活动	请设置店铺满立减活动，条件为满 200 美元减 10 美元，满 400 美元减 22 美元，要求提供活动截图
4	能设置店铺优惠券活动	请设置新店开张的领取型优惠券 100 张，优惠券满 50 美元减 2 美元，5 天有效期，要求提供活动截图

（二）平台活动

1. 操作提示

平台活动报名较简单，单击"营销活动"—"平台活动"选项，选择店铺可以参加的平台活动，单击"我要报名"按钮，如图 7-1-2 所示。

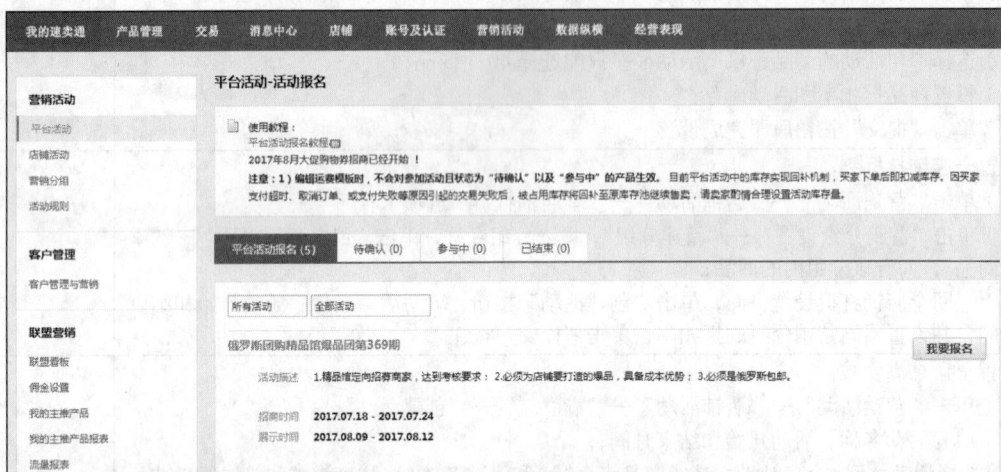

图 7-1-2　平台活动入口

不同的活动，参加的条件会略有不同，建议卖家登录速卖通平台活动报名的详情页面查看对应的活动要求，如渠道要求、价格门槛、支付时限、商品销售量及图片要求等。平台活动报名之后，会进入审核流程，审核一般分为机器审核和人工审核，因此平台活动报名前期的准备工作非常重要。

2. 实训任务（见表 7-1-4）

表 7-1-4　平台活动的实训任务

实训目标	实训任务和结果
了解速卖通的平台活动	1. 你的店铺可以参加哪些平台活动？ 2. 报名参加速卖通平台活动，提供活动展示界面

（三）客户管理营销

1. 操作提示

为了帮助卖家更好地管理自己的客户，识别其中诚信并有购买力的优质客户，以进行有针对性的营销，速卖通平台推出了客户管理与营销工具。

单击"营销活动"—"客户管理"—"客户管理与营销"选项，可以看到"客户管理""客户营销"和"营销效果"三个管理面板，如图7-1-3所示。

图 7-1-3 客户管理与营销界面

客户管理功能可以管理所有和卖家有过交易的客户信息，包括客户的采购次数、累计采购金额、最近一次采购时间、客户的国家等信息。同时，卖家也可以根据自己对于客户的了解情况填写客户的购买需求、购买习惯、购买频率、购买类型等采购信息。

客户营销功能可以用来给卖家所选择的客户发送营销邮件。邮件内容可以包括新品上架情况、打折、促销等信息，或者对售后满意度等进行调查，以此来吸引老客户回头下单。

营销效果功能可以查看邮件营销和定向优惠券营销的效果，包括累计营销人数、累计订单数、客户回访数、累计成交额和退订客户数等。

2. 实训任务（见表 7-1-5）

表 7-1-5 客户管理营销的实训任务

实训目标	实训任务和结果
了解速卖通平台的客户管理营销功能	查看速卖通后台的客户管理营销功能，并思考依据什么将客户进行分类

（四）联盟营销

1. 操作提示

联盟营销是一种按效果付费的网络营销方式，卖家通过联盟营销渠道收到了订单，按照事先设定的交易比例支付佣金。佣金由卖家决定，每个顶级类目都由平台限制，从3%至50%

不等。若有退款和订单折扣，则按比例消减佣金，运费无须付佣金。联盟营销是一种成交收费、不成交不收费的营销方式。

单击"营销活动"—"联盟营销"选项，如图 7-1-4 所示。"联盟营销"中包括"联盟看板""佣金设置""我的主推商品""我的主推商品报表""流量报表""订单报表""退款报表""成交详情报表"和"我的操作记录"。

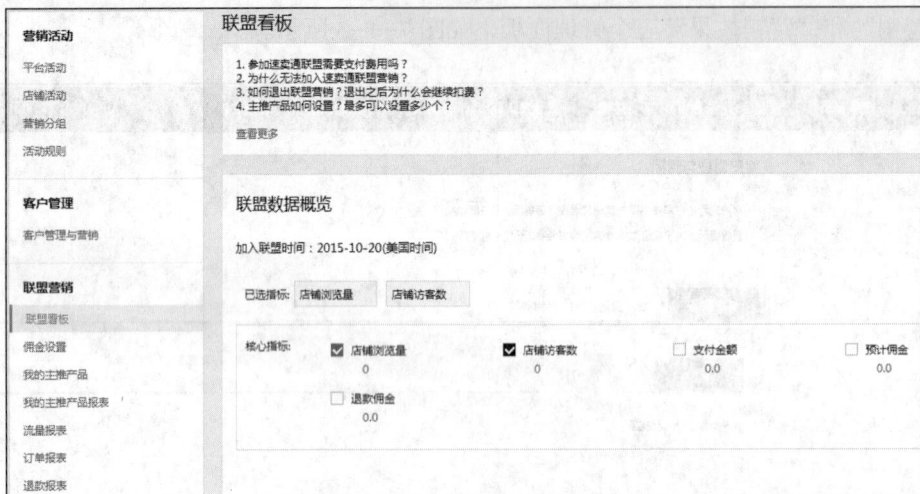

图 7-1-4　联盟营销

佣金比例要根据店铺的利润度来合理设置，卖家可以在定价的时候就把联盟佣金的成本考虑进去，这样才能更容易地进行联盟营销。联盟营销的站长来自全球 100 多个国家或地区，客户群体非常庞大，对店铺的营销和订单量的增长有较大的帮助。

2. 实训任务（见表 7-1-6）

表 7-1-6　联盟营销的实训任务

实训目标	实训任务和结果
了解速卖通平台联盟营销	查看速卖通后台的联盟营销功能，并选择几款合适的商品进行推广，观察推广效果

（五）直通车推广

1. 操作提示

速卖通直通车界面中包含"直通车概况""推广管理""数据报告""账户设置"，具体操作提示如表 7-1-7 所示。

表 7-1-7　直通车推广的操作提示

具体操作	图示	完成情况
步骤一：单击"营销活动"—"速卖通直通车"—"推广管理"—"新建推广计划"	图 7-1-5	
步骤二：选择要新建的推广计划的类型，选择重点推广计划或快捷推广计划	图 7-1-6	
步骤三：填写推广计划的名称，单击"开始新建"按钮	无	
步骤四：添加推广商品	图 7-1-7	
步骤五：添加关键词	图 7-1-8	
步骤六：为选择的关键词设定每点击最高扣费上限价格	图 7-1-8	

重点推广计划用于推广重点商品，最多创建 10 个。快捷推广计划用于快速创建直通车计划，方便发掘潜力推广商品。一个店铺最多创建 30 个推广计划，每个计划最多同时推广100 个商品。

添加关键词时可以使用系统推荐词。根据在选商品页面中所添加的商品，系统会在选关键词页面中，自动推荐出一批适合推广的关键词。卖家可以根据词的推广评分、搜索热度、竞争度 3 个指标挑选关键词。目前，系统主要通过商品信息来判断并推荐关键词，因此，为了获得更丰富的推荐关键词，卖家需要尽量将商品信息填写完整，让商品信息所含的信息更全面、更细致。

竞价即为选择的关键词设定每点击最高扣费上限价格，选词后在关键词列表下方，可批量为这些词出价，出价方式有按市场平均价加价和以底价为基础加价两种。

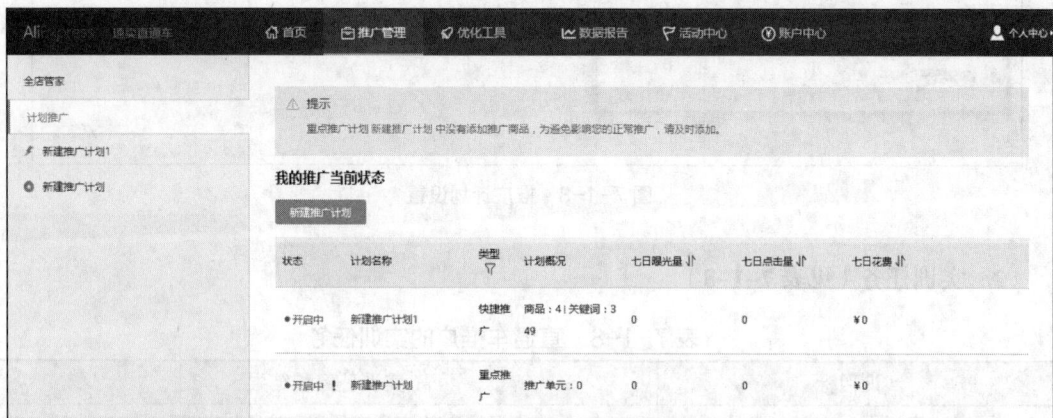

图 7-1-5　直通车推广管理界面

图 7-1-6　推广计划的类型

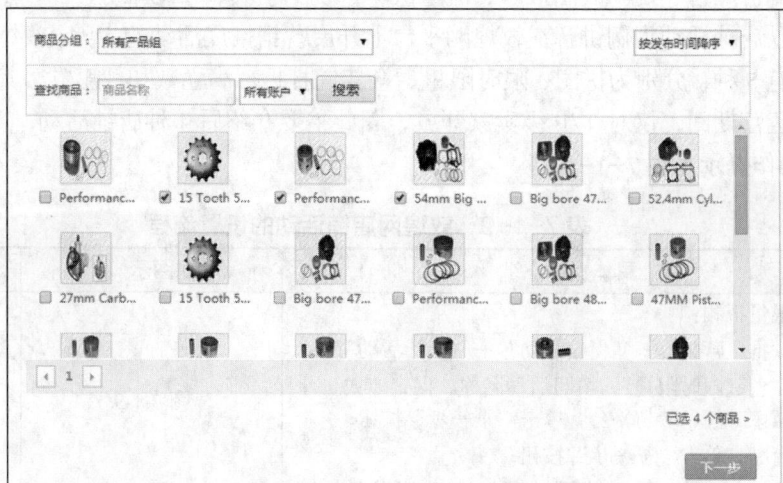

图 7-1-7　为快捷推广计划添加商品

图 7-1-8　推广计划设置

2. 实训任务（见表7-1-8）

表 7-1-8　直通车推广的实训任务

实训目标	实训任务和结果
了解速卖通平台直通车工具	查看速卖通后台的直通车工具，并制定直通车推广计划

四、同步拓展

敦煌网店铺活动简介

　　敦煌网平台的营销工具也较为丰富，主要有平台活动、店铺活动、购物车营销、定价广告、竞价广告、定向展示推广、流量快车、视觉精灵、帮助推等。

　　下面以店铺活动为例讲解在敦煌网平台上开展营销推广活动的步骤。敦煌网的店铺活动主要有5种，分别为拼团、限时限量、全店铺打折、满立减和优惠券。其中，拼团还处于试运营期间，仅对 T/P 级卖家开放，因此主要介绍后4种店铺活动。

1. 操作提示（表7-1-9）

表 7-1-9　敦煌网店铺活动的设置流程

具体操作	图示	完成情况
创建限时限量折扣： （1）单击"推广营销"—"促销活动"—"店铺活动"； （2）单击"创建限时限量"，填写活动名称、促销方式、开始时间和结束时间、参与平台，单击"下一步"按钮； （3）勾选商品，单击"下一步"按钮； （4）设置折扣率、活动库存、限购数量，单击"提交"按钮	图 7-1-9	

具体操作	图示	完成情况
创建全店铺打折： （1）单击"推广营销"—"促销活动"—"促销分组"； （2）单击"创建促销分组"按钮，输入促销分组名称（英文）； （3）单击"组内管理"—"添加商品"，勾选相关商品； （4）单击"店铺活动"—"创建全店铺打折"； （5）填写活动名称、开始时间和结束时间、参与平台，为促销分组设置不同的折扣率，单击"提交"按钮	图 7-1-10、图 7-1-11	
创建满立减： （1）单击"推广营销"—"促销活动"—"店铺活动"； （2）单击"创建满立减"，填写活动名称、开始时间和结束时间、满减规则，选择是否可以累加优惠，单击"提交"按钮	图 7-1-12	
添加优惠券： （1）单击"推广营销"—"促销活动"—"店铺活动"； （2）单击"添加优惠券"，选择发放的优惠券类型； （3）填写优惠券信息、优惠券发放规则、优惠券使用规则	图 7-1-13	

　　敦煌网的店铺活动可以设置为 App 专享或全平台和 App 共享。设置折扣率时，App端的折扣率要比平台的折扣率小，即折扣力度更大。

　　优惠券有 3 种类型：领取型、买够送和直接送。直接送是指将优惠券发送至交易过的老客户账户。优惠券活动是指报名平台的促销活动，参与平台的满减活动。

图 7-1-9　创建限时限量活动

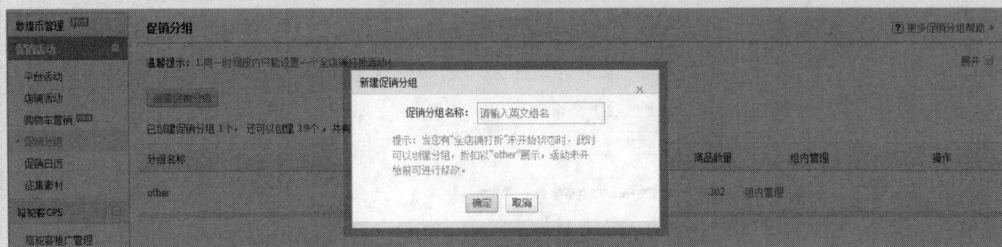

图 7-1-10　创建促销分组

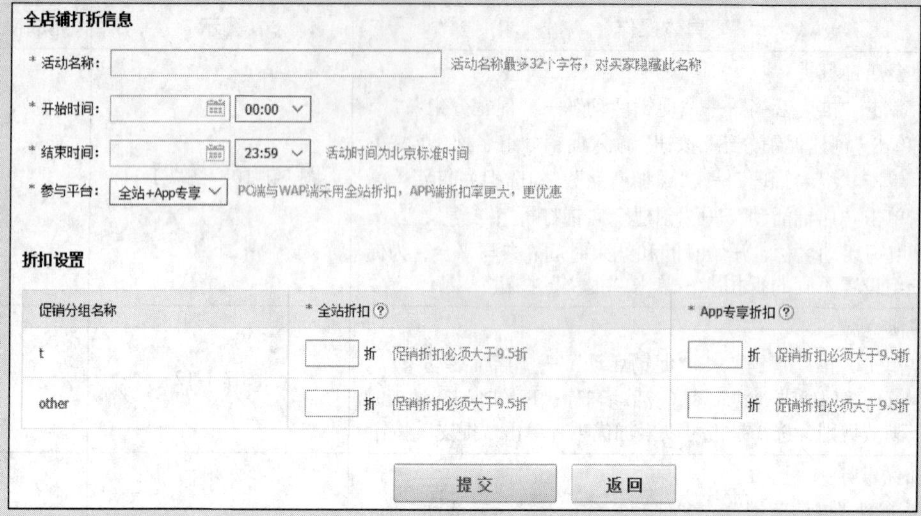

图 7-1-11　创建全店铺打折活动

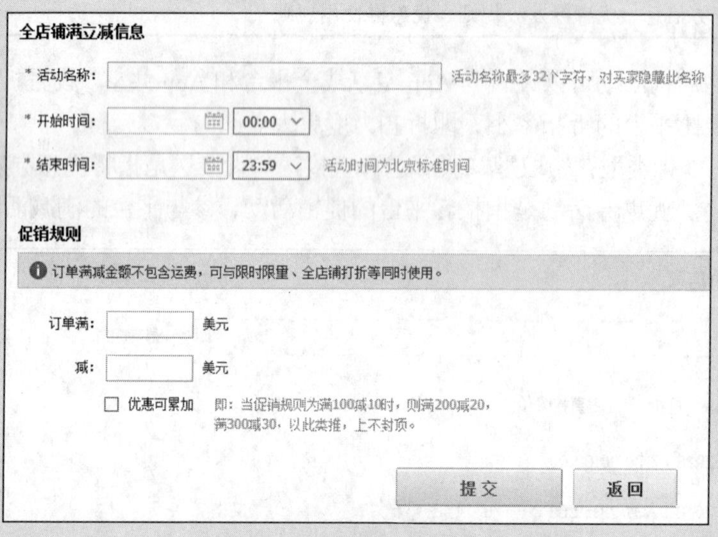

图 7-1-12　创建满立减活动

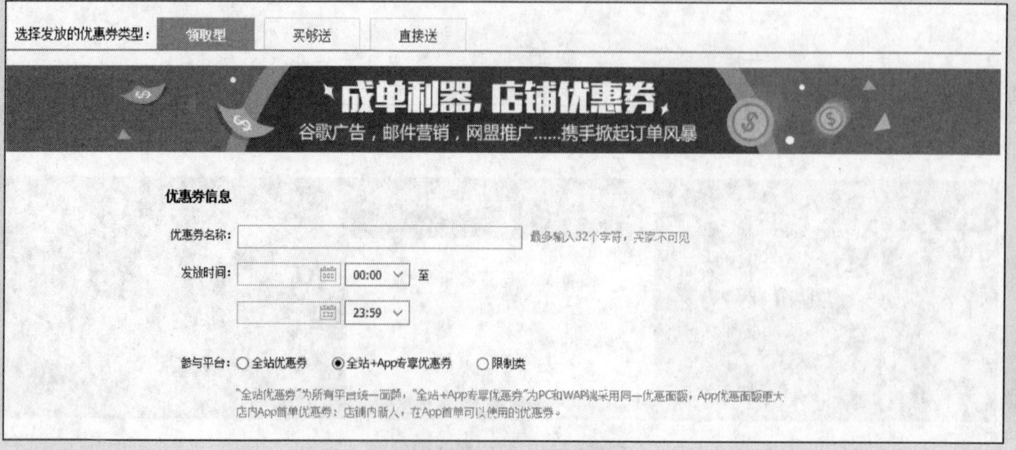

图 7-1-13　添加优惠券

2. 实训任务（见表 7-1-10）

表 7-1-10　敦煌网店铺活动的实训任务

序号	实训目标	实训任务和结果
1	了解敦煌网平台的营销工具	敦煌网有哪些营销工具？请登录敦煌网大学，学习每种营销工具的使用方法，并撰写学习总结
2	能在敦煌网平台设置店铺活动	在敦煌网平台设置限时限量、全店铺打折、满立减、优惠券活动，并提供活动截图

任务二　创建亚马逊营销活动

一、任务描述

亚马逊平台的营销推广方式分为两种：一种是促销，另一种是广告。简单来说，"广告"是指在商品没有进行额外折扣的情况下进行的关键词付费点击；而"促销"是指卖家通过一定的折扣让买家快速下单。通过任务二的学习，读者应可以帮助相关亚马逊店铺进行营销推广。亚马逊店铺可以进行的营销推广方式如图 7-2-1 所示。

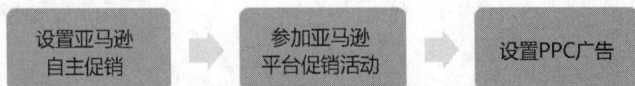

图 7-2-1　亚马逊店铺的营销推广方式

二、相关知识

（一）亚马逊广告形式

一般做亚马逊不能单纯依靠自然流量，也需要花钱购买流量，而按点击付费（Pay Per Click，PPC）广告是亚马逊给予每个卖家（包括 Seller、VE、VC）的权利。亚马逊的 PPC 广告有多种，根据不同的卖家级别，平台给予的广告投放方法和权利是不一样的。

1. Seller 类型卖家

对于 Seller 类型卖家（第三方卖家），亚马逊广告的形式比较单一，主要是自动关键词广告和手动关键词广告，展示位置如图 7-2-2 所示。

2. Vendor 类型卖家

Vendor 类型卖家（由亚马逊代销的卖家）的广告功能是较为丰富，主要有：（1）关键词搜索结果"顶部"广告；（2）关键词搜索结果"底部"广告；（3）关键词搜索结果页面"底部"广告；（4）关键词搜索结果页面"左侧边栏"广告；（5）竞争对手"购物车"下方广告；（6）竞争对手"详情页"大幅广告；（7）竞争对手"评价页"广告；（8）竞争对手"跟卖页"广告；（9）亚马逊"手机应用"广告；（10）亚马逊"推送邮件"广告，如图 7-2-3 所示；（11）同时在多个精准类别投放广告。

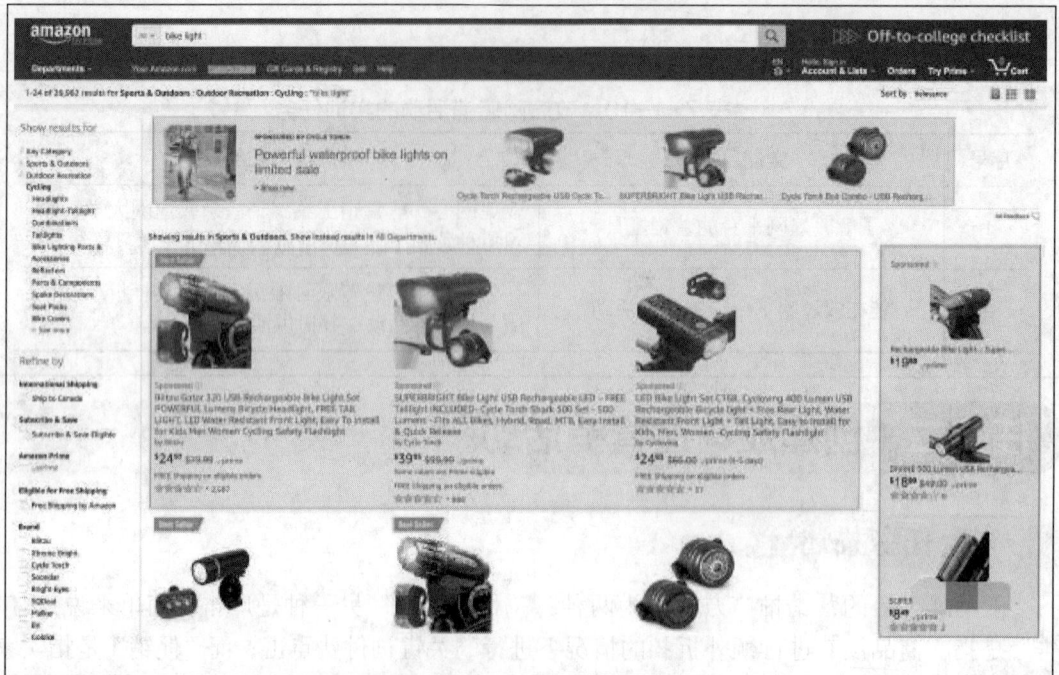

图 7-2-2 关键词广告展示位

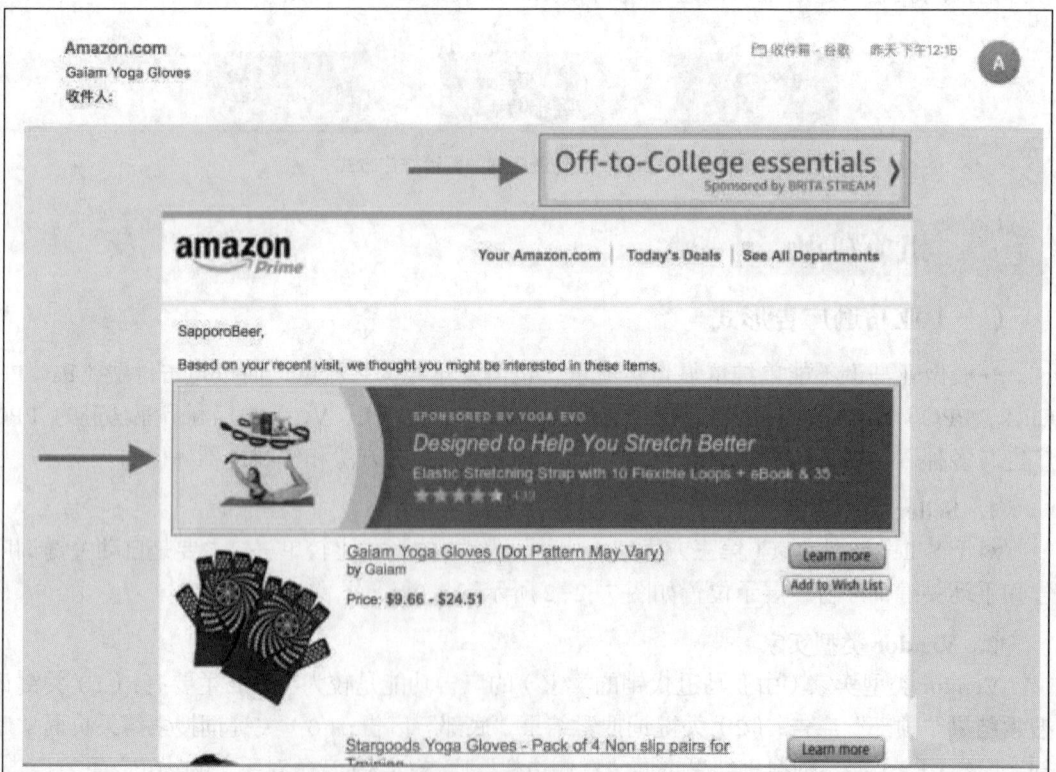

图 7-2-3 "推送邮件"广告展示位

（二）亚马逊促销形式

亚马逊促销形式如表 7-2-1 所示。

表 7-2-1　亚马逊促销形式汇总

促销形式	适用卖家	展示位置	推广方法
折扣码促销（Promotions）	所有 Seller 类型卖家	商品页面	需要卖家自己通过亚马逊关键词广告或者站外进行推广
A+图文页面（Enhanced Brand Content）	仅适用 VE、VC 或通过品牌备案的 Seller 类型卖家	商品页面	需要卖家自己通过亚马逊关键词广告或者站外进行推广
品牌旗舰店（Storefront 或 Stores）	仅适用 VE、VC 或通过品牌备案的 Seller 类型卖家	商品页面	需要卖家自己通过亚马逊关键词广告或者站外进行推广
秒杀（Lightning Deals）	仅适用 VE、VC 或 Seller 类型卖家	秒杀专页	亚马逊社交推广、亚马逊邮件营销，Seller 类型卖家需要收到邀请后缴纳 150 美元，Vendor 类型卖家随时免费参加
特价（Best Deals）	仅适用 VE、VC 或 Seller 类型卖家	特价专页	亚马逊专页推广，参加免费，但是 Seller 类型卖家只能通过招商经理提交，Vendor 类型卖家可以随时自己提交
折扣券促销（Coupons）	仅适用 VE、VC 的卖家	折扣券促销专页	亚马逊专业推广，收费
旧货促销（Amazon Warehouse Deals）	仅适用于亚马逊自己的二手市场	二手专页、卖家跟卖页面	亚马逊自己推广
订阅促销（Subscribe & Save）	仅适 VE、VC 的卖家	买家 E-mail	亚马逊邮件推广

三、任务实施

（一）设置亚马逊自主促销

1. 操作提示

亚马逊促销（Promotion）包括：免运费（Free Shipping）、满减及折扣（Percentage Off）、买赠（Buy One Get One）、买满再买优惠（External Benefits）、亚马逊抽奖（Giveaway）等。下面以满减及折扣设置为例，讲解亚马逊促销的创建方式，具体如表 7-2-2 所示。

表 7-2-2　亚马逊促销的创建方式

具体操作	图示	完成情况
步骤一：登录亚马逊卖家后台，选择 "ADVERTISING"（广告）—"Promotions"（促销）菜单	图 7-2-4	
步骤二：选择 "Percentage Off"（满减），单击 "Create"（创建）按钮	图 7-2-5	
步骤三：设置 "Conditions"（促销方式）	图 7-2-6	
步骤四：设置 "Scheduling"（活动时间）	图 7-2-7	
步骤五：设置 "Additional Options"（附加选项）	图 7-2-8	
步骤六：单击 "Review" 按钮预览并提交	无	

在步骤三中，卖家需要填写 Buyer purchases、Purchased Items、Buyer gets、Applies to 以及 Advanced Options 5 项内容，下面依次来看如何填写。

"Buyer purchases" 的下拉菜单里有 3 种选项，分别为：At least amount（in $）（至少 X 金额），表示此促销方案只有在买家购买至少 X 金额的商品时方适用，即买家最少要花费 X 费用才能享受此促销活动；At least this quantity of items（至少购物 X 样商品），表示此促销方案只有在买家购买 X 样商品时方适用，后面的框内必须填入数字；For every quantity of items purchased（每 X 个商品），表示买家一次购买多少个商品就可以有优惠，假如设定一次购买 5 个某商品有优惠，那一次购买 5 个该商品的买家就会有优惠。

"Purchased Items"，卖家在这选择要参与促销的商品。若卖家只想对在售商品中的部分商品做促销，则需要先创建商品列表，以便系统可以识别出是哪一些商品包含在促销的内容中。

"Buyer gets" 指给予买家的优惠。Percent off 指打折，即享受多少折的折扣优惠。比如，如果你想打九折，则就在后面框内填上数字 10，想打九五折，后面框内填上 5。

"Applies to" 用于指定哪些商品可以享有这个促销优惠，其下拉菜单中有两个选项：Purchased Items（购买的商品），一般默认的就是该选项；Qualifying Item（指定的商品），如果选择了这个选项，则单击 "Select an ASIN"，表示当买家购买了某个选定的商品后才能享受优惠。

"Advanced Options" 是高级设置。在这里，卖家可以根据自己的需要添加多个促销的区间，比如，满 50 元减 5 元、满 100 元减 15 元等。

步骤四是设置活动时间。这里需要注意的一点就是，促销活动创建之后 4 小时才会生效。此外，这个时间是美国太平洋时间。"Internal Description" 是促销识别名称，用来区分促销活动。"Tracking ID" 是促销追踪编码，仅供卖家内部使用。

步骤五的附加选项部分主要用来完善促销活动。可以设置 "Claim Code"，即促销优惠码，勾选后，买家在结账时需要输入优惠码才能享受促销优惠。"Customize messaging" 是卖家自定义信息。

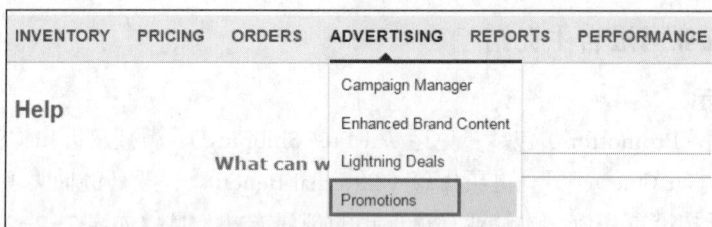

图 7-2-4　亚马逊广告菜单

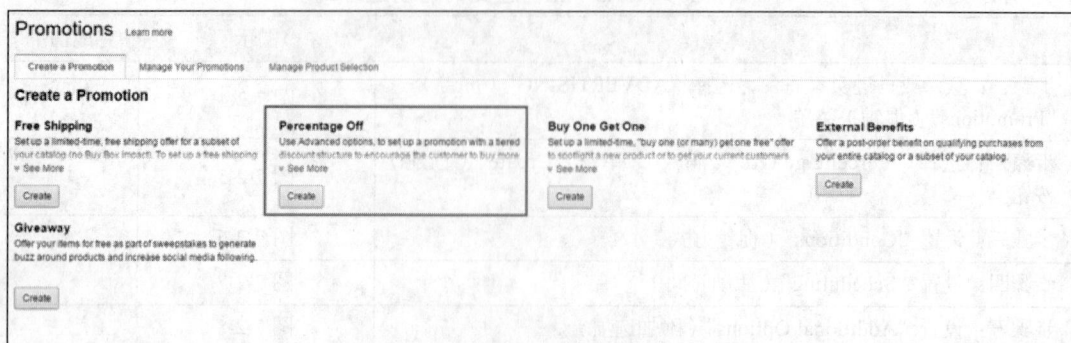

图 7-2-5　亚马逊促销

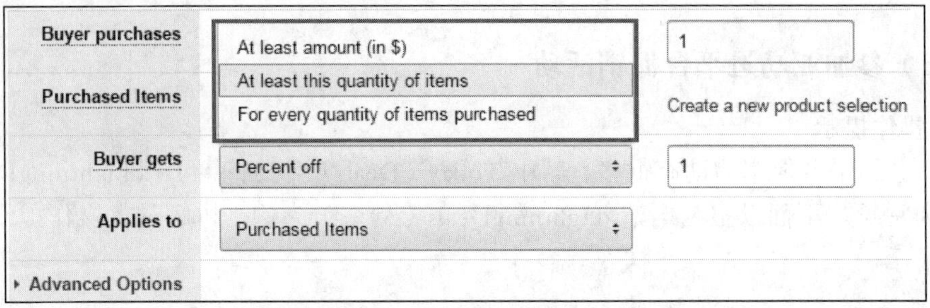

图 7-2-6 促销方式的设置界面

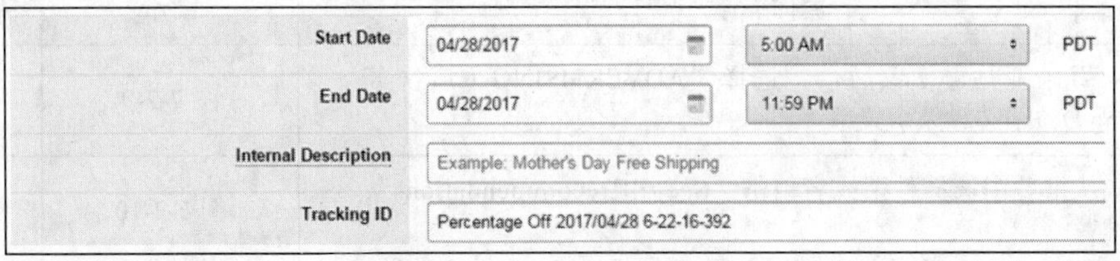

图 7-2-7 活动时间设置界面

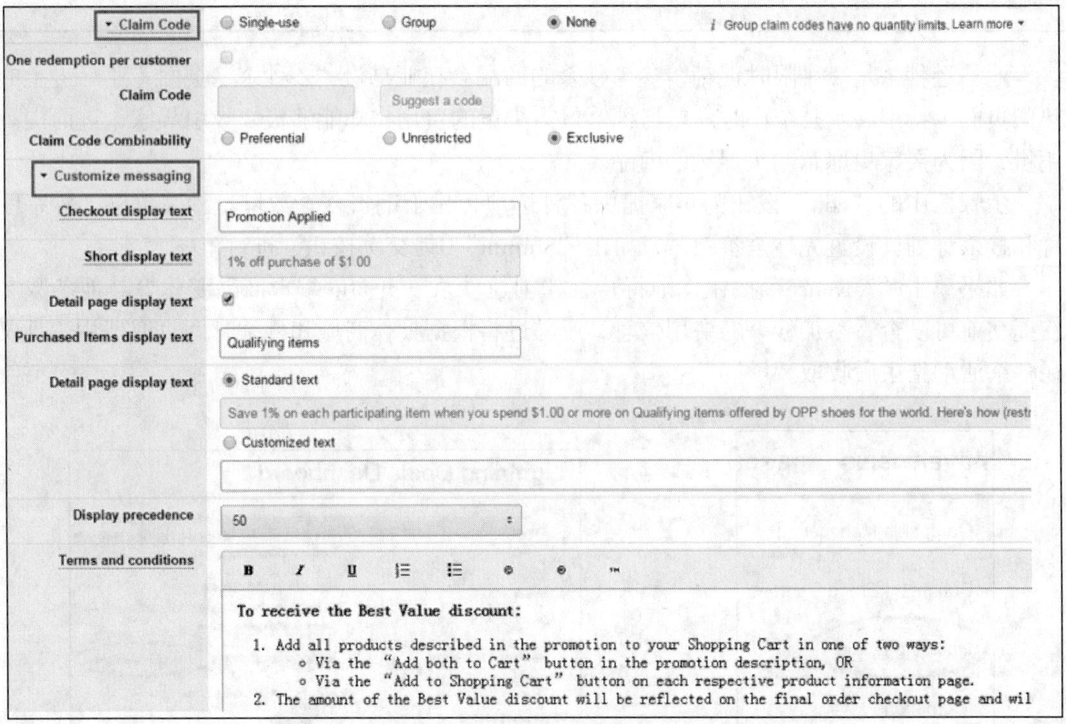

图 7-2-8 附加选项的设置界面

2. 实训任务（见表 7-2-3）

表 7-2-3 设置亚马逊自主促销的实训任务

实训目标	实训任务和结果
能设置亚马逊平台的 5 种促销活动	1. 亚马逊上有哪些促销方式？ 2. 根据满减与折扣的操作提示，总结免运费（Free Shipping）、买赠（Buy One Get One）等的设置流程

（二）参加亚马逊平台促销活动

1. 操作提示

亚马逊的平台促销活动有很多，其中 Today's Deals（今日特惠）和 LightningDeals（秒杀）最为常见。下面以报名申请 LightningDeals（秒杀）为例，讲解具体操作提示，如表7-2-4所示。

表 7-2-4　参加亚马逊平台促销活动的操作提示

具体操作	图示	完成情况
步骤一：登录亚马逊卖家后台，选择"ADVERTISING（广告）"—"Lightning Deals"（秒杀）菜单	图 7-2-9	
步骤二：从推荐中选择秒杀或者单击"See all recommendations"，查看所有推荐	图 7-2-10	
步骤三：确定秒杀商品，单击"edit"（编辑）或"Advance edit"（高级编辑）按钮	无	

亚马逊秒杀是一种限时促销，参与秒杀的商品会在亚马逊"Z 秒杀"页面（亚马逊上的热门页面）特别展示几个小时。参与秒杀只需少量的费用，却能够极快吸引买家，进而提高销量，因为买家更愿意购买促销的商品。

步骤三中的"edit"按钮为卖家提供各种选项，用于编辑秒杀数量、秒杀价格、秒杀图片和秒杀计划。设置完秒杀参数后，单击"Submit"（提交）按钮，进行审核。

如果单击"Advance"按钮，则将转至"创建秒杀"页面以编辑商品变体等其他参数。在提交前可以查看参加秒杀的费用信息，亚马逊将根据具体商城和秒杀时间收取费用，且仅在秒杀活动结束后收取。

图 7-2-9　广告菜单

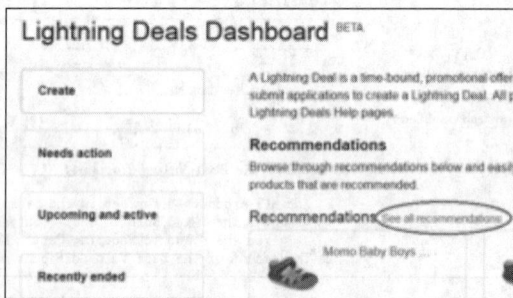

图 7-2-10　秒杀创建界面

2. 实训任务（见表 7-2-5）

表 7-2-5　参加亚马逊平台促销活动的实训任务

实训目标	实训任务和结果
能参加亚马逊平台促销活动	选择若干款店铺商品，创建亚马逊平台秒杀活动

（三）设置 PPC 广告

1. 操作提示

亚马逊整个广告系统包括三大类，第一类是赞助广告（Sponsored Product）；第二类是头条广告（Headline Search Ads）；第三类是商品展示广告（Product Display Ads）。赞助广告、头条广告、商品展示广告都是 PPC（Pay Per Click）广告模式，也就是点击付费。PPC 广告服务的最大特色就在于客户只需为实际的访问付钱。也就是说，客户所投放的关键词广告在实际点击后才会产生费用。PPC 广告的展示位置一般在页面的顶部、中间、底部、页面右侧和详情底部，一般商品上会有"Sponsored"标志。下面介绍在亚马逊后台投放 PPC 广告的步骤，具体如表 7-2-6 所示。

表 7-2-6　设置 PPC 广告的操作提示

具体操作	图示	完成情况
步骤一：登录亚马逊卖家后台，单击"ADVERTISING（广告）"—"Campaign Manager（广告管理）"	图 7-2-11	
步骤二：进入广告管理界面，填写广告计划名称，设置每日的预算（最低 1 美元）、开始时间和结束时间，设置自动选择关键词或手动选择关键词	图 7-2-12	
步骤三：填写广告组信息	图 7-2-13	

在进行广告设置时，卖家需要确定出价（Keyword Bid），出价一般比每次点击费用（Est Page 1 Bid）高 0.2～0.5 美元。点击价格是由第二名的出价+第一名与第二名之间差价的百分比+店铺表现综合得出的。也就是说，有一定额度的上限，并不是出价越高越有竞争力。

广告展位和搜索展位类似，都有自己的排名体系，搜索位的排名是由销量、转化率等因素决定的。广告展位一般由卖家的经营表现和出价共同决定。

广告投放中的关键词写法有两种。第一种写法就是在每一个"search term"中只写一个关键词，或者词组。为了完全匹配买家搜索的关键词，需要卖家们从词海里找到搜索量最多、转化最高、点击最优的关键词。第二种写法就是在"search term"中填上大量的关键词，关键词之间用逗号隔开，达到模糊匹配的目的。

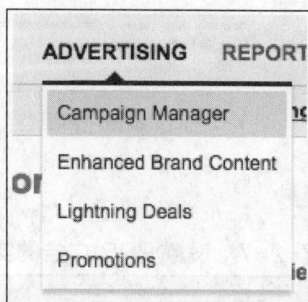

图 7-2-11　广告菜单

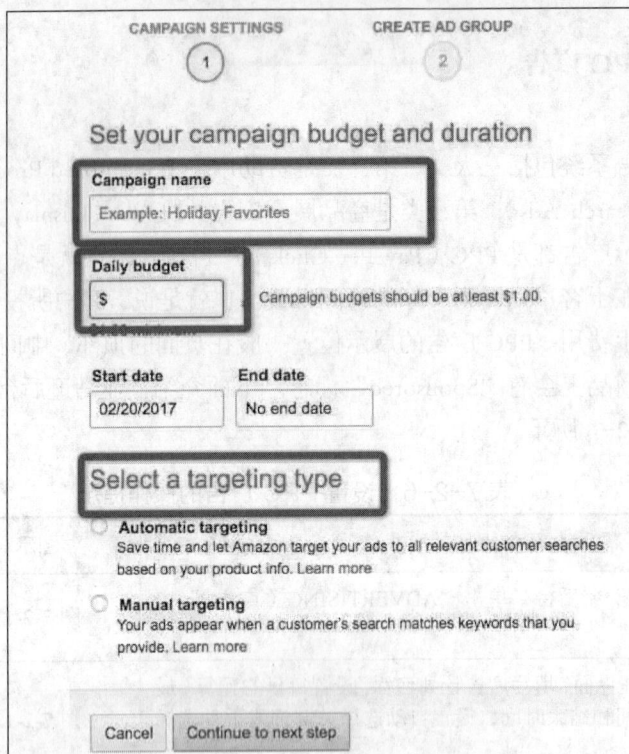

图 7-2-12　广告管理的设置界面

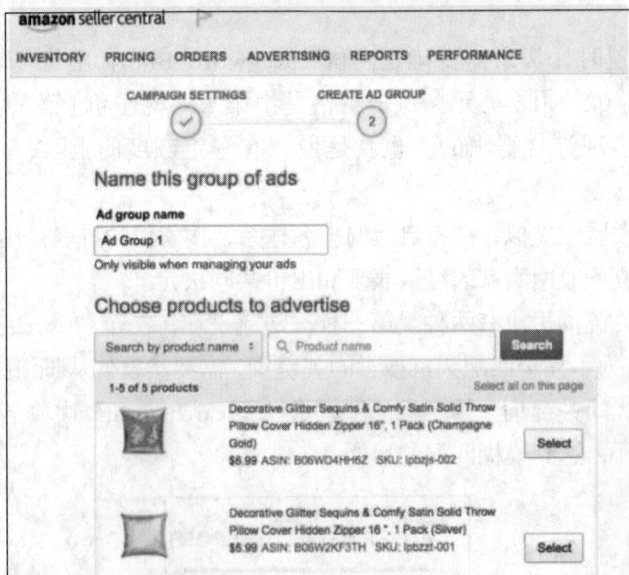

图 7-2-13　设置广告组

2. 实训任务（见表 7-2-7）

表 7-2-7　设置 PPC 广告的实训任务

实训目标	实训任务和结果
能设置亚马逊平台的 PPC 广告	登录亚马逊卖家后台，查看"广告管理"功能，并设置 PPC 广告

9 种亚马逊 Listing（商品展示页）营销策略

卖家要想在亚马逊平台击败竞争对手，就需要掌握以下 9 种从亚马逊内、外部驱动流量的营销策略。

1. 使用 SEO 优化 Listing

SEO 会为卖家的 Listing 吸引更多买家。无论是亚马逊还是其他跨境电子商务平台上的买家，只要卖家 Listing 里的关键词与买家搜索的关键词契合，买家就都能够找到卖家的商品。因此，通过添加热门关键词，亚马逊和其他跨境电子商务平台的搜索引擎就能让卖家的商品出现在相关的搜索结果里，并将其排名提上去。

2. 购买亚马逊的赞助商品广告

即使进行了 SEO，也无法保证卖家的 Listing 会在亚马逊搜索结果中排名靠前。亚马逊的搜索引擎在考虑卖家的排名时，还会将其他因素考虑进去，如销售历史、商品价格等。

为了获得 Listing 曝光率更大的控制权，卖家可以付费给亚马逊平台来推广自己的商品，以使得卖家的 Listing 排在搜索榜上靠前的位置。赞助商品展示位如图 7-2-14 所示。

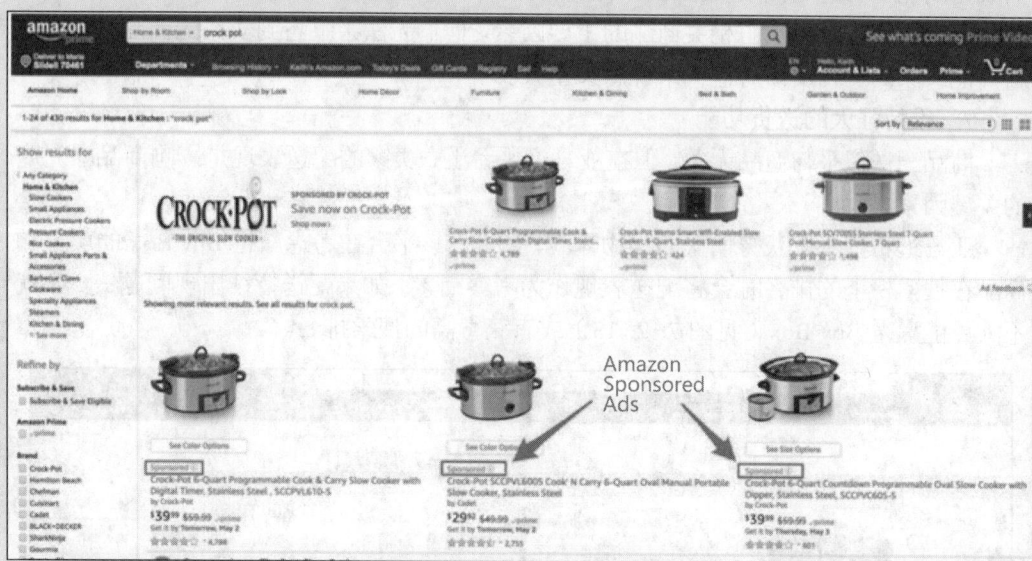

图 7-2-14　亚马逊广告商品

3. 将 Listing 分享到社交媒体上

每个人平均每天花费将近 2 个小时的时间在社交媒体上，这说明如今社交媒体很受欢迎。因此，通过商业账号将亚马逊店铺的 Listing 分享到社交媒体上，是让更多买家看到相关商品的一种有效方法。通过创建相关的、有意思的社交媒体内容，卖家就能够以比较自然而非入侵式的方式，在社交媒体上推广亚马逊店铺的 Listing。

4. 分析竞争对手的数据

要想在亚马逊获得内部曝光率，相关店铺的 Listing 就需要领先于竞争对手。如果卖家没有了解竞争对手的商品是如何吸引买家的，那么该卖家的商品在搜索结果中就会落后于对手。

要想在亚马逊的搜索榜中保持较高的排名，该地么该卖家就应该在竞争对手的 Listing 中对价格、图片、文案这些因素进行"监控"，想办法让自身店铺的 Listing 超越亚马逊上其他竞争对手的商品，会提高相关商品在亚马逊搜索结果中的排名。

5. 与"网红"合作

就跟线上店铺里的商品一样，亚马逊 Listing 也可以利用"网红"营销获得可观的流量。当行业内的名人都在力挺某商品并且链接到相关店铺的 Listing 时，这就给你的关键买家发送了一个信号：相关店铺的 Listing 值得一看。

通过"网红"营销推广相关店铺的 Listing，要先列出相关店铺所在行业的关键人物。这些人物需具备大量的粉丝。Influence & co.是一家方便品牌商和"网红"找到彼此的网站。该网站有一个基于社交平台的可搜索的个人资料库，用户或者品牌商可以根据地理位置、类别和其他人口因素找到合适的"网红"。

6. 保持高的商品评级

在亚马逊这样一个竞争激烈的平台上，商品带给买家的第一印象非常重要。买家在亚马逊上浏览成千上万种商品时，不会看上看起来似乎很劣质的商品。

卖家要让亚马逊 Listing 给买家留下好印象的一个有效方法是：保持高星级的评分。买家在浏览亚马逊的搜索结果时，可以看见每个商品的评分。除了价格外，这些星级评分是决定买家是否要点击相关商品的主要因素。他们无法亲眼看到卖家的商品，所以来自其他买家的购物反馈对他们来说意义重大。

7. 维持强大的送货功能

商品配送似乎与商品无关，但在亚马逊平台上，卖家的配送表现是影响商品曝光度的关键因素。

亚马逊希望买家获得愉快的购物体验，因此，该平台在考虑赢得 Buy Box 的卖家和商品在搜索榜上的排名时会将配送表现作为考察因素。如果配送持续出现问题，卖家就不太可能赢得 Buy Box（见图 7-2-15）或者获得高的搜索排名。

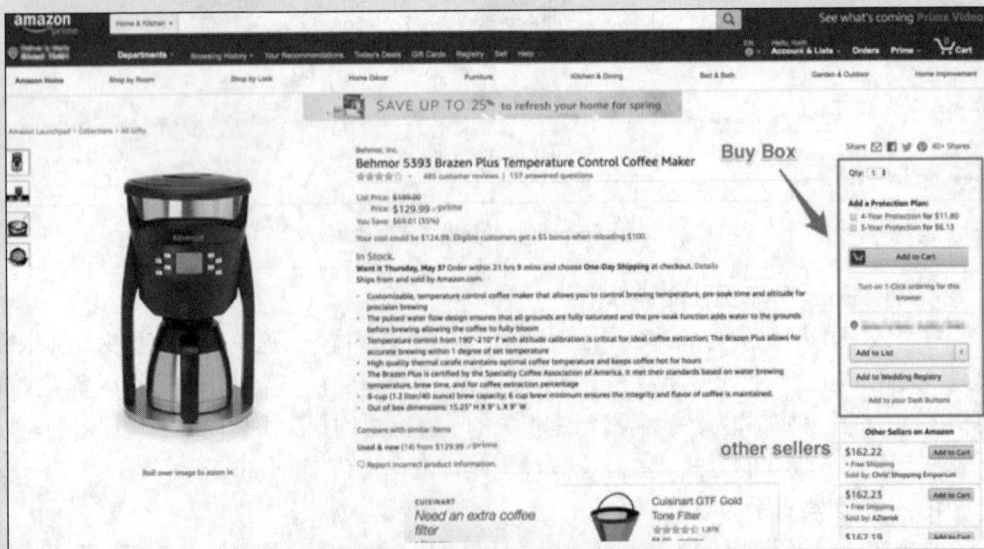

图 7-2-15　Buy Box

8. 监控卖家评级

与配送表现一样，亚马逊上的卖家总体评级也会影响该店铺赢得 Buy Box、在搜索结果中排名靠前的机会。用低曝光率惩罚低评级，是亚马逊为了让买家满意并维持平台运行的一项措施。该措施确保买家能优先与记录良好、能提供优质服务的卖家合作。

为了保证卖家的 Listing 在亚马逊上的曝光率，卖家遵循以下规则，以获得高的评级："监控"自身的卖家评级，及时提供买家服务，确定差评能被删除。

9. 举办秒杀活动

秒杀商品是限时、特价的商品，买家可以在亚马逊的"今日特价"（Today's Deals）一栏中找到。秒杀能吸引来自亚马逊买家的大量关注，从而使商品获得不错的销量，不仅因为买家喜欢秒杀的折扣，还因为秒杀活动的时间限制会促进买家进行购物。

（资料来源：雨果网）

任务三　创建 Wish 营销活动

一、任务描述

Wish 平台上的商户在运营的过程中，都会觉得在 Wish 平台上没有做主动营销的空间。在 2017 年的 Wish 商户峰会上，Wish 推出了 ProductBoost 新营销工具。通过任务三的学习，读者应可以帮助相关 Wish 店铺完成营销推广任务，如图 7-3-1 所示。

图 7-3-1　创建 Wish 营销活动工作任务流程

二、相关知识

（一）ProductBoost 的基本介绍

ProductBoost 是 Wish 平台推出的结合商业端数据与后台算法，增加商品曝光与流量的工具，简而言之，让商户的商品更多地被展示给潜在消费者，其展示形式如图 7-3-2 所示。实验表明，参加 ProductBoost 的商户，平均每个商户都获得了 39% 的销售提升，在销售提升最高的一周，花费 1 美元可以获得 11.13 美元的销量提升，提升效果非常明显。

ProductBoost 工具并不作用于客户端的日常推送，而是专门针对消费者在 Wish 客户端的搜索和相关商品页面的商品展示。通过匹配消费者的搜索词和商品 ProductBoost 的关键词，进行展示。

举例来说，商户为商品 A 设置 ProductBoost 活动，共添加了关键词 1、关键词 2、关键词 3 等三个关键词，竞价设置为 0.5 美元。消费者的搜索行为会与三个关键词中的任何一个或多个形成匹配关系，一旦匹配，系统就会将商品 A 推送并展示给消费者，如此展示 1 000 次，系统就会收取 0.5 美元。

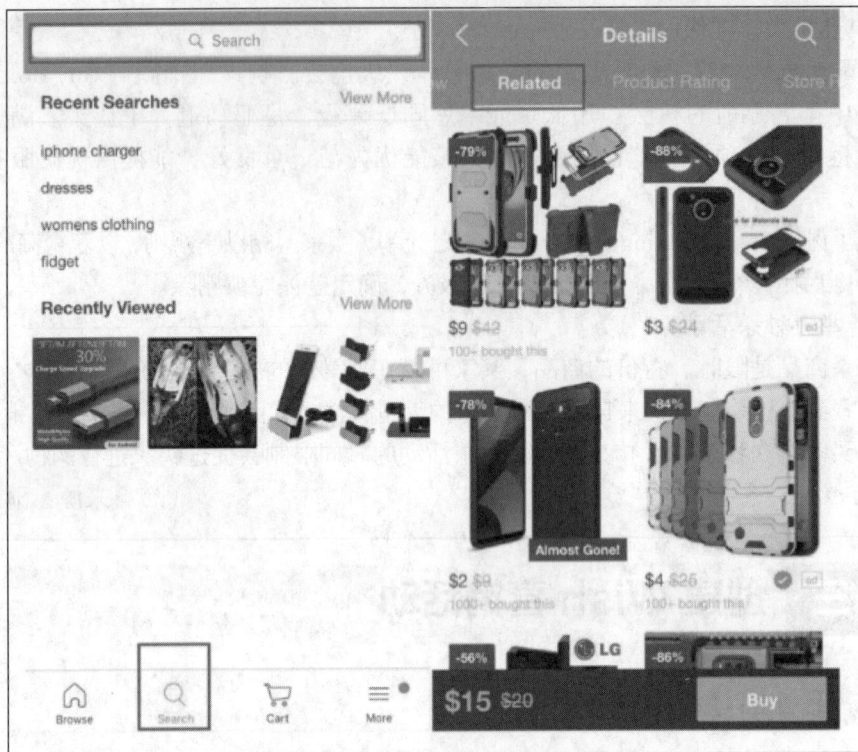

图 7-3-2　ProductBoost 的展示形式

（二）ProductBoost 的收费方式

ProductBoost 是一种非常经济有效的引流方式，采用的是千人成本（Cost Per Milce，CPM）的竞价方式，即将单项商品展示给潜在消费者 1 000 次而收取的费用，就是该关键字的价格。只要商品在消费者的手机界面中出现过，就算作 1 次成功的展示，如此成功出现过 1 000 次，无论消费者是否点击查看或者购买，即为关键字价格。

ProductBoost 费用是从账户当期余额中扣除的，如果账户中的余额不足，可以通过以下两种方式进行快速充值：一是使用 Payoneer 卡进行充值；二是使用 UMPay 卡进行充值。

ProductBoost 费用的扣款将优先使用充值金额，再使用账户余额。例如，账户余额为 10 美元，后使用 UMPay 充值 20 美元，参加 PB 活动共使用 25 美元，则扣除该商户账户中充值的 20 美元和余额中的 5 美元。

三、任务实施

（一）加入 ProductBoost

1. 操作提示

诚信店铺可优先加入 ProductBoost，加入的店铺需同意 WishMedia 服务条款。商户提交了 ProductBoost 活动商品，即被视为自动同意 WishMedia 服务条款。如果提交的活动商品与用户相关，且出价较高，则该活动商品的排名将得到很大的提升。店铺加入 ProductBoost 的操作提示如表 7-3-1 所示。

表 7-3-1　加入 ProductBoost 的操作提示

具体操作	图示	完成情况
步骤一：从导航进入 ProductBoost 页面并登录	无	
步骤二：单击"创建活动"按钮	图 7-3-3	
步骤三：阅读并同意 WishMedia 服务条款	图 7-3-4	
步骤四：界面被重新导向商户后台首页	图 7-3-5	
步骤五：申请得到批准后，可在导航栏看到"ProductBoost"（商品促销）标签	图 7-3-6	

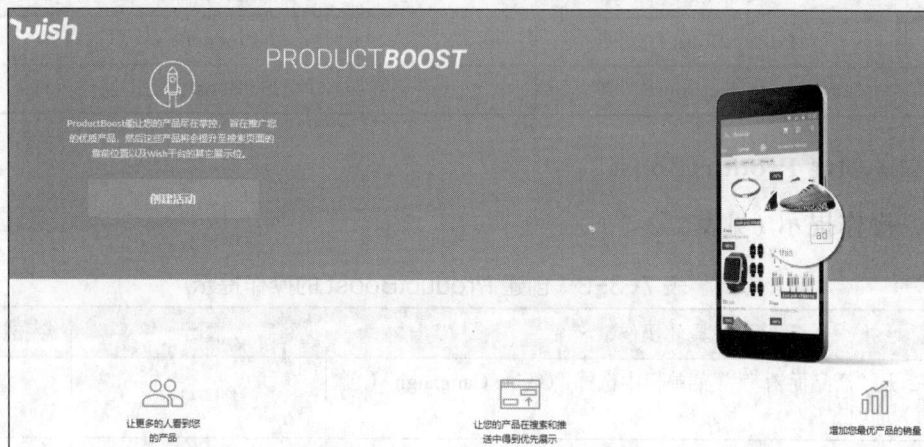

图 7-3-3　ProductBoost 进入界面

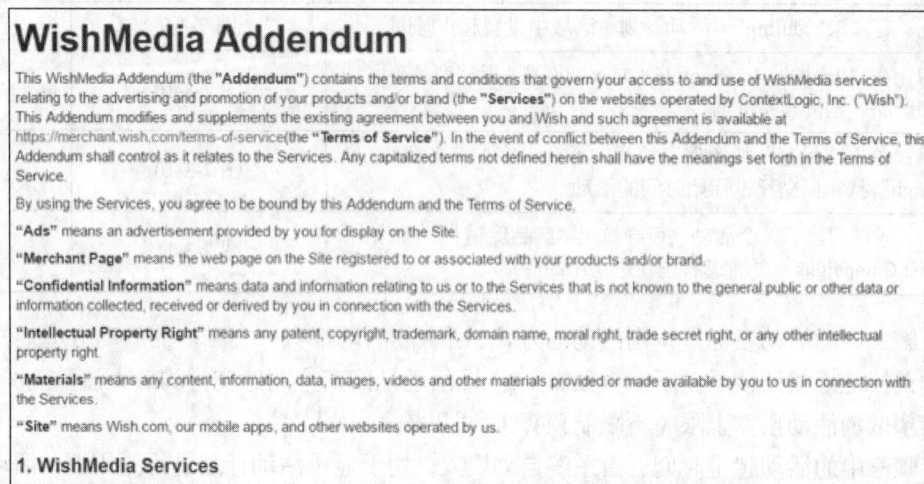

WishMedia Addendum

This WishMedia Addendum (the **"Addendum"**) contains the terms and conditions that govern your access to and use of WishMedia services relating to the advertising and promotion of your products and/or brand (the **"Services"**) on the websites operated by ContextLogic, Inc. ("Wish"). This Addendum modifies and supplements the existing agreement between you and Wish and such agreement is available at https://merchant.wish.com/terms-of-service(the **"Terms of Service"**). In the event of conflict between this Addendum and the Terms of Service, this Addendum shall control as it relates to the Services. Any capitalized terms not defined herein shall have the meanings set forth in the Terms of Service.

By using the Services, you agree to be bound by this Addendum and the Terms of Service.

"Ads" means an advertisement provided by you for display on the Site.

"Merchant Page" means the web page on the Site registered to or associated with your products and/or brand.

"Confidential Information" means data and information relating to us or to the Services that is not known to the general public or other data or information collected, received or derived by you in connection with the Services.

"Intellectual Property Right" means any patent, copyright, trademark, domain name, moral right, trade secret right, or any other intellectual property right.

"Materials" means any content, information, data, images, videos and other materials provided or made available by you to us in connection with the Services.

"Site" means Wish.com, our mobile apps, and other websites operated by us.

1. WishMedia Services

图 7-3-4　WishMedia 服务条款

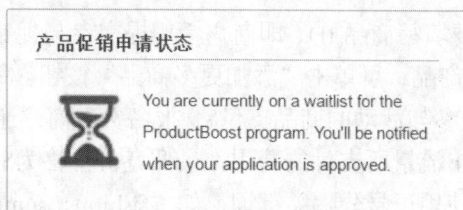

产品促销申请状态

You are currently on a waitlist for the ProductBoost program. You'll be notified when your application is approved.

图 7-3-5　产品促销申请状态提示

图 7-3-6　通过 ProductBoost 申请后的菜单栏

2. 实训任务（见表 7-3-2）

表 7-3-2　加入 ProductBoost 的实训任务

序号	实训目标	实训任务和结果
1	了解 ProductBoost 的功能	什么是 ProductBoost
2	能加入 ProductBoost 计划	将店铺加入 ProductBoost，写出操作流程

（二）创建 ProductBoost

1. 操作提示（见表 7-3-3）

表 7-3-3　创建 ProductBoost 的操作提示

具体操作	图示	完成情况
步骤一：从"产品促销 Beta"菜单栏中选择"Create Campaign"（创建活动）选项	图 7-3-7	
步骤二：在"Campaign Settings"（活动设置）区域中进行设置活动名称和预算	图 7-3-8	
步骤三：在"Scheduling"（活动计划）区域中设置起止时间	图 7-3-9	
步骤四：在"Products to Promote（Max 200）"（促销商品）区域中添加产品、竞价和关键词	图 7-3-10	
步骤五：单击"保存"按钮保存填写的活动内容；单击"Create Campaign"按钮提交预设开始时间的活动	图 7-3-10	
步骤六：成功创建了首个活动。可导航至"产品促销 Beta"菜单下的"List Campaigns"页面查看正在进行中的活动	图 7-3-11	

步骤二中的活动名称是识别活动的方式，所有的活动都有一个唯一的活动 ID。商户可通过活动链接地址找到该活动所在。预算（$）即活动期间商户同意支付的最大流量购买金额。如果希望取消活动预算上限（不限制预算），可以输入"0"。

步骤三中的活动起止时间，由系统自动填入，用于显示活动计划进行的周期。活动于每周一 00:00（太平洋时间）开始，并持续一周。提交活动的时间需在活动开始前的周五 23:59（太平洋时间）之前。

在步骤四中，商户需要填写商品 ID，即商户希望提交参与促销的商品。每行仅限输入一个商品 ID。如需添加更多商品，可单击"添加更多商品"按钮。每次活动中最多可提交 200个商品 ID。商户将为每个参与活动的商品支付 $1 报名费。商户还需要填写竞价（$），即同意为该活动商品的每 1 000 流量所支付的费用。最低竞价价格为 $0.1/1 000 流量。关键词即与商品相关的关键词，可使用逗号分隔关键词，如"fashion，summer dress，striped dress"。每个商品最多提交 20 个相关的关键词。

产品促销 Beta ▾

Create Campaign
编辑当前活动
List Campaigns

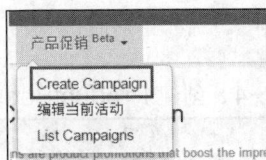

图 7-3-7　ProductBoost 创建菜单

产品促销 - Create Campaign

ProductBoost Campaigns are product promotions that boost the impressions of your products in searches on Wish.
Campaigns begin on Monday and run until the following Monday. You may only have one active campaign running at a time.

Campaign Settings

List the information about your campaign. Enter '0' as your budget for an unlimited budget.

活动名称

Budget ($) ❓

图 7-3-8　ProductBoost 活动设置界面

Scheduling

Your campaign will start next Monday and run for one week. Start and End Times are in Pacific Time.

开始时间　2017-04-03 00:00 Pacific Time

End Time　2017-04-10 00:00 Pacific Time

图 7-3-9　ProductBoost 活动计划界面

Products to Promote (Max 200)

Specify the details of your product promotions. You can promote up to 200 products per week.
You will be charged an enrollment fee of $1.00 per product when you create this campaign.

Total Enrollment Fee: $0.00

产品 ID ❓　　　　Bid ($) ❓　　　　关键词 ❓

添加其他产品

保存　　Create Campaign

图 7-3-10　ProductBoost 促销商品界面

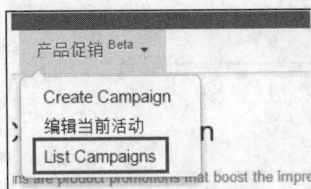

产品促销 Beta ▾

Create Campaign
编辑当前活动
List Campaigns

图 7-3-11　ProductBoost 菜单

2. 实训任务（见表 7-3-4）

表 7-3-4　创建 ProductBoost 实训任务

实训目标	实训任务和结果
能创建 ProductBoost 活动	选择店铺中合适的商品，为其创建 ProductBoost 活动，并写出操作流程

四、同步拓展

Wish ProductBoost 竞价真的是越高越好？

竞价就是你为参与 ProductBoost 活动的单项商品设置的所有关键词的价格。作为影响 ProductBoost 效果的关键因素之一，商户如何用最少的钱引最大的流量？

ProductBoost 活动的竞价是针对单项商品的所有关键词所做的收费，采用的是 CPM 的收费方式，即 Wish 将商户的商品展示给潜在消费者 1 000 次收取的费用就是关键词的价格。

例如，商户为商品 A 设置 ProductBoost 活动，共添加了关键词 1、关键词 2、关键词 3 三个关键词，竞价设置为 0.5 美元。消费者的搜索行为会与三个关键词中的任何一个或多个形成匹配关系，一旦匹配，系统就会将商品 A 推送并展示给消费者，如此展示 1 000 次，系统就会收取 0.5 美元。

在设置竞价的时候请注意以下几点。

- ProductBoost 活动的价格都是以美元计价。
- 最低竞价为 0.3 美元，最高为 10 美元。
- 价格的输入格式需为$+数字或者纯数字，如$3 或者 3。
- 价格最多可以精确到小数点后两位，如$3.99，而$3.999 是不可以的。

（一）"建议竞价"是什么

为方便商户设置相关竞价，Wish 商户平台根据商户设置的各项关键词的热门程度提供了建议竞价，供商户参考。

"建议竞价"（见图 7-3-12）就是上一个周期商户对该关键词出的最高竞价，越是接近这个价格甚至高于这个价格，越容易获得该关键词带来的最高流量。关键词的建议竞价可以通过在 Wish 商户平台首页导航栏中选择"关键词工具"查看，如图 7-3-13 所示。

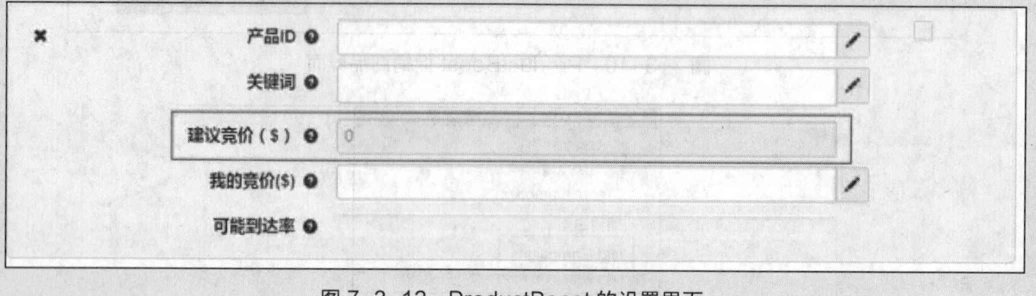

图 7-3-12　ProductBoost 的设置界面

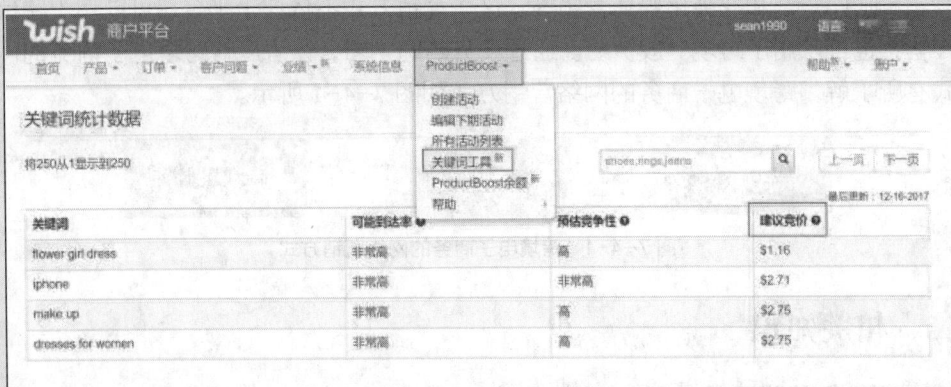

图 7-3-13　关键词工具界面

（二）竞价设置的技巧

竞价的设置是一门艺术，如何用最合理的竞价获取最高的引流？在设置竞价时，需要考虑以下几项影响因素。

1. 建议竞价

倘若该关键词的建议竞价连续多个周期都呈上涨趋势，那么对该关键词，商户需要设置偏高的竞价，否则，随着 ProductBoost 活动开展，商户的竞价优势会越来越不明显，影响 ProductBoost 整体表现。

2. 活动时间

活动时间是影响整个 ProductBoost 活动的关键因素，包括竞价的设置。

（1）相比于平常时间，周末是消费者购物高峰期，这个时间段的竞价设置应该要高一些，以最大限度地获取流量。

（2）如果活动开展期间恰逢某些节日，此时的竞价也要偏高。

3. 商品性质

已经经过测试的商品，并且确信关键词有良好转化的，在设置竞价时，要采取较为激进的方式，以尽可能地提高销量。而未经测试的新商品，想要尽可能快地获取关键词测试数据的，也可以使用偏高的竞价。

综上所述：

- 在不超过竞价上限的情况下，竞价越接近建议竞价越好；
- 周末或者活动期间的竞价要比平常时间的竞价高；
- 合适的竞价要通过不断地测试进行确定；
- 竞价要根据市场变化不断地进行调整。

（资料来源：雨果网）

任务四　认识跨境电子商务网络营销

一、任务描述

除了各大跨境电子商务平台提供的营销推广工具外，跨境电子商务网络营销还包括搜索引擎营销、邮件营销和社会化媒体营销等。这些营销方式不依托于平台，可以用于跨境电子商务零售，也可以用于跨境一般贸易。通过任务四的学习，读者应对跨境电子商务的网络营销方式有所了解。跨境电子商务的网络营销方式如图 7-4-1 所示。

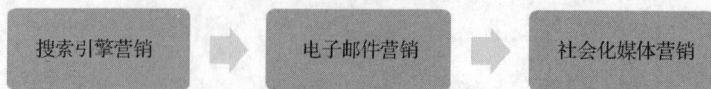

图 7-4-1　跨境电子商务的网络营销方式

二、相关知识

（一）搜索引擎网站

搜索引擎是近二十年来互联网行业发展最为迅速的领域之一。互联网就好像一个巨型的网络图书馆，在这个网络图书馆里存在着并且时时刻刻都在产生着大量的信息。数以亿计的信息远超出了人类的想象与掌控。如果没有搜索引擎，那么人们将难以找到想要的目标信息。

1. Google

Google（谷歌）搜索引擎是 Google 公司的主要商品，也是世界上最大的搜索引擎之一。据报道，Google 已经占据搜索市场 75.8%的份额，预计到 2019 年，Google 在搜索广告市场的份额应该增长到 80%以上。

2. Bing

Bing（必应）是微软公司于 2009 年 5 月推出的，用以取代 LiveSearch 的全新搜索引擎服务。2017 年 Bing 官方表示它的全球市场份额约为 9%，每月搜索量达 120 亿，其中近一半的搜索量（50 亿）来自美国。

3. Yandex

Yandex 是俄罗斯的一家搜索引擎公司，在俄罗斯的地位类似于我国的百度公司，是俄罗斯最受欢迎的搜索引擎之一，在俄罗斯的市场份额比 Google 还高。商家做俄罗斯市场的网络营销，它是首选网站。同时，Yandex 在乌克兰、白俄罗斯、哈萨克斯坦和土耳其等国家占据一定的市场份额。

（二）社会化媒体网站

社会化媒体网站的社会性网络服务专指旨在帮助人们（一群拥有相同兴趣与活动的人）建立社会性网络的互联网应用服务。这类服务往往基于互联网，为用户提供各种互相联系、交流的方式，如电子邮件、即时消息服务等。

1. Facebook

Facebook（脸书）是美国的一个社交网络服务平台，创立于 2004 年 2 月 4 日，总部位于美国加利福尼亚州门洛帕克，主要创始人为马克·扎克伯格。Facebook 是全球最大的社交网站，月活跃用户数已经突破 20 亿。

2. YouTube

YouTube 是一家视频分享平台，于 2005 年 2 月 14 日创立。该平台为全球成千上万的用户提供高水平的视频上传、分发、展示、浏览服务。

3. Twitter

Twitter 是一个提供广受欢迎的社交网络及微博客服务的平台。它允许用户将自己的最新动态和想法以短信息的形式（推文）发布，可绑定即时通信（Instant Messaging，IM）软件。

4. LinkedIn

LinkedIn（领英）为全球最大的职业社交平台之一，是面向商业客户的社交平台。该平台设立的目的是让注册用户维护他们在商业交往中认识并信任的联系人，俗称"人脉"，用户可以邀请其认识的人成为"关系"（Connections）圈的人。

5. Pinterest

Pinterest 堪称图片版的 Twitter。用户可以将感兴趣的图片在 Pinterest 上进行保存，其他网友可以关注，也可以转发图片。Pinterest 采用的是瀑布流的形式展现图片内容，无须用户翻页，新的图片不断自动加载在页面底端，让用户不断地发现新的图片。

三、任务实施

（一）认识搜索引擎营销

1. 操作提示

搜索引擎营销（Search Engine Marketing，SEM）是一种网络营销形式。SEM 所做的就是全面而有效地利用搜索引擎来进行网络营销和推广。SEM 追求最高的性价比，以最小的投入，获得最大的来自搜索引擎的访问量，并产生商业价值。

SEM 一般包括竞价排名、购买关键词广告和搜索引擎优化。

（1）竞价排名

竞价排名顾名思义就是网站付费后才能被搜索引擎收录，付费越高者排名越靠前。竞价排名服务，是由用户为自己的网页购买关键字排名，按点击计费的一种服务。用户可以通过调整每次点击付费价格，控制自己在特定关键字搜索结果中的排名，并可以通过设定不同的关键词捕捉到不同类型的目标访问者。

（2）购买关键词广告

购买关键词广告即在搜索结果页面中显示广告内容，实现高级定位投放，用户可以根据需要更换关键词，相当于在不同页面轮换投放广告。

（3）搜索引擎优化

搜索引擎优化就是通过对网站优化设计，使得网站在搜索结果中靠前。搜索引擎优化又包括网站内容优化、关键词优化、外部链接优化、内部链接优化、代码优化、图片优化、搜索引擎登录等。

2. 实训任务（表 7-4-1）

表 7-4-1　认识 SEM 的实训任务

实训目标	实训任务和结果
认识 SEM 的内容	选择一家外贸公司网站，为其撰写 SEM 方案

（二）认识电子邮件营销

1. 操作提示

电子邮件营销（Email Direct Marketing，EDM）是网络营销中出现较早的方式。说到 EDM，就必须有 EDM 软件对 EDM 内容进行发送，企业可以通过使用 EDM 软件向目标客户发送 EDM 邮件，建立同目标顾客的沟通渠道，向其直接传达相关信息，用来促进销售。EDM 软件有多种用途，可以发送电子广告、商品信息、销售信息、市场调查、市场推广活动信息等。

EDM 主要分以下三个步骤。

（1）设计 EDM 邮件

一封 EDM 邮件包含主题和主体内容。在打开邮件前，客户最先入眼的就是邮件主题，因此这个主题的好坏可以决定客户是否会打开这个邮件。邮件标题应该简短有力，且能概括邮件主要内容，包括商品信息、优惠活动、活动截止时间等。

邮件的主体内容应该图文并茂，可以包含以下版块：①优惠信息，商品介绍中可展示商品原价、优惠价格以及节省了多少，提高用户的兴趣度；②明显的链接，确保链接清晰可见，有效使用提醒或标签，使用户一眼识别出链接按钮；③使用动态图片。适当使用 GIF 图片，增加视觉感受，提高点击；④引起行动（Call to Action），在邮件中加上能引起收件人行动的一些语句，如"优惠仅在 48 小时内有效/售完即止"等，关键是要营造一种紧迫感。企业还可以提供一些折扣优惠或礼品来引导客户点击相关商品。

（2）发送 EDM 邮件

发送邮件时要关注三个问题。①发送时间，并不是任何时段都适合发送邮件，要学会抓住客户的作息时间规律并善于分析。选择恰当的时间发送邮件会起到事半功倍的效果。就大部分商务人士而言，大多数人会在下班的时间打开自己的邮箱，收件箱的大部分邮件都会被一键删除。而那些刚好在下班期间发出的邮件被开启的概率就会比其他邮件高很多。②发送频率，客户的需求量再大也不喜欢天天收到邮件，所以要科学地掌握时间，定期给他们发送邮件邀请邮件、问候邮件等。③发送数量，并不是发送得越多越好，同一个类型的邮件最多不超过 5 个客户，同一个客户最多收到两封同样模板的邮件。

（3）数据监测

邮件发送后，对邮件后续的数据监测也是至关重要的，我们要分析邮件的到达率、打开率、点击率等各方面的数据，以判断 EDM 设计的好坏。这也可以帮助我们改进设计。

2. 实训任务（见表 7-4-2）

表 7-4-2　认识 EDM 的实训任务

实训目标	实训任务和结果
能设计营销邮件内容，并将邮件发送给目标客户	请为自己的店铺设计一封营销邮件

（三）认识社会化媒体营销

1. 操作提示

社会化媒体营销（Social Network Services，SNS）指的是利用社交网络进行营销活动，如建立商品和品牌的群组、举行活动、开展病毒营销等。国外的社交网站有很多，卖家可以根据自己的商品所面向的目标群体选择合适的网站。

Facebook 作为全球社交巨头，吸引了众多电商卖家利用 Facebook Page（脸书企业主页）来推广自己的品牌，而且建立 Facebook Page 是投放广告的第一步。下面以 Facebook 为例，介绍在 Facebook 上创建企业主页的方法，具体如表 7-4-3 所示。

表 7-4-3　认识 SNS 的操作提示

具体操作	图示	完成情况
步骤一：首先需要一个 Facebook 账号并登录。单击页面右上角的下拉按钮，选择"创建主页"选项	图 7-4-2	
步骤二：选择想要创建的主页类别	图 7-4-3	
步骤三：选择行业类别，填写基本业务信息，单击"马上开始"按钮	图 7-4-4	
步骤四：添加说明和网址，上传企业形象 Logo 等	无	
步骤五：单击"wall"发布动态	图 7-4-5	

图 7-4-2　创建主页

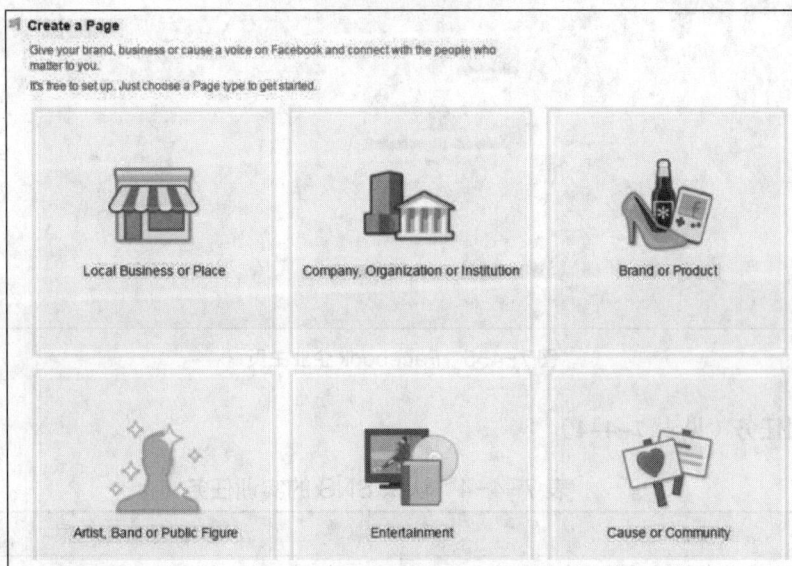

图 7-4-3　选择主页的业务类别

图 7-4-4　填写基本业务信息

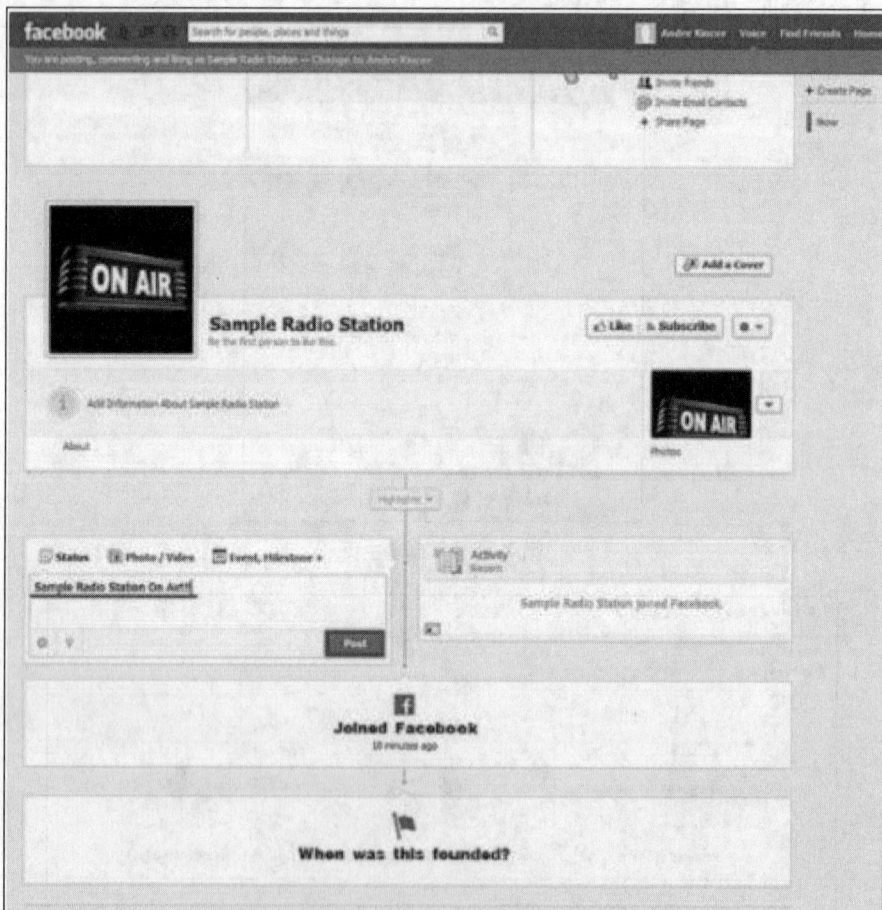

图 7-4-5　Facebook 企业主页

2. 实训任务（见表 7-4-4）

表 7-4-4　认识 SNS 的实训任务

实训目标	实训任务和结果
能创建主流社交媒体网站账号及发布营销信息	请为自己的店铺创建 Facebook 主页

速卖通店铺流量减，订单少？
——教你用 Facebook 站外引流的方法与策略

最近有速卖通卖家抱怨店铺的流量下滑，销量下降，订单减少。其实，速卖通网站的流量就像一场大雨，而到店铺的流量就好比你拿碗接到的雨水一样，卖家都希望流量全部进入自己的店铺，但是这不太现实。

卖家其实可以通过一些方法和策略做站外引流。这样就可以吸引更多流量抵达我们的店铺，促成订单。

今天给大家介绍的是使用 Facebook 进行站外引流的一些策略与方法。

（一）个人账号与企业专页

Facebook 的个人账号的主体是人，代表个人，因此，这类账号的用户需要经常和好友互动，以形成良好的互动关系。而企业专页（Page）是一个展示企业形象，发布新商品，促销信息的平台。两类账号用户在推广运营方法上各有不同。

1. 个人账号的申请

用户通过个人邮箱就可以申请个人账号（最好用 Gmail 邮箱，通过率比较高）。建议用户绑定手机号码，或者是通过身份证认证，这样账号更稳定。

2. 个人账号的维护

由于 Facebook 现在严打广告号及发垃圾消息的账号，所以用户维护好账号的安全尤为重要。我们可以通过以下措施来保障个人账号的安全性。

（1）设置头像和背景图，这样不会让 Facebook 误认为您的账号是很久不使用的号或垃圾号。

（2）点开个人主页，按照提示逐条完善个人消息，让账号的信息显得非常真实。

（3）手动发布一些图文并茂的生活动态，新账号每天发布 1～2 条即可。

（4）备份好账号的头像图片、手机号、身份资料以及账号设置的国家（或地区）、昵称等，以防后续认证的时候需要提供。

（5）新账号需要精心维护 7 天以上，每天加目标客户 3～5 人，减免触发认证的机会，提高账号存活率。

（6）尽量多转发大 V 的信息和找到网络红人，并且进入他们管理的小组（其标准小组成员为 5 000 人以上）。

3. 企业专页的创建

企业用户在登录个人账号之后，就可以创建企业品牌专页，一个个人账号可以创建多个企业品牌专页。建立企业品牌专页的时候，要把专页的信息完善好，其中包括专页头像、企业网址、企业所在的行业等。

4. 企业专页获取粉丝的方法

（1）培养粉丝策略

① 开放：可以分享企业的一些企业文化、日常运营的背后故事，让粉丝们离企业更近。

② 积极：始终保持一种积极的形象，让粉丝们感受到正能量。

③ 互动：及时回复粉丝的留言，和粉丝们积极互动。

④ 交流：和粉丝们一起交流他们感兴趣的话题。

（2）挑选合适的发布时间

每个企业品牌专页都包含了不同的粉丝，粉丝的习惯也不相同，企业用户需要在实际运营当中找到最容易引起互动（回复、点赞、转发）的时间，然后在这个时间点发布内容。这样就能达到较好的效果，确保让最多的人看到。

（3）善于提问

一些带有提问的帖子的互动比没有提问的帖子的互动要好很多。因此，企业用户提出一些粉丝关心的话题就能产生更多的互动。这就像现实中的谈话一样，说到对方感兴趣的话题，对方才能更踊跃地发言。

（4）善于倾听

每个人都渴望自己得到他人的关注，所以企业用户请耐心阅读粉丝们的留言，并进行回复。当粉丝发现企业看了他们的留言的时候，他们就会再来留言。

（二）Facebook 付费推广

现在做 Facebook 专业营销的企业越来越多，信息量也越来越多。为了获得最大的帖子曝光量，企业用户就可以使用付费推广。付费推广可以使用支付宝、信用卡、Paypal 支付，建议使用信用卡。需要注意的是，如果填写的名字、IP 地址等和支付广告费用的时候不一样，有可能导致广告账号被关掉。

（资料来源：阿里巴巴全球速卖通卖家论坛）

项目八
客户服务

项目情境导入

随着电商发展越来越成熟，客户也越来越趋向"静默下单"，即在正常情况下，客户下单之前很少与卖家进行沟通。跨境电子商务交易也具有该特点，卖家只要在商品的描述页面上使用图片、视频、文字等各种方式充分而透彻地说明在售商品的特点，以及所能够提供的售前、售后服务，买家一般会自行获取相关信息。因此，部分跨境电子商务公司不会专门设置客服岗位，而由运营人员兼任。

但是如果客户主动联系卖家，往往是由于商品、物流运输，或者其他服务方面出现问题。此时，商品页面上的信息就是卖家做出的不可改变、不可撤销的承诺，卖家需要依据承诺和跨境电子商务平台相关规则处理交易纠纷。跨境电子商务客户服务质量对店铺运营的成败具有重要影响，是运营工作中不可或缺的一部分。各大跨境电子商务平台均制订了一系列服务评价指标，来考核店铺的客户服务能力和纠纷处理能力。

卖家如何做好跨境电子商务客户服务工作呢？首先，卖家需要了解商务平台联系客户的工具与渠道，认识客户服务基础知识，包括客户服务的工作范畴、工作流程、工作技巧等。其次，卖家需要具备有效解决常见客户问题的能力，如商品问题、价格问题、物流问题、清关问题和支付问题等。另外，卖家还需要具备解决常见纠纷的能力，包括了解纠纷的种类、纠纷的处理流程和平台对纠纷的处罚等。

项目学习目标

能力目标	1. 能利用跨境电子商务平台的客服功能联系客户 2. 能回复跨境交易中常见的客户问题 3. 能处理平台纠纷、违规事项和买家差评
知识目标	1. 了解客户服务的基本知识 2. 认识客服工作的要求和技巧 3. 了解常见的纠纷和解决方法 4. 了解平台的纠纷类型 5. 了解平台的评价规则 6. 了解平台的违规类型

一、任务描述

随着跨境电子商务的发展，以往的拼价格、比质量的销售方式已经远远不能满足客户的需求，在这种情况下，向客户提供优质的客户服务，赢得客户的好评和忠诚度，对于跨境电子商务企业的持续发展有着重要的意义。读者应该学习有关跨境电子商务客户服务的相关知识，并完成以下任务，具体如图 8-1-1 所示。

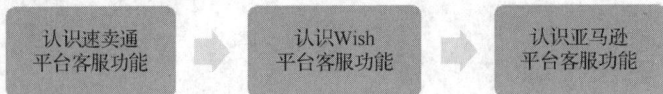

认识速卖通平台客服功能 ➡ 认识Wish平台客服功能 ➡ 认识亚马逊平台客服功能

图 8-1-1 认识客户服务

二、相关知识

（一）客户服务的概念和作用

客户服务就是企业利用相关技术手段使企业的业务系统最大限度地与客户建立联系，从而最大限度地为客户提供服务。客户服务还可以理解成逐渐深入的三个层次关系：首先是基本服务，即客户在购买企业商品或者服务之前假定自己必须获得的服务；其次是反映服务，也就是客户能够向企业明确表达的希望得到的服务，这一层次的服务可以通过调查获得；最后是意外服务，即企业给客户带来的意外惊喜，这是企业改进服务的重点。

客户服务的作用如下。

第一，客户服务能给企业创造经济效益。优质满意的客户服务能让企业拥有稳定的客户，从而创造更多的客户价值，为企业带来经济效益。

第二，客户服务能够防止客户流失。在市场竞争激烈的情况下，企业必然会抢夺有限的客户资源，客户流失成为一种必然。优质的客户服务能让客户产生依赖和忠诚度，有效减少客户流失。

第三，客户服务能帮助企业树立良好的品牌形象。客户服务不是企业的短期行为，而是企业长远、持续的经营活动，企业通过优质的客户服务使客户满意，从而使这种满意在客户之间进行信息传播，赢得客户对企业及其商品的认可与信任。

（二）客户服务的职责

一个完整的客户服务流程包括售前服务、售中服务和售后服务三个部分。

售前服务是企业开展的一系列刺激客户购买欲望的服务工作。售前服务的内容多种多样，主要目的是为客户创造购买商品或者服务的条件，让客户更好地了解企业的商品和服务，从而增强客户的购买欲望。

售中服务是企业在商品销售过程中为客户提供的服务，包括商品展示、商品使用方法、客户服务人员良好的服务态度、耐心解答客户提出的问题等。售中服务伴随客户的实际购买行为过程，良好的售中服务可以促使客户做出购买决定。

售后服务是指企业把商品或者服务销售给客户后，为客户提供的一系列服务，包括对客户在使用商品或维护商品方面存在的一定疑惑，客服人员通过与客户的及时沟通，帮助客户解决问题，满足客户需求，使其感知到良好的待遇。在市场竞争日益激烈的今天，企业为客户提供优质的售后服务，消除客户的后顾之忧，对于提高企业信誉尤其重要。

（三）客户服务的原则

客服工作在跨境电子商务企业运营中发挥的作用不可小觑。客户服务不仅可以促成客户购买，增加商品的附加值，还能提升店铺的竞争力。客户服务的竞争永远比价格竞争更能打动客户，从而留住客户，为店铺带来更多的交易。

客户服务需要遵循以下规则。

1. 尊重

客户服务的基本原则是让客户感到其是受欢迎的，得到了尊重，得到了真诚与专业的服务。

2. 沟通

客服人员能够用客户理解与接受的方式，及时向客户提供信息，同时收集客户的要求与反应，在企业和客户之间进行有效的沟通。实践证明，在企业和客户之间进行及时、畅通的信息传递，能使双方建立起友好和长久的信任关系。良好的沟通技能，能为企业开发新商品及进行有效的促销活动等提供依据。

3. 可靠

企业通过向客户提供品质标准的客户服务，保持客户服务内容的连贯性和稳定性，使客户对企业产生强烈的信赖感。客户服务的可靠性要求企业对自己的公开承诺和服务标准予以不折不扣的执行，从而使客户产生认同感，进而建立客户忠诚，扩大市场占有率。

4. 反应

企业必须做到迅速对客户的细微需求和要求做出反应。这种反应体现在两个方面：一是客户有不满产生，必须及时予以消除，不留下任何有损企业形象的后果；二是能敏锐感应到客户的任何要求变化、市场发展动向，从而使企业能够做出准确的判断。

5. 保障

企业对客户的承诺和保证（如品质的保证、使用的安全、价格的合理等）是客户服务的重要原则之一。对于客户而言，这种保证的落实不仅有助于货币价值的安全，也有助于人身安全。

6. 胜任

客户服务应根据企业的服务方针，尽心尽力为客户提供有效的服务，即解答客户提出的问题并满足客户合理的需求。客户服务活动的实施若不能解决问题或者不能满足需求，则会比不实施更糟糕。

7. 满意

实际客户服务的所有技能都能归结到这一机能。通过服务活动使客户满意，提供给客户最大的利益，使客户能感受到由于服务价值的提高而获得最大的让渡价值，从而使客户对企业产生最大的好感。

（一）认识速卖通平台的客服功能

1. 操作提示（见表 8-1-1）

表 8-1-1　认识速卖通平台的客服功能的操作提示

具体操作	图示	完成情况
步骤一：登录速卖通卖家后台	图 8-1-2	
步骤二：选择"消息中心"—"站内信"	图 8-1-3	
步骤三：进入"站内信"页面，查看或回复站内信	图 8-1-4	

卖家打开速卖通主页，进入卖家后台。这里提供了两种途径进入站内信页面：一种是单击页面右上角的"Message Center"；另一种是找到"消息中心"。选择"站内信"进入，查看客户留言，并且回复客户问题。

企业处理客户问题的时候，需要坚持两个原则：一是优先处理原则，备注订单（如有备注提供商业发票、发货注意事项的订单）、有关物流问题的订单和批发订单需要优先处理；二是在回复客户问题时候，要根据商品和服务情况如实回答，不要欺骗或隐瞒客户，避免可能的纠纷。

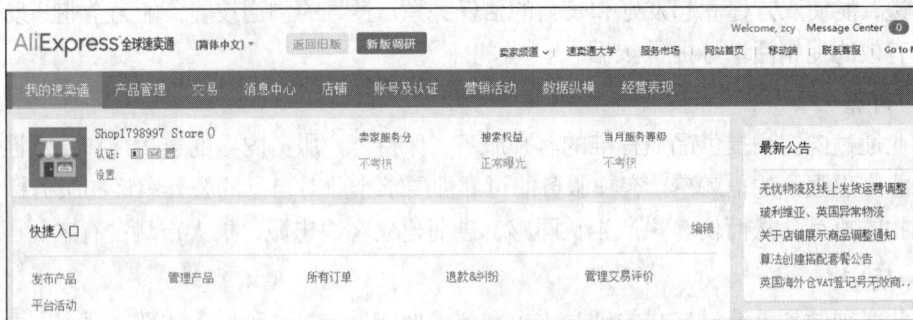

图 8-1-2　速卖通卖家后台

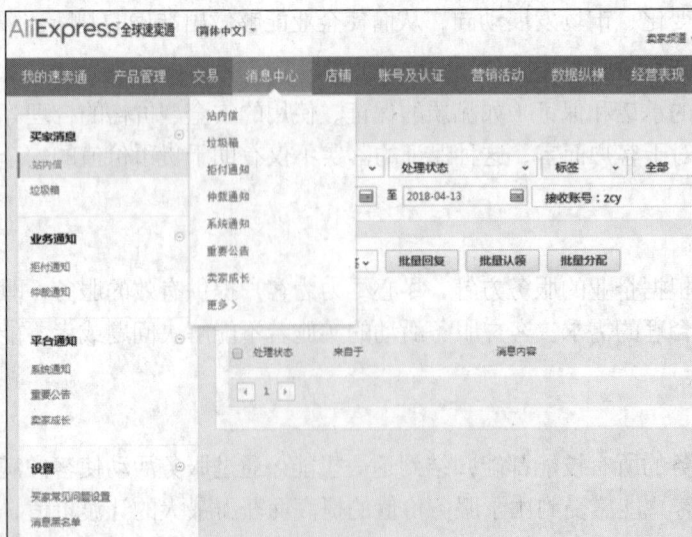

图 8-1-3　速卖通消息中心菜单

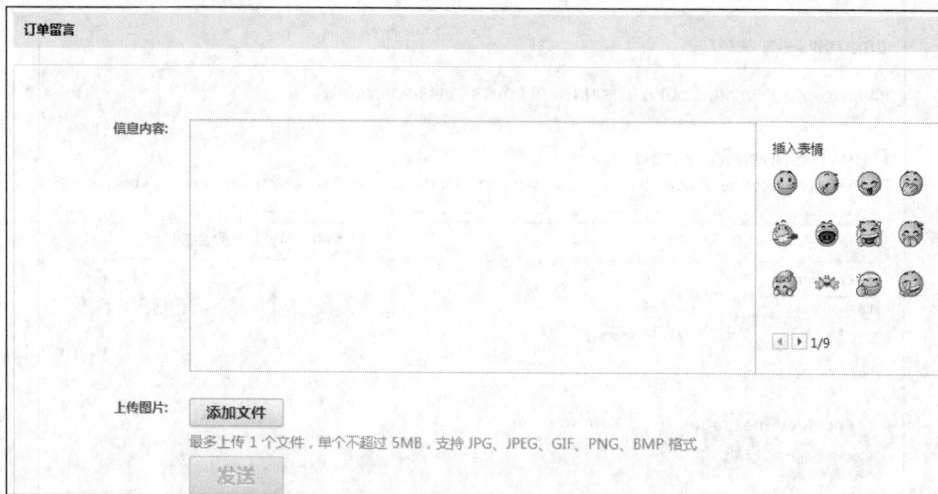

图 8-1-4　速卖通站内信的编辑界面

2. 实训任务（见表 8-1-2）

表 8-1-2　认识速卖通平台的客服功能的实训任务

实训目标	实训任务和结果
认识速卖通平台上的客服沟通渠道	请查看速卖通后台的站内信

（二）认识亚马逊平台的客服功能

1. 操作提示（见表 8-1-3）

表 8-1-3　认识亚马逊平台的客服功能的操作提示

具体操作	图示	完成情况
步骤一：登录亚马逊卖家后台，单击 "Messages"	图 8-1-5	
步骤二：单击 "here"，可以跳转到旧版消息中心	图 8-1-6	
步骤三：查看或回复买家站内信	图 8-1-7	
步骤四：单击 "Manage E-mail Templates"，编辑站内信回复模板	图 8-1-8	

无论是亚马逊买家还是卖家，站内信的邮箱后缀都是亚马逊的。也就是说，买卖双方并不能看到对方真实的邮箱，这是为了防止双方线下交易或者谈判。买卖双方也不能在内容中发送真实邮箱地址给对方，买家发给卖家的邮箱地址一般会被屏蔽掉，卖家发出去则有可能收到政策违规警告。

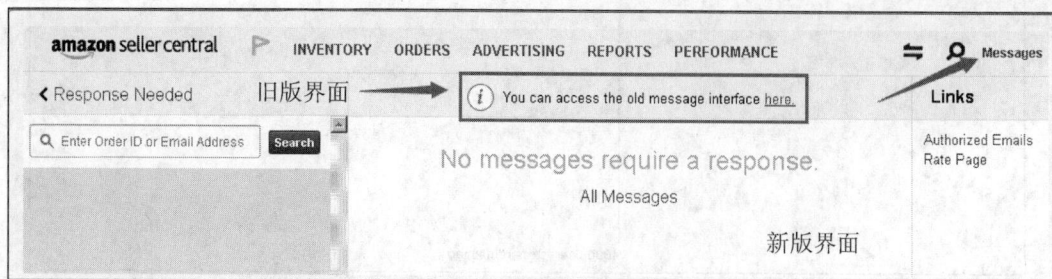

图 8-1-5　亚马逊消息中心新版界面

图 8-1-6　亚马逊消息中心旧版界面

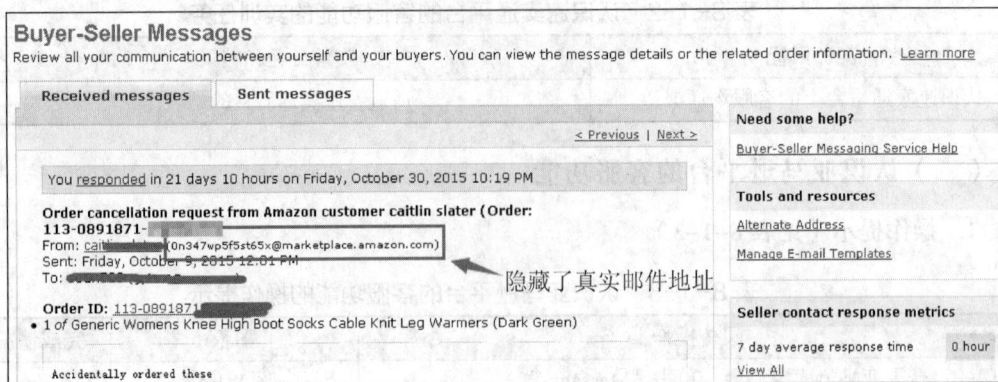

图 8-1-7　站内信

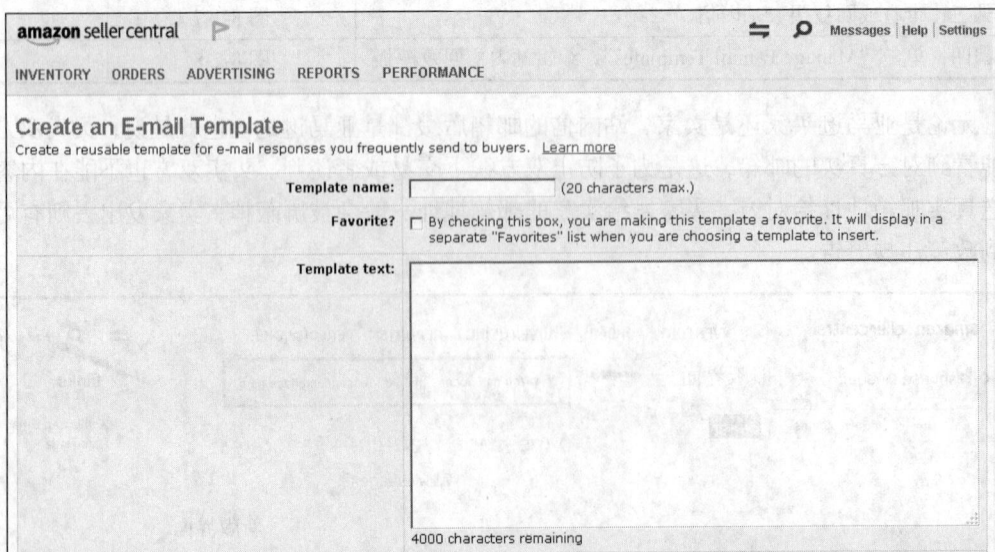

图 8-1-8　站内信回复模板

2. 实训任务（见表 8-1-4）

表 8-1-4　认识亚马逊平台的客服功能的实训任务

实训目标	实训任务和结果
认识亚马逊平台上的客服沟通渠道	请查看亚马逊后台的站内信，并编辑回复模板

（三）认识 Wish 平台的客服功能

1. 操作提示（见表 8-1-5）

表 8-1-5　认识 Wish 平台的客服功能的操作提示

具体操作	图示	完成情况
步骤一：登录 Wish 商户后台，选择"客户问题"—"未处理"选项	图 8-1-9	
步骤二：单击"查看"按钮，可以查看客户问题详情	图 8-1-10	
步骤三：单击"受影响的商品"右侧的"+"按钮，查看客户问题涉及的商品	图 8-1-11	
步骤四：单击"操作"栏下方的下拉箭头，进行"修改物流单号"或"退款"操作	图 8-1-12	
步骤五：单击"项目"右侧的"+"按钮，查看客户问题详情，回复客户问题，或关闭问题，或请求 Wish 支持协助	图 8-1-13	

客户问题详情包括三项内容：一是受影响的商品，即该客户问题涉及哪些商品；二是订单详情，即该客户问题涉及的订单情况；三是项目，即客户提出问题的详细情况。

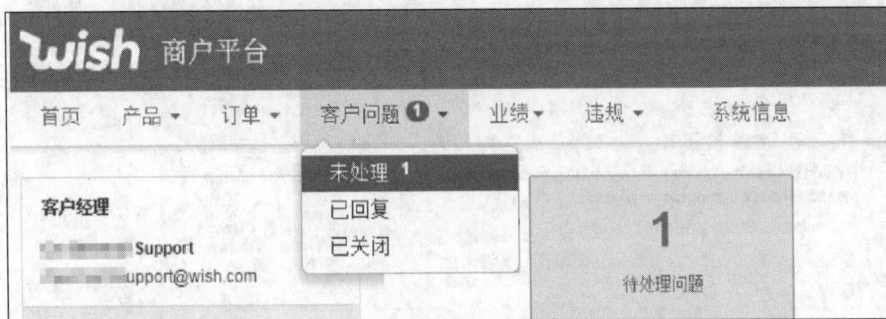

图 8-1-9　Wish 客户问题菜单

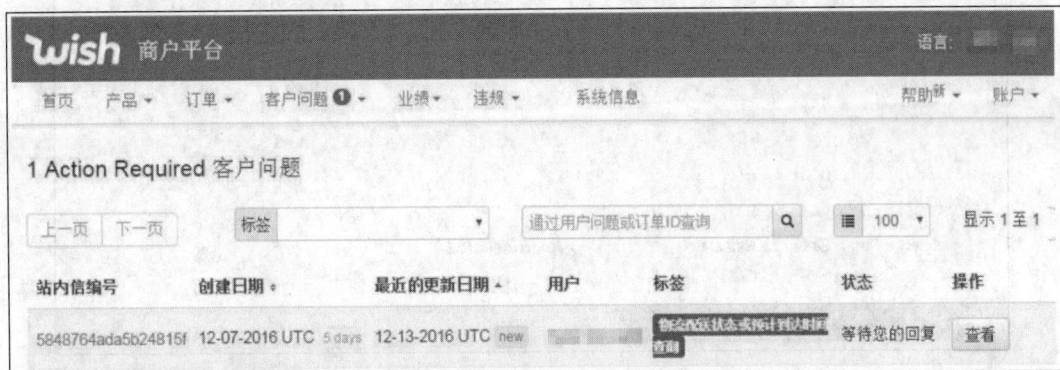

图 8-1-10　未处理客户问题

图 8-1-11 客户问题详情

图 8-1-12 处理客户问题的操作选项

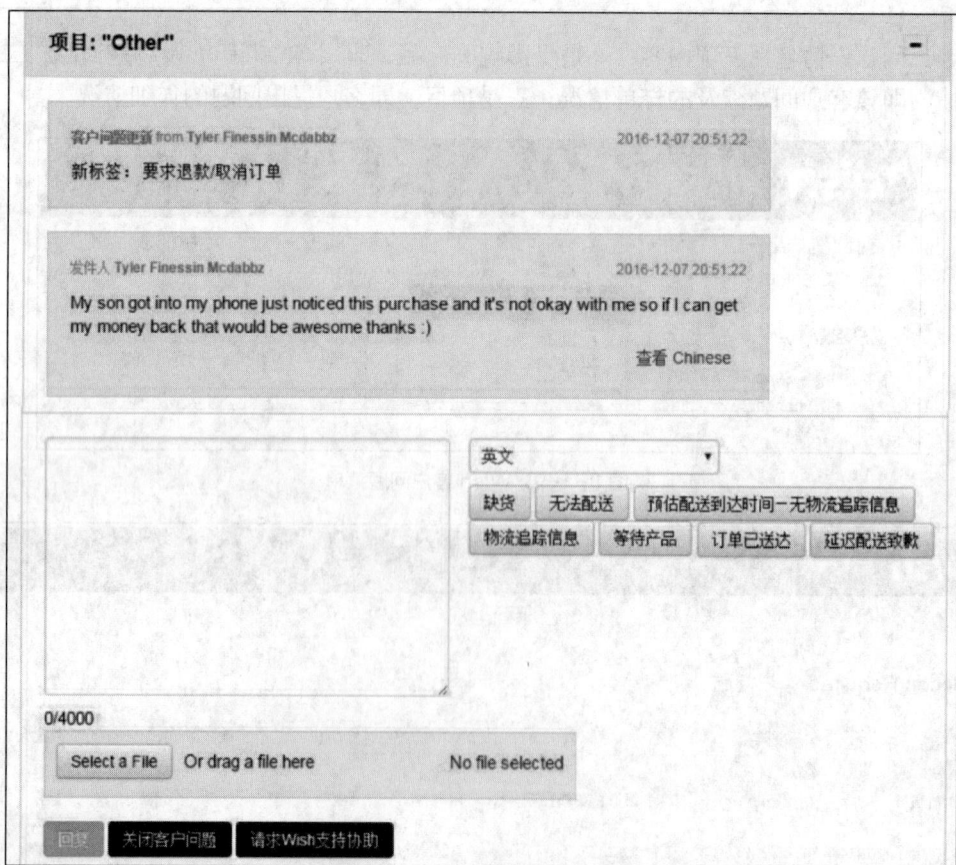

图 8-1-13 客户问题的回复界面

2. 实训任务（见表 8-1-6）

表 8-1-6　认识 Wish 平台的客服功能实训任务

实训目标	实训任务和结果
认识 Wish 平台上的客服沟通渠道	请查看 Wish 商户后台的客户问题

四、同步拓展

常用聊天软件及工具介绍

　　除了跨境电子商务平台提供的站内信工具外，卖家若要和境外客户联系，还可以借助其他在线沟通工具。下面介绍几款常用的聊天软件及工具。

　　1. Skype

　　Skype 是一款很常用、也很方便的聊天工具，除了网上聊天功能外，也有语音、视频等功能。它最大的功能就是可以绑定用户的电话，方便用户和朋友间的联系。如果你想给远在异国的客户和朋友打电话，不妨试试 Skype。

　　2. Viber

　　Viber 工具使用起来高效、快捷。用户用手机注册成功后，装上软件，同步到通讯录，就可以跟远在国外的使用同类软件的朋友畅所欲言了。使用 Viber 不需要话费，只需要流量。与其他聊天工具相比，这个工具不受 4G 网络或者 Wi-Fi 的局限，用户使用普通流量就可以拥有高音质的服务。

　　3. WhatsApp

　　WhatsApp 是国外用户使用非常广泛的手机沟通软件。用户只要把客户的联系方式加入通讯录，格式为：国际区号+地区区号+手机号，然后保存并同步一下，就能利用该软件和客户对话了。

　　4. VK

　　VK 是俄罗斯人喜欢用的沟通工具，拥有俄罗斯最多的社交用户，如果卖家会俄语，那么沟通起来就更加顺畅了。俄罗斯在跨境电子商务市场上占据很大比例，因此熟悉VK 将给你带来更多商机。

　　5. Facebook

　　脸书（Facekbook）既可以跟客户连线对话，也可以建立群组，是卖家与客户增进感情的利器。卖家还可以在 Facekbook 上查看可能认识的人，或通过关键词搜索，添加好友。

　　6. Twitter

　　Twitter 与 Facebook 类似，除了关注客户动态外，卖家还可以通过发送私信和客户沟通联系。

　　7. QQ 和 Wechat

　　随着微信和 QQ 的普及，有些国外用户也开始使用这两个软件，尤其是经常和中国商人有贸易往来的客户。

8. Google Talk

Google Talk 是 Google 集团发布的一款软件，知名度较高，但是使用者相对较少，用户也可以试着用 Google Talk 添加好友进行沟通联系。

9. TradeManager（国际版旺旺）

随着阿里巴巴影响力的增大，越来越多采购商被吸引到了阿里巴巴旗下的电子商务平台，包括阿里巴巴国际站和全球速卖通平台。TradeManager 就是阿里开发的即时沟通工具。

以上在线聊天工具和软件不仅可以在计算机上使用，还可以安装到手机上。除了简单的沟通功能，你还可以利用这些软件进行客户开发，从而获得更多的跨境交易。

（资料来源：雨果网）

任务二　回复常见客户问题

一、任务描述

跨境电子商务零售面向的是终端消费者和部分小型批发商，客户群体多样，不同客户咨询的问题各不相同。在交易中，客户时常就商品库存、价格、尺码等问题咨询卖家。另外，由于商品需要跨境才能送到客户手里，因此客户也经常咨询清关、物流、支付等问题。通过任务二的学习，读者应可以回复常见客户问题，如图 8-2-1 所示。

回复产品问题 ➡ 回复物流问题 ➡ 回复清关问题 ➡ 回复支付问题

图 8-2-1　回复常见客户问题

二、相关知识

（一）合格客服人员应具备的能力

1. 具备专业的商品知识

客服人员必须充分了解自己所在行业和销售的商品，熟悉商品的参数和卖点，给客户提供选择自家商品，而非竞争对手商品的理由。客服人员还需要了解商品的使用场景及可能跟自家商品搭配使用的相关商品。

2. 处理问题并能控制局面的能力

跨境电子商务交易中，如果商品、物流等出现问题，客户提出纠纷，客服人员应该能及时着手解决，控制局面，并引导客户选择卖家花费成本最少的处理方案。

3. 沟通协调的能力

客户服务是跟客户打交道的工作，倾听客户、了解客户、启发客户、引导客户都是客服人员的基本功。客服沟通协调能力，特别是有效的沟通能力，是客服应具备的一个基本素质。

4. 了解跨境电子商务平台的相关规则

客服人员要熟悉跨境电子商务平台的相关规则。只有熟悉了平台的规则，卖家才能避免触及雷区，避免不必要的损失；遇到相应问题时才能妥善解决，使交易有条不紊地进行。

5. 了解跨境电子商务平台的交易流程、物流方式等

客服人员只有熟悉相关跨境电子商务平台的交易流程和物流方式等，才能在客户对下单、支付、收货等各环节有所疑问时给予专业指导。

（二）客服回答技巧

在跨境电子商务交易中，客户经常会咨询与商品、物流、售后等相关的问题。一个合格的客服人员在回答客户问题时需要做到"专""准""全"和"问"。

"专"指的是跨境电子商务交易中的客服人员需要对正在销售的商品充分了解，并且有着销售心理学的专业知识，在回答客户提问时，能够将专业知识转化成通俗易通的语言，增加客户对商品的信任度，愉快地接受你的服务。

"准"指的是客服人员在回答客户问题的时候，能够抓住客户咨询的重点，不要答非所问，否则，会造成不良影响。

"全"指的是客服人员全面地回答客户的问题，不遗漏关键问题，不多讲无关的话，要学会问一答十。客户在了解商品或者服务时肯定要问到的问题，客户人员最好一次性回答。比如，当客户问到某商品的规格的时候，客服人员就要尽量讲清楚商品的规格及其对应的使用场景、价格等。

"问"指的是客服人员在回答客户问题的时候，对不清楚的地方一定要适当提出，以便更好地了解客户的问题和需求。这样做也是为了更好地回答客户的问题。

三、任务实施

（一）回复与商品相关的问题

1. 操作提示（见表 8-2-1）

表 8-2-1　回复与商品相关的问题的操作提示

问题举例	回复提示	举例
询问商品库存	库存充足：回复客户该商品还有库存，可以正常购买，并催促尽快下单	示例一
	库存短缺：回复客户该商品目前缺货，提供两种方案供客户选择，一是推荐类似款商品；二是补货后联系客户	示例二
询问商品价格	• 可以降价：告知买家店内促销信息。 • 不可以降价：向买家强调商品品质，或向买家推荐价格较低的类似款	示例三
询问商品尺寸	• 熟悉目标国家（或地区）的商品尺码表。 • 尽量使用通用计量单位，如千克、米等。 • 提供具体参数，如不要笼统地答复衣服是 S、M、L 码等，而是提供衣长、袖长等具体参数	示例四

示例一：询问商品库存的回复（有货）

Dear X,

Thank you for your inquiry.

Yes，we have this item in stock.How many do you want？Right now，we only have X lots of the X color left.Since they are very popular，the product has a high risk of selling out soon.Please place your order as soon as possible.Thank you!

Best regards,

（Your name）

示例二：询问商品库存的回复（断货）

Dear X,

We are sorry to inform you that this item is out of stock at themoment.We will contact the factory to see when they will be available again.Also，we would like to recommend to you some other items which are of the same style.We hope you like them as well.You can click on the following link to check them out.

（Website address）

Please let me know for any further questions.Thanks.

Best regards,

（Your name）

示例三：询问商品价格的回复

Dear X,

Thank you for your interests in my item.

I am sorry but we can't offer you that low price you asked for.We feel that the price listed is reasonable and has been carefully calculated and leaves melimited profit already.

However，we'd like to offer you some discounts on bulk purchases.If your order is more than X pieces，we will give you a discount of xx% off.

Please let me know for any further questions.Thanks.

Sincerely,

（Your name）

示例四：询问商品尺寸的回复

Dear X,

Thank you for your interest in our item.

Please choose the size according to your feet length.The size you select is US size.The length of size 9（from heel to toe）is about 9.84 inches.I'd like to advise you to choose one or two sizes if your feet are a large wider or a bit higher.

Thank you again. If you have any questions，please do not hesitate to contact us.

Best regards,

（Your name）

2. 实训任务（见表 8-2-2）

表 8-2-2　回复与商品相关的问题的实训任务

实训目标	实训任务和结果
了解客户经常咨询的商品问题	除了以上商品问题外，客户一般还会咨询哪些商品问题？请列举 2~5 个，并思考如何回复

（二）回复与物流相关的问题

1. 操作提示（见表 8-2-3）

表 8-2-3　回复与物流相关的问题的操作提示

问题举例	回复提示	举例
询问物流方式	<ul><li>物流方式支持：回复客户可以用该物流方式发货，以及发货时间和配送时间。</li><li>物流方式不支持：向客户解释为什么不能用该物流方式发货，并提供替代的物流方式</li></ul>	示例五
询问物流时效	根据物流方式提供的参考天数，如实答复买家，同时强调该时间只供参考，如果买家对时效要求较高，则推荐客户使用商业快递	示例六
询问物流状态	<ul><li>提供物流单号和预计配送时间。</li><li>提供物流查询网站，如 17track</li></ul>	示例七

示例五：询问物流方式的回复

Dear X,

Unfortunately, free shipping for this item isunavailable; I am sorry for the confusion.Free Shipping is only for packages weighing less than 2kg, which can be shipped via China Post Air Mail.However, the item you would like to purchase weighs more than 2kg.You can either choose another express carrier, such as UPS or DHL（which will include shipping fees, but which are also much faster）.You can place the orders separately, making sure each order weighs less than 2kg, to take advantage of free shipping.

If you have any further questions, please feel free to contact me.

Best regards,

（Your name）

示例六：询问物流时效的回复

Dear X,

Thank you for your interest in our products.We send you the products with free shipping of ChinaePacket and theywill reach you within 15 days(not include holiday and weekend).If you want to get them earlier, you can choose the faster ones, like FedEx, TNT, which usually takes about 3 working days.

If you have any questions, please leave us messages.

Best regards,

（Your name）

示例七：询问物流状态的回复

Dear X,

Thank you for shopping with us.

We have shipped out your order（order ID：xxx）on Feb.10th by EMS.The tracking number isxxx.It will take 5-10 workdays to reach your destination，but please check the tracking information for updated information.Thank you for your patience!

If you have any further questions，please feel free to contact me.

Best regards,

（Your name）

2. 实训任务（见表 8-2-4）

表 8-2-4　回复与物流相关的问题的实训任务

实训目标	实训任务和结果
了解客户经常咨询的物流问题	除了以上物流问题外，客户一般还会咨询哪些物流问题？请列举 2～5 个，并思考如何回复

（三）回复与清关相关的问题

1. 操作提示（见表 8-2-5）

表 8-2-5　回复与清关相关的问题的操作提示

问题举例	回复提示	举例
询问关税问题	告知客户有产生关税的可能性，且告知买家关税由谁承担，避免事后纠纷	示例八

示例八：询问关税问题的回复

Dear X,

Thank you for your inquiry and I am happy to contact you.

I understand that you are worried about any possible extra cost for this item.Based on past experience，import taxes falls into two situations.

First，in most countries，it did not involve any extra expense on the buyer side for similarsmall or low-cost items.

Second，in someindividual cases，buyers might need to pay some import taxes or customs charges even when their purchase issmall.As to specific rates，please consult your local customs office.

I appreciate for your understanding!

Sincerely,

（Your name）

2. 实训任务（见表 8-2-6）

表 8-2-6　回复与清关相关的问题的实训任务

实训目标	实训任务和结果
了解客户经常咨询的清关问题	查询并学习 2～5 个国家关于跨境电子商务购物的清关政策

（四）回复与支付相关的问题

1. 操作提示（见表8-2-7）

表 8-2-7　回复与支付相关的问题的操作提示

问题举例	回复提示	举例
提醒客户付款	提醒客户还未完成付款，只有付款后订单才会配送	示例九
询问支付方式	告知客户支持的支付方式，并附上支付方法和流程	示例十

示例九：提醒买家付款

Dear X,

We appreciated your purchase from us.However, we noticed you that haven't made the payment yet.This is a friendly reminder to you to complete the payment transaction as soon as possible.Instant payments are very important; the earlier you pay; the sooner you will get the item.

If you have any problems making thepayment, or if you don't want to go through with the order, please let us know.We can help you to resolve the payment problems or cancel the order.

Thanks again! Looking forward to hearing from you soon.

Best regards,

（Your name）

示例十：询问支付方式

Hello X,

Thank you for the message.Moneybookers, Wester nunion, Qiwiwallet and Alipay are accepted through secure payment processor ESCROW on AliExpress.The mentioned payment methods are monitored by the platform and you can trust them.You have 3 days to pay after you place an order successfully.

Hope my reply is helpful to you.If you have any questions, please leave us messages.

Best regards,

（Your name）

2. 实训任务（见表8-2-8）

表 8-2-8　回复与支付相关的问题的实训任务

实训目标	实训任务和结果
了解买家经常咨询的支付问题	学习速卖通、亚马逊和 Wish 平台的买家购物流程及支持的付款方式

四、同步拓展

跨境电子商务清关

跨境电子商务的从业人员必须了解与海关、报关和清关等相关知识。

海关是指依据本国（或地区）的法律、行政法规行使进出口监督管理职权的国家行政机关。

报关是指货物、行李和邮递物品、运输工具等在进出关境或国境时由所有人或其代理人向海关申报，交验规定的单据、证件，请求海关办理进出口的有关手续。报关一般是在货物所在国（或地区）申请。

清关指进口货物、出口货物和转运货物进入海关关境或国境必须向海关申报，办理海关规定的各项手续，履行各项法规规定的义务；只有在履行各项义务，办理海关申报、查验、征税、放行等手续后，货物才能被放行，货主或申报人才能提货。货物在结关期间，不论是进口，还是出口或转运，都必须在海关监管之下。清关一般是在客户所在国（或地区）申请。

出口清关不仅是国际货代公司的事情，更是跨境电子商务卖家必须时刻关注的事情。跨境电子商务不仅要保证物流速度快，商品不丢失，更要在限定时间内尽早送达客户手中。如果商品无法正常清关，那么客户就拿不到商品，也就会导致纠纷等的发生。

清关模式主要有以下两种。

（1）邮政清关。邮政清关指由邮政代理清关。此清关方式抽查率低，承运商需要向海关提供内件信息和价值，整批包裹集中过关，海关会对照申报单挑选出特殊品类商品和高价值商品决定是否收税。

（2）快件清关。快件清关是目前转运公司使用比较多的一种清关模式。在这种模式下，每单分开清关，每个包裹的申报信息需要由转运公司的报关操作员详细地录入海关总署的系统内，每个包裹需要提供真实身份信息，海关会抽查核验。因为申报信息非常详细，所以海关在抽查的时候可以准确地按照税率表进行计税。清关之后，转运可以自由选择或指定快递进行派送。

（资料来源：福步外贸论坛）

任务三　解决纠纷及管理评价

一、任务描述

交易过程中难免会产生各种各样的纠纷，纠纷的影响不仅局限于买卖双方，而且还影响买家对跨境电子商务平台的信任。跨境电子商务平台一般会对卖家纠纷相关的指标进行考核，如果纠纷过多，店铺会受到跨境电子商务平台的处罚。因此，在客户服务中，卖家要妥善处理各类纠纷。通过任务三的学习，读者应了解主要跨境电子商务平台上的纠纷处理流程。本任务的主要内容如图 8-3-1 所示。

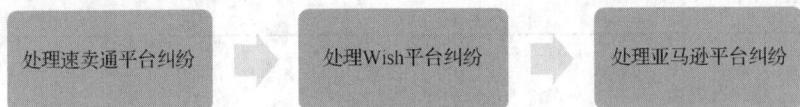

处理速卖通平台纠纷 ➡ 处理Wish平台纠纷 ➡ 处理亚马逊平台纠纷

图 8-3-1　解决纠纷及管理评价

二、相关知识

（一）速卖通平台上的纠纷分类

速卖通平台将纠纷分成两类，共 14 项。一类是买家未收到货物而产生的纠纷，另一类是买家收到货物与约定不符类纠纷。

1. 买家未收到货物类纠纷

（1）海关扣关。

（2）物流显示货物在运输途中。

（3）包裹原件退回。

（4）包裹被寄往或妥投在非买家地址。

（5）物流显示货物已经妥投。

（6）物流信息查不到或者异常。

（7）买家收到货物后退货。

（8）买家拒签。

2. 买家收到货物与约定不符类纠纷

（1）货物与描述不符类。

（2）质量问题。

（3）假货问题。

（4）虚拟商品。

（5）货物短装。

（6）货物破损。

速卖通平台对纠纷的考核依据是裁决提取率和卖家责任裁决率。卖家责任考核率已经纳入分级考核指标，影响店铺表现的关键指标。另外，如果卖家提交至平台裁决的纠纷比率过高，处罚将会更严重。

交易纠纷挑战卖家运营理念，卖家应有效、合理地处理纠纷问题，将损失最小化。

（二）亚马逊 A-to-Z 索赔

亚马逊对在亚马逊平台上购买商品的所有买家实施保护政策。买家如果不满意第三方卖家销售的商品或服务，则可以发起亚马逊商城交易保障索赔（Amazon A-to-Z Guarantee claim，简称 "A-to-Z" 或 "A-to-Z 索赔"），保护自己的利益。

一旦 A-to-Z 索赔成立，卖家的绩效指标中的订单缺陷率（Order Defect Rate，ODR）以及完美订单的分数将会受到影响。假如卖家成交的订单不多，那么可能会因为存在一两个 A-to-Z 索赔，账号就被审核、冻结，甚至被关闭。

卖家收到 A-to-Z 索赔的主要原因如下。

1. 商品出现差错

买家收到的商品与商品详情页面展示的商品存在重大差异，包括收到时受损、存在缺陷、缺失零件等情况。

2. 买家未收到商品

买家因为以下几种情况导致未收到商品而发起索赔，亚马逊将会受理。

（1）卖家已经安排配送订单，但是买家没有收到商品。买家最早可在下订单的 3 个工作日以上或下单后 30 天（以两者中较早的日期为准）的这段时间内提出索赔，最晚可在预计最迟送达日期算起 90 天时间内提出索赔。

（2）如果卖家提供追踪订单的追踪信息（如快递单号）表明商品预计会在某段时间到达，

但实际上无法在预计或合理的时间内送达，买家发起的索赔将获得批准，且卖家应承担赔偿责任。

（3）对于卖家自配送的订单，商品已配送且追踪信息显示已送达，但买家声称未收到商品，买家可以发起 A-to-Z 索赔。亚马逊可能会联系买家确认是否收到订单商品，而这个确认商品签收的过程，可能会有以下结果。

① 如果确认买家确实没有签名确认签收商品，卖家存在无法控制的配送错误（如发错货或发错地址）的问题，卖家需要承担未配送责任。

② 如果买家声称未收到商品，但"签名确认"上的姓名与买家姓名匹配的，则亚马逊将会驳回买家发起的索赔；如果"签名确认"上的姓名与买家的姓名不符，则亚马逊也将会驳回买家发起的索赔，并要求买家调查签署包裹的人。

（4）商品通过亚马逊物流（FBA）配送且有追踪信息，而买家称未收到商品并提出索赔，亚马逊将会承担责任，同时也不会向卖家发送索赔通知，即使有索赔成立，也不会计入卖家的订单缺陷率中。

3. 买家已退货，但未收到退款

卖家已经同意给买家退款，买家退还了商品，但卖家并未将货款退给买家。买家可以发起 A-to-Z 索赔。

4. 卖家拒绝退货

卖家拒绝买家合理的、适用亚马逊退货政策的退货请求，买家可以发起 A-to-Z 索赔。

（三）纠纷处理步骤

卖家想要处理好纠纷问题，就要充分了解自身商品的质量、店铺的信誉和物流等。纠纷处理主要从以下几个方面入手。

1. 了解纠纷

卖家详细了解客户提出的纠纷内容，要求客户提供相关细节及相关证据，如图片和视频等。

2. 分析纠纷

卖家具体分析并确定客户提出纠纷的可能原因，是来自客户还是来自卖家自身（如商品问题、物流问题等）。

3. 预设纠纷的处理方案

卖家经过分析客户提出的纠纷原因后，提出纠纷处理的方案，如退货、不退货、退款、部分赔偿、替代赔偿等。

4. 预判客户对纠纷处理方案的反应及可能采取的行动

卖家预设纠纷处理方案后，需要分析客户对预设方案的反馈，是满意、比较满意、不满意还是非常不满意。判定客户会采取什么样的后续行动，如撤销纠纷、不提交平台仲裁或提交平台仲裁等。

5. 预估跨境电子商务平台对纠纷的判定

通过分析客户可能采取的行动，卖家需要根据跨境电子商务平台的规则，预估跨境电子商务平台对纠纷的仲裁是否对己方有利。

6. 确定纠纷处理方案

卖家应该密切关注客户和跨境电子商务平台的动向，确定应对客户提出的纠纷和跨境电子商务平台的仲裁的最优方案。

（四）常见纠纷及解决方法

跨境电子商务平台对于买卖双方之间的纠纷，倾向于卖家主动与买家协商处理，提升买家满意度。当买卖双方不能协商解决时候，跨境电子商务平台会根据双方提供的证据进行一次性裁决，如果是卖家的责任，则会对商品的曝光等造成不良影响。

卖家提供的证据主要包括商品和物流两方面的证据。有关商品自身的纠纷，卖家可以配合提供发货前的商品图片，称重证明等；有关物流的纠纷，卖家需要提供发货底单、物流信息截图、妥投证明、查单等物流证据，以证明物流状态。

1. 买家收到商品，由于商品与描述不符，要求退款

解决方法：卖家及时联系买家确认情况，要求买家提供相关证据。卖家自己排查商品的描述、图片、尺寸、包装、颜色等。若证据证明确实存在"货不对板"的问题，可以先与买家协商部分退款或者退货、退款。若协商无果，则等待跨境电子商务平台仲裁。

2. 买家收到商品，由于质量问题要求退款

解决方法：卖家及时联系买家确认情况，要求买家提供相关证据。如果是因为商品介绍不足或者可以接受的商品质量缺陷引发的问题，则卖家应向买家告知商品具体参数和使用情况，请求买家撤回纠纷并协商部分退款或赠送赠品。

若协商无果，则等待跨境电子商务平台仲裁。

3. 买家收到商品，由于假货问题要求退款

解决方法：卖家销售的商品的确是假（仿）货，买家也清楚购买的是假（仿）货，若买家要求退款，则卖家只有全额退款。

4. 买家不签收商品，要求退款

解决方法：卖家及时联系买家要求其签收货物，若买家拒收，则询问拒收的原因。

若买家因货物破损、短装、与描述不符等原因而拒签，则卖家需要承担责任。

对于货物在运输途中的破损，卖家可以联系买家要求其联系物流进行包裹的破损鉴定。这样便于进入理赔程序，卖家可获得物流的赔偿，由平台退款给买家。

若买家只是单纯地在拍下订单后不想要货了，则可以提醒买家这是无理由拒签，未能按约定完成订单，这是买家的责任。

5. 买家已经收到商品，却否认收到且要求退款

解决方法：卖家及时联系买家要求其确认收货。

若证实签收时间、国家（或地区）、城市、邮编、签收人均一致，则可以确定买家收到了货。卖家将该物流信息截图连同发货底单一起提供给跨境电子商务平台。但若以上条件有一条或部分不一致，则卖家应联系物流提供相关妥投证明。

6. 商品被扣关，买家要求退款

解决方法：卖家及时联系买家并告知清关及支付相应的关税是买家的义务。

若买家表示无法清关，卖家请买家提供当地海关出具的扣关证明，以明确扣关原因。请注意，因侵权、假货而被扣关的商品，很可能会被销毁，卖家需要承担相应的责任。

若因申报价值不符，卖家可以尝试提供形式发票以证明商品价值与申报相符而帮助买家清关。如果买家还是无法清关，则卖家需要承担责任。

若海关需要卖家配合补充提供相关的证照，卖家却无法提供，则卖家需要承担责任。

如果买家不愿意清关也不提供海关扣关证明，则卖家应及时联系物流，要求查单。卖家可以向跨境电子商务平台提供海关扣关的原因说明，该说明可以是查单证据、物流官方邮箱发送的邮件，以指定纠纷责任方是买家还是卖家。

三、任务实施

（一）处理速卖通平台上发生的纠纷

速卖通平台处理纠纷的原则是交易双方自主沟通解决，在双方无法继续协商的情况下，平台介入以帮助交易双方协商解决，如图 8-3-2 所示。

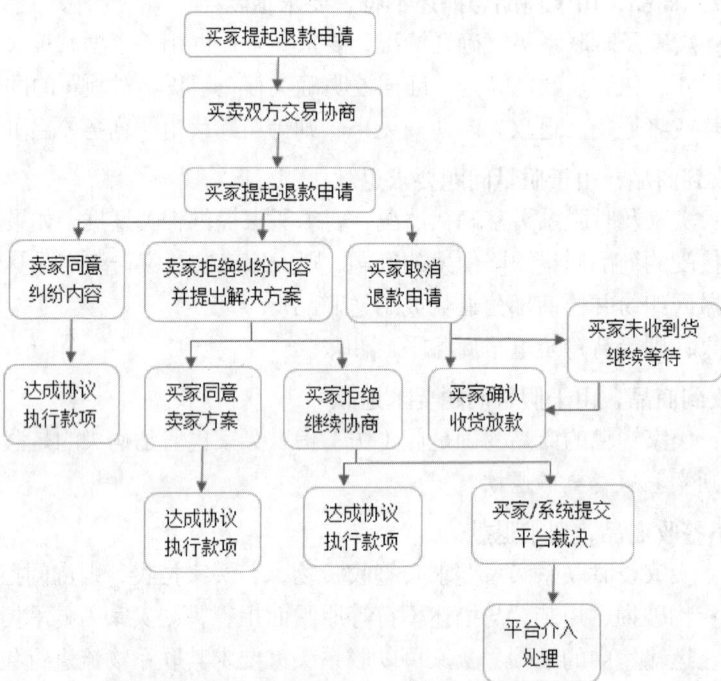

图 8-3-2 速卖通平台上的纠纷的处理流程

1. 操作提示（见表 8-3-1）

表 8-3-1 处理速卖通平台上发生的纠纷的操作提示

具体操作	图示	完成情况
步骤一：登录速卖通卖家后台	图 8-3-3	
步骤二：选择"交易"—"退款&纠纷"	图 8-3-4	
步骤三：进入"退款&纠纷"页面	图 8-3-5	
步骤四：查看纠纷详情	图 8-3-6	
步骤五：回复客户，解决客户纠纷	无	

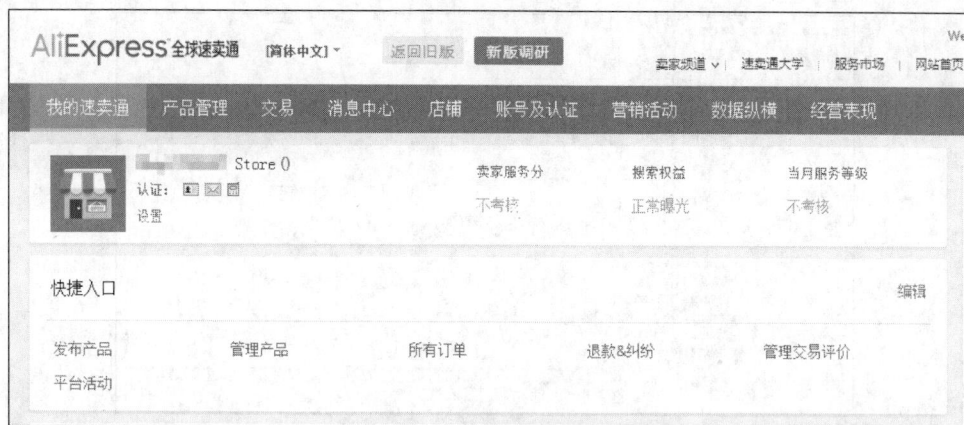

图 8-3-3　速卖通卖家后台

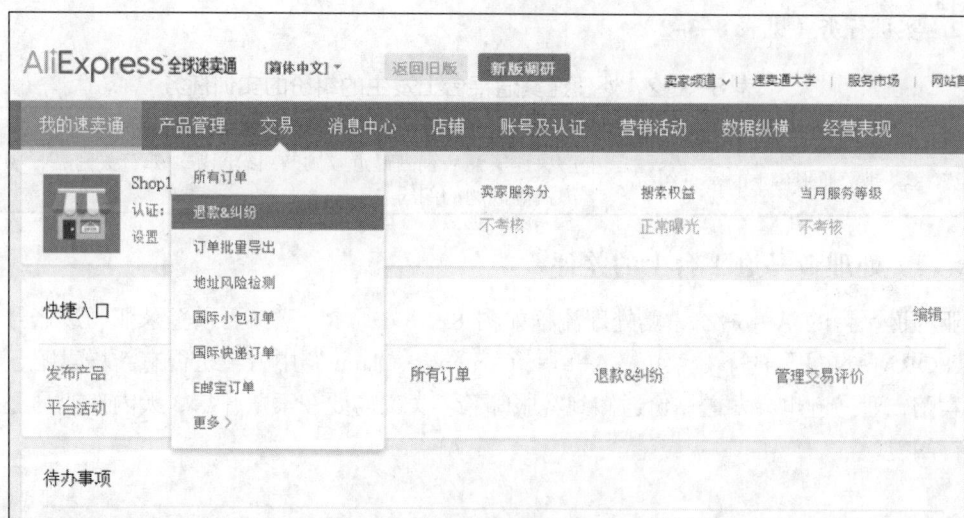

图 8-3-4　速卖通交易菜单

图 8-3-5　速卖通纠纷页面

图 8-3-6　速卖通纠纷详情

2. 实训任务（见表 8-3-2）

表 8-3-2　处理速卖通平台上发生的纠纷的实训任务

实训目标	实训任务和结果
能够解决速卖通平台上的常见纠纷	解决速卖通店铺内最近收到的纠纷问题，如有关商品、物流、海关等问题的纠纷

（二）处理亚马逊平台上的差评

亚马逊平台的 A-to-Z 索赔处理流程如图 8-3-7 所示。卖家可以登录亚马逊账号，在"PERFORMANCE"的下拉菜单"A-to-z Guarantee Claims"中查看是否有新增索赔，如有新增索赔，亚马逊也会发送一份通知到客服邮箱。卖家需要在索赔开启 3 天内在亚马逊平台上进行回复。

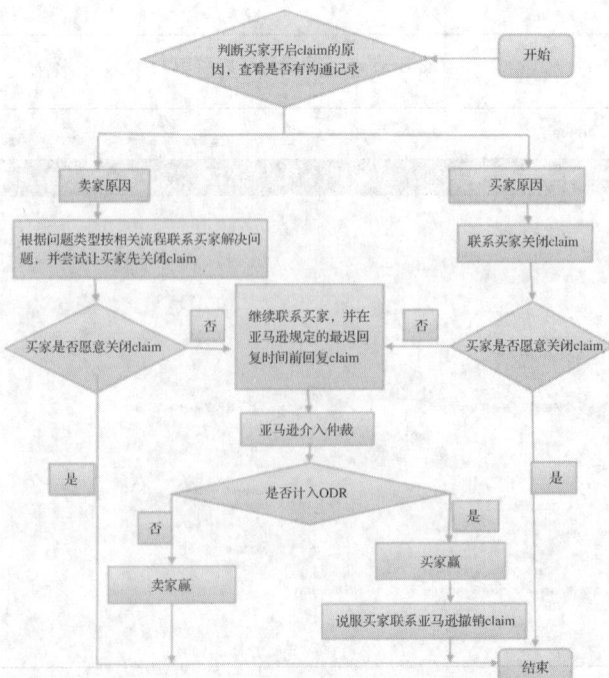

图 8-3-7　亚马逊 A-to-Z 索赔处理流程

A-to-Z 索赔虽然处理起来非常棘手，但是一般只要是积极处理客户问题的卖家都不会遇到此类索赔问题。卖家日常更需要关注的是买家的差评。

1. 操作提示（见表 8-3-3）

表 8-3-3　处理亚马逊平台上的差评的操作提示

具体操作	图示	完成情况
步骤一：登录亚马逊卖家后台，单击 "Your Account"	图 8-3-8	
步骤二：单击 "Personalisation" — "See All My Reviews"，查看收到的 Review	图 8-3-9	
步骤三：找到对应的订单，选择 "Edit review" 或 "Delete review"	图 8-3-10	
步骤四：找到"Customer Feedback"，向下滚动鼠标至"View Current Feedback"	图 8-3-11	
步骤五：在 Resolving Negative Feedback 页面，单击 "Contact Customer" 联系买家	图 8-3-12	
步骤六：选择 "Subject"，填写 "Message"，单击 "Add attachment" 添加佐证资料，单击 "Send e-mail" 发送消息给买家	图 8-3-13	

亚马逊平台有两套评价体系：Review 和 Feedback。Review 是买家针对购买的商品本身所做的评论，与客服、物流等其他商品除外的因素无关；Feedback 是买家对订单的评价，包括商品质量、客服质量、物流速度等一系列因素。

如果是涉及与商品本身无关的方面，卖家可以向亚马逊申请移除 Review 差评，具体步骤如下。

（1）登录卖家账号后台，找到要向亚马逊申请移除的商品详情界面的差评，单击 "Report abuse" 按钮。

（2）进入之后，在空格处填入商品的 ASIN、订单号以及差评的内容，解释要移除此差评的原因，然后单击 "Report as inAppropriate" 按钮。

卖家处理 Feedback 差评，一般需要先解决买家的问题，然后请求买家删除之前的评价。如果买家不愿意删除差评，则卖家可以使用"回复"按钮回复买家的 Feedback。这个回复不会改变反馈评级，但是其他买家可以看到回复中的解释，从而适当降低差评的负面影响。

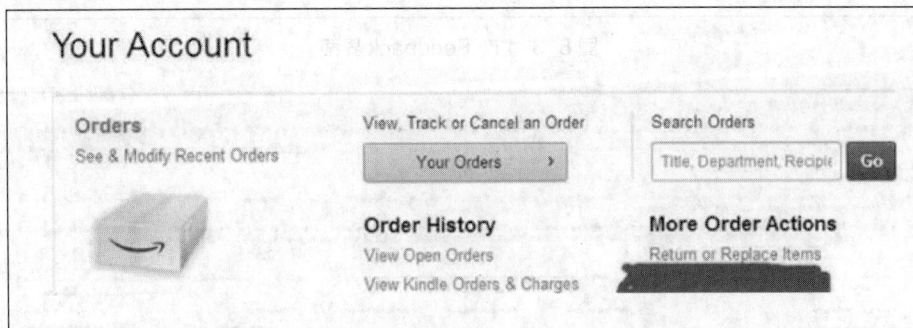

图 8-3-8　亚马逊 Your Account 界面

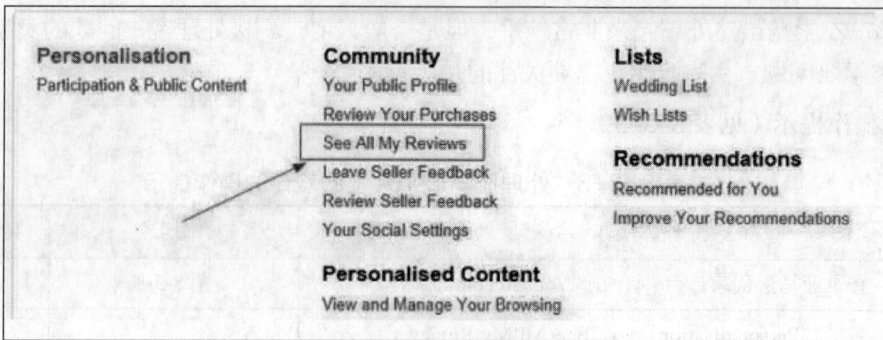

图 8-3-9　亚马逊 Personalization 界面

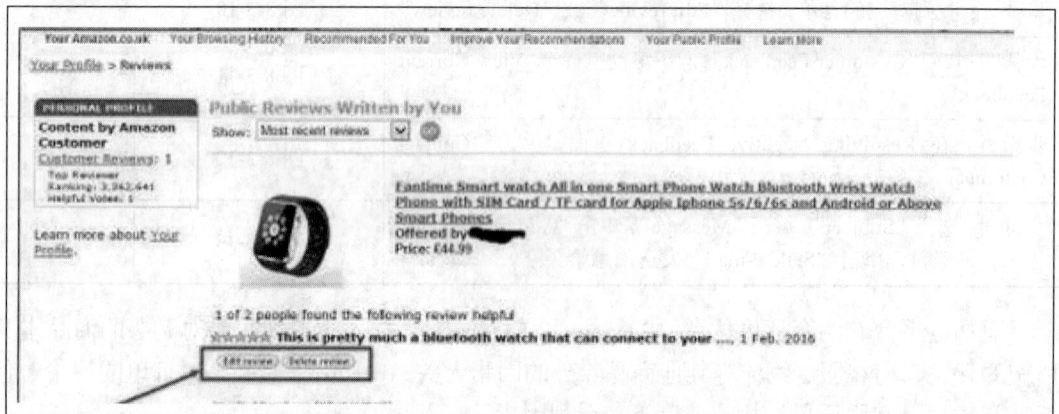

图 8-3-10　订单 Review 界面

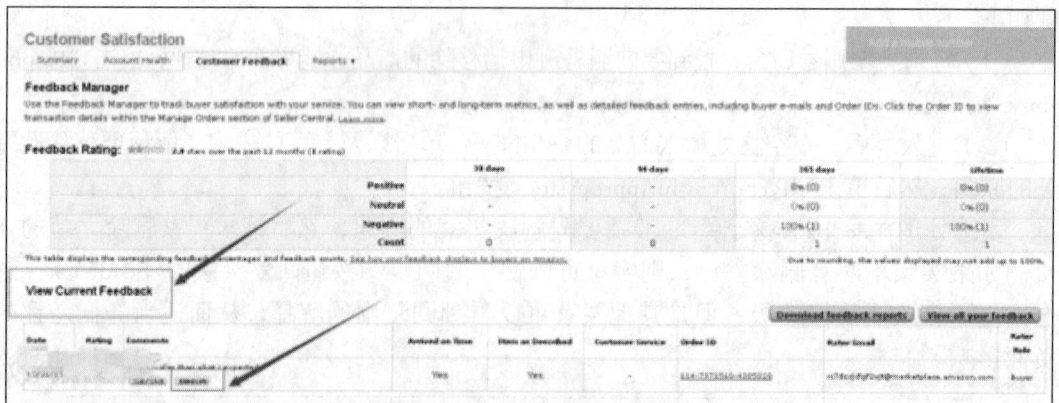

图 8-3-11　Feedback 界面

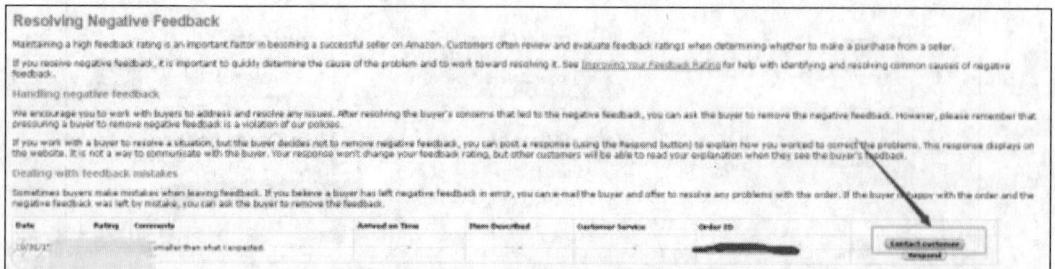

图 8-3-12　解决差评界面

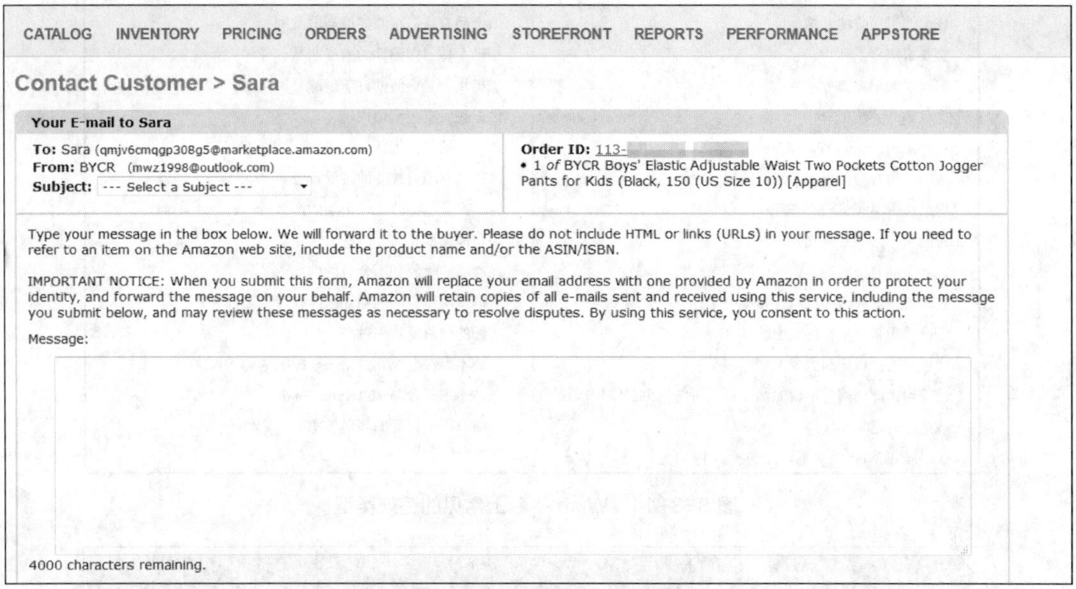

图 8-3-13 联系客户界面

2. 实训任务（见表 8-3-4）

表 8-3-4 处理亚马逊平台上的差评的实训任务

序号	实训目标	实训任务和结果
1	了解亚马逊平台的评价体系	亚马逊平台上有哪些评价体系？请在亚马逊平台分别找到相应的展示页面
2	能处理亚马逊平台上的差评	请结合店铺收到的差评，撰写一封英文邮件，引导买家删除差评

（三）更正 Wish 平台上的违规行为

在 Wish 平台上，常见的商户违规行为包括侵犯知识产权、退款率过高、延迟发货率超标、店铺关联、重复铺货等，具体如图 8-3-14 所示。

1. 操作提示（见表 8-3-5）

表 8-3-5 更正 Wish 平台上的违规行为的操作提示

具体操作	图示	完成情况
步骤一：登录 Wish 商户后台，选择"违规"—"未处理"，查看最新的违规事项	图 8-3-15	
步骤二：单击"查看"按钮，可以看到违规详情	图 8-3-16	
步骤三：单击"过滤"旁边的下拉菜单，可以看到违规类型	图 8-3-17	
步骤四：处理违规后，单击"提交"按钮，等待 Wish 管理员回复	图 8-3-18	
步骤五：单击"查看"按钮可以看到相应商品重新上架申请的审核状态	图 8-3-19	

常见的违规类型	
您询问了用户的邮箱地址	该产品有难以接受的极高退款率
您要求用户汇款	您已上传了多属性的重复产品
您提供的用户服务不当	您提供的是虚假的订单跟踪号
您欺骗或蒙蔽用户	你正在发空包给用户
您要求用户访问 Wish 之外的店铺	此产品的评价极低
该店铺内有产品侵犯了知识产权	该产品有不可接受的过低评分
您已违反 Wish 商户政策	这个产品被修改成一个新的产品
您的账户已被暂停交易	用户涉嫌欺诈
您的店铺有极高的退款率	在产品中检测到不合适的内容
您未能在 5 天内完成履行订单	店铺多次侵犯同一项知识产权
您已禁用某个正在促销中的 SKU	店铺的延时发货率过高
您店铺的拒付率高到令人难以接受	店铺不再符合 Wish Express 标准
经编辑,此前通过审核的产品目前可能侵犯了知识产权	产品不再符合 Wish Express 标准
该产品的退款率极高。	店铺有不可接受的高退款率
您已经在 Wish 商户平台注册了多个账户	

图 8-3-14 Wish 平台上常见的违规类型

图 8-3-15 未处理界面

图 8-3-16 违规详情界面

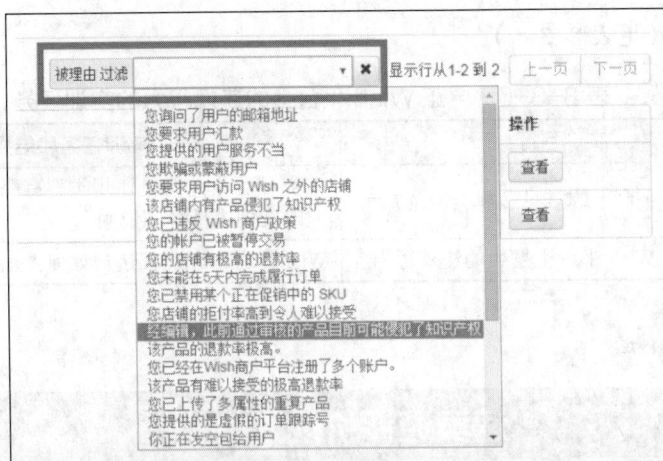

图 8-3-17　违规类型

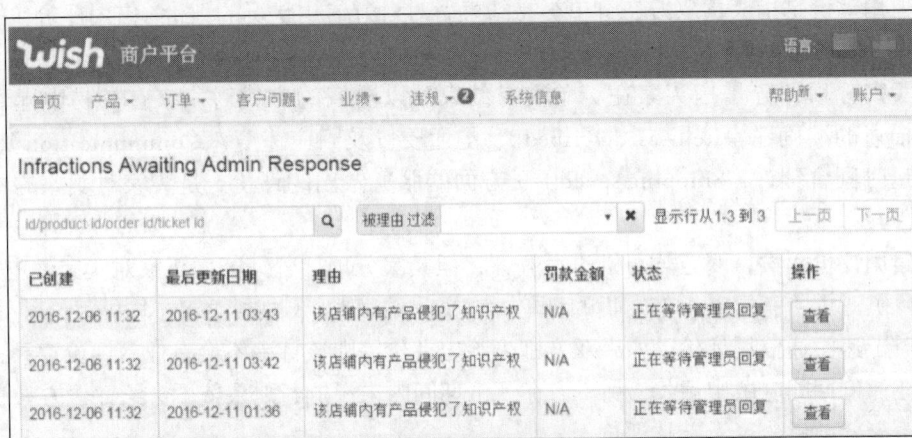

图 8-3-18　等待管理员回复界面

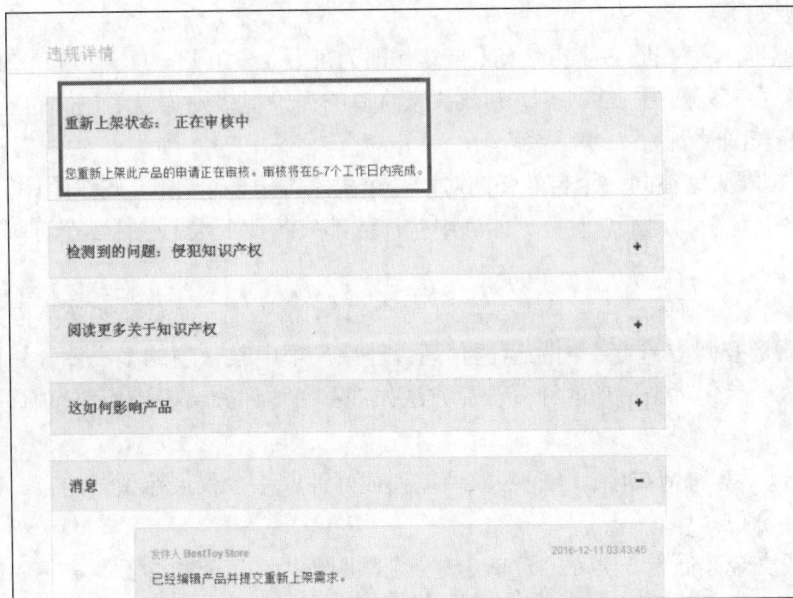

图 8-3-19　等待审核界面

2. 实训任务（见表 8-3-6）

表 8-3-6　更正 Wish 平台上的违规行为的实训任务

序号	实训目标	实训任务和结果
1	了解 Wish 平台上的常见违规类型及原因	Wish 平台上的常见违规类型有哪些？请尝试找到相应的案例进行举例说明
2	能更正在 Wish 平台上发生的违规行为	Wish 平台知识产权违规如何更正？请拟定解决方案

四、同步拓展

速卖通评价规则解析

速卖通平台的评价分为信用评价和卖家分项评分两类。

信用评价是指买卖双方在订单交易结束后对对方信用状况的评价。信用评价包括五分制评分和评论两部分。

卖家分项评分是指买家在订单交易结束后以匿名的方式对卖家在交易中提供的商品描述的准确性（Item as described）、沟通质量及回应速度（Communication）、物品运送时间合理性（Shipping speed）三方面的服务做出的评价，是买家对卖家的单向评分。

信用评价买卖，双方均可以进行互评，但卖家分项评分只能由买家对卖家做出。

（1）对于所有卖家全部发货的订单，在交易结束 30 天内买卖双方均可评价。

对于速卖通信用评价，如果双方都未给出评价，则该订单不会有任何评价记录；如一方在评价期间内做出评价，另一方在评价期间内未评的，则系统不会给评价方默认评价（卖家分项评分也无默认评价）。

（2）商品/卖家好评率（Positive Feedback Ratings）和卖家信用积分（Feedback Score）的计算规则如下。

① 若相同买家在同一个自然旬（自然旬即为每月 1～10 日、11～20 日、21～31 日）内对同一个卖家只做出一个评价，则该买家订单的评价星级则为当笔评价的星级（自然旬统计的是美国时间）。

② 若相同买家在同一个自然旬内对同一个卖家做出多个评价，则按照评价类型（好评、中评、差评）分别汇总计算，即好中差评数都只各计 1 次（包括 1 个订单里有多个商品的情况）。

③ 在卖家分项评分中，同一买家在一个自然旬内对同一卖家的商品描述的准确性、沟通质量及回应速度、物品运送时间合理性三项中某一项的多次评分只算一个。该买家在该自然旬对某一项的评分计算方法如下：平均评分=买家对该分项评分总和÷评价次数。

④ 在以下三种情况中，不论买家留差评或好评，平台仅展示留评内容，都不计算好评率及评价积分。

一是成交金额低于 5 美元的订单。成交金额明确为买家支付金额减去售中的退款金额，不包括售后退款情况。

二是买家提起未收到货纠纷，或纠纷中包含退货情况，且买家在纠纷上升到仲裁前未主动取消。

三是运费补差价、赠品、定金、结账专用链、预售品等特殊商品（简称"黑五类"）的评价。

除以上情况之外的评价，平台都会正常计算商品/卖家好评率和卖家信用积分。不论订单金额，都统一为：好评+1，中评0，差评−1。

⑤ 速卖通卖家所得到的信用评价积分决定了卖家店铺的信用等级标志。

（3）评价档案包括近期评价摘要（会员公司名、近6个月好评率、近6个月评价数量、信用度和会员起始日期）、评价历史（过去1个月、3个月、6个月、12个月及历史累计的好评率、中评率、差评率、评价数量和平均星级等指标）和评价记录（会员得到的所有评价记录、给出的所有评价记录以及在指定时间段内的指定评价记录）。

好评率=6个月内好评数量÷（6个月内好评数量+6个月内差评数量）

差评率=6个月内差评数量÷（6个月内好评数量+6个月内差评数量）

平均星级=所有评价的星级总分÷评价数量

卖家分项评分中各单项平均评分=买家对该分项评分总和÷评价次数

（4）对于信用评价，买卖双方可以针对自己收到的差评进行回复的解释。

（5）速卖通有权删除评价内容中包含人身攻击或者其他不适当言论的评价。若买家信用评价被删除，则对应的卖家分项评分也随之被删除。

（6）速卖通保留变更信用评价体系（包括评价方法、评价率计算方法、各种评价率等）的权利。

（资料来源：阿里巴巴全球速卖通官网）